【編】
竹島正
森茂起
中村江里

戦争と文化的トラウマ

日本における第二次世界大戦の長期的影響

日本評論社

まえがき

本書は、二〇二一年に五回にわたって開催された「日本における第二次世界大戦の長期的影響に関する学際シンポジウム」の成果を世に問うため、各発表者が、発表内容もしくは発表内容に関連する課題についてあらためてまとめた論考で構成されている。

シンポジウムは、日本が経験した第二次世界大戦（アジア・太平洋戦争）を、従来にない視点を加えて検討することを目的としていた。それは、精神医学・心理療法という臨床学の視点と――それに付随するものだが――トラウマの、とくに文化的トラウマの視点である。第二次世界大戦は、現在の国際情勢に関係する巨大な事象であり、それをめぐる議論が国際的・国内的政治の影響を受けることも稀ではない。シンポジウムは、今述べた視点に立って、特定の政治的立場に拠るものではないことを旨として進められてきた。そうした企画が生まれた原点にあたる竹島正氏とオイゲン・コウ氏の出会いについては、本書「あとがき」にくわしい。

トラウマの十分な理解が普及しているとはいえない現在だからこそ確認しておきたいが、心理療法の実践とトラウマ理解から考えたとき、戦争体験をトラウマの視点を含めて検討するには、心的なトラウマに焦点を当てるのみでは足りない。それを引き起こした出来事の事実と、その出来事が引き起こした身体・心理・社会への作用、そして社会におけるその扱いといった、事象の全体を視野に収める必要がある。その視野は、もちろん、第二次世界大戦あるいはアジア・太平洋戦争が引き起こしたトラウマだけでなく、それ以前の日本の歴史文化的トラウマにまで拡張する必要があるだろう。対策も、それら複数の視点から、そして長期的視点に立ってなされねばならない。そうした見方は、「生物心理社会モデル」という言葉――トラウマの一つの形であるＰＴＳＤについてもこのモデルの重要性が指摘されている――で表現されるものである。心理的側面以外の知見も幅広く確認し共有するために、あるいは社会の対応について考えるために、歴史学、社会学、ジャーナリズムをはじめ、日本の戦争体験にさまざまな分野で向き合ってきた方々に協力を仰ぎ、共同して作業に取り組んだ成果が本書である。

構成を具体的にいえば、まず第Ⅰ部で、日本における第二次世界大戦の経験を構成している事実を確認し、第Ⅱ部で、戦争で起こった事態に対する社会の、あるいは国の対応をたどる。第Ⅲ部では、日本の戦争体験の処理において極めて重要であり、個人から国まで、また文化にも浸透している加害－被害関係における立場を検討し、第Ⅳ部でそれら全体を踏まえた長期的影響を考える。第Ⅴ部には、発表者以外の三名によるシンポジウム全体への応答と、最終回で行われたオイゲン・コウ氏の講演を収録している。

言うまでもないことだが、たとえば事実を確認する第Ⅰ部に収録された主題で戦争の事実の全体をカヴァーできるわけではない。しかし、たとえ扱う範囲は限られるとしても、第Ⅰ部あるいは第Ⅱ部が扱うような事実への視点をもちながら、続く各章が扱う内容のそれぞれに注目していくことが重要と考えているわけである。

本書は、たとえば本書の部の一つが扱う主題に絞って論考をまとめた本や、一つの学問分野のなかで編集された本とは性格が異なり、個々の主題に関する記述量は少ないかもしれない。しかし逆に、戦争というトラウマ的事象を全体として捉えようとし、各分野の研究者、実践家の共同によって取り組むことでこそ可能な視野がこのプロジェクトによって得られ、表現することができたのではないかと考える。

最後に付け加えると、二〇二一年のシンポジウムで用い、本書のタイトルにも採用した「第二次世界大戦」という概念では捉えられない範囲の事象を、本書は扱っている。日本が経験した戦争を、地域を限定しつつ時間的により長いスパンで捉えるために「アジア・太平洋戦争」「一五年戦争」などの概念が使われることも多い。章によって対象の範囲や視野が異なることから、本書ではあえて呼称の統一は行わず、各執筆者に選択を委ねることにした。いずれを用いるにせよ、広い視野において日本の戦争体験を学際的に考えるこのプロジェクトが、おびただしい戦争研究のなかで、あるいはそれらの成果を踏まえて、この領域のある空白を埋めることになれば幸いである。

森　茂起

目次

[第Ⅱ部　日本の戦争への対応]

第 I 部

日本における第二次世界大戦の経験

第Ⅰ部は、日本が経験した戦争の実態と記憶について扱う論考で構成されている。日本におけるアジア・太平洋戦争の経験の全体像を最初に把握しておくことは、断片化されやすい個人のトラウマ記憶を、戦争や社会全体の歴史のなかに位置づけ、統合し、傷ついた個人やコミュニティが回復していくうえでも、必要不可欠なステップとなる。

第1章の東野真論文は、東野氏自身の制作経験を交えながら、戦争とトラウマにかかわるNHKのドキュメンタリー番組の変遷をたどっている。戦争ドキュメンタリーの歴史は一九六〇年代後半に本格的に始まるが、この時期には、同時代のベトナム戦争からも影響を受け、日中戦争に光を当てる作品が登場し始めた。そのなかには、被害と加害の両方の側面から日本の戦争体験を描く作品も存在したが、圧倒的に多かったのは、「愚かな指導者」が起こした無謀な戦争によって悲惨な体験を強いられた「受難者」としての国民という、視聴者が受け入れやすい構図で描かれた作品であった。これが大きく変化するのが一九八九年以降のことであり、昭和天皇の死去、冷戦の終結と、戦後補償を求めるアジアからの声を受けて、植民地支配や戦争責任など昭和の歴史の「タブー」が批判的に検討されるようになった。またこの時期には、戦争のトラウマに光が当たるようになった。このように一九九〇年代以降、多角的な視点から戦争を描くドキュメンタリーが増えたが、戦争の加害を描くことへのバッシングや、戦争体験者の減少に伴うリアリティの欠如など、多くの課題も新たに登場してきている。

第2章の伊香俊哉論文では、一九三一年の満洲事変から一九三七年の日中戦争全面化、一九四一年の対米英戦開戦、一九四五年の敗戦に至るまでの「一五年戦争」の全体像を確認したうえで、侵略戦争の拡大に伴って起きた戦争犯罪とその戦後処理についてまとめられている。日本軍は中国の住民や捕虜の虐殺、レイプに加えて、生体実験・毒ガス戦・細菌戦・無差別爆撃など数々の戦争犯罪を中国で行った。また東南アジアでは、華僑や抗日勢力の虐殺、連合軍捕虜への虐待と労働の強制を行った。日本軍は敵国の住民や軍人だけでなく、自国民の生命をも軽視した。特攻作戦や補給を無視した無謀な作戦による飢餓状態によって多くの兵士が犠牲となり、戦争末期には空襲や沖縄戦、引揚げ時の暴行によって多くの人々が被害を受けた。戦後の連合国軍による戦犯裁判では、中国への侵略以上に対米開戦責任が追及され、昭和天皇をはじめ親英米派が免責される一方で主に陸軍に責任が押しつけられた。また、細菌戦・毒ガス戦や、日本軍「慰安婦」など植民地支配下での暴力が裁かれなかったという点で大きな問題があった。

第3章の佐々木啓論文は、前線の兵士だけでなく銃後の協力が不可欠となった総力戦下の労働力動員を主題としている。日本の戦時労働力動員は重層的な構造をもっており、中核となる日本人男性の重工業労働者の不足分を埋めるために、日本人女性や植民地、占領地の人々、連合軍捕虜など多様な人々が動員され、政策が中心から周縁・外部へと拡張するに従って動員手法は強引となり、労働実態も過酷なものになった。総力戦体制下の労働力動員は福祉制度の整備を伴う面もあったが、それは内地の「日本人」に限られたものであり、民族的マイノリティは排除されていた。また、戦後補償の問題は、政府レベルでは冷戦構造のもとで日本に有利な形で「解決」がなされてきたが、一九八〇年代以降、アジアの戦争被害者や遺族によって賠償を求める声が高まった。このこと自体が政府間の取り決めの不十分さを示すものであり、被害者個人の痛みや尊厳から出発した「解決」が必要であるという指摘は、日韓の「徴用工」問題などを考えるうえでも重要だろう。

第4章の本庄豊論文は、子どもたちが当事者性をもって戦争と向き合うための教育実践から始まった「戦争孤児」に関する研究の到達点が、さまざまな聞き取りや資料調査をふまえて提示されている。戦争孤児の当事者は、戦後親戚や社会から冷たい待遇を受け、長らく口を閉ざしていたため、彼らの戦後史はこれまでほとんど光が当てられてこなかった。しかし近年、研究者の取り組みがメディアでたびたび報道されたこともあり、みずからの体験を語る当事者が増え、「せんそうこじぞう」というモニュメントも作られ、歴史教科書にも記述されるようになったことが本論文では触れられている。また、戦後の児童福祉施設における「戦争孤児」関連史料の分析がなされ、施設からの脱走や、経歴を偽ったり偽名を使う子どもが多かったことが指摘されている。最後に課題として提起されている「戦争孤児」に対する強制不妊手術も、今後実態の解明が待たれる重要な問題だろう。

以上の四つの論考を受けて、第5章の宮地尚子論文は、数多くのトラウマティックな出来事を含む戦争に関して、とくに「語られにくいこと」「見えにくいこと」に注目してさまざまな論点を提示している。東野氏や本庄氏の論文で取り上げられたような、戦争の加害にかかわる側面や、戦争孤児などの社会的マイノリティが受けた心の傷のように、それまで表面化しにくかったことがいつどのような経緯で認知されるようになっていくのか、逆にどのように沈黙や記憶の抹殺、忘却が個人的・集合的に行われてきたのかという問題は、戦争トラウマの研究や記憶の継承にかかわる重要な点である。

日本ではアジア・太平洋戦争に関する人文社会領域での研究はかなりの程度蓄積があるにもかかわらず、一般社会において戦争はいまだに政治的なイシューになりやすく、国民レベルでの戦争の記憶は分裂した状態が戦後ずっと続いており、それが対外的な対話を困難にする一因になっているといえる。第I部所収の伊香・佐々木論文では、これまでの歴史研究に基づいた戦争の全体像や分析の軸が提示されており、さまざまな専門領域の参加者が議論を進めるうえで共有しておくべき基盤となるだろう。また、東野・本庄論文では、日本社会でなかなか目を向けられてこなかったテーマが可視化されるようになったケースについて紹介されている。傷ついた個人の回復を阻害／促進するのはどのような社会のあり方なのか、そこに日本の歴史や文化はどのようにかかわってきたのかという観点から考察することで、トラウマケアへの学際的なアプローチの可能性が見えてきそうである。

（中村江里）

第1章

［実践報告］

第二次世界大戦と日本に関するドキュメンタリー番組に取り組んで

東野　真

はじめに

日本のマス・メディアでは例年、八月初旬から一五日（終戦の日）にかけて戦争関連の特集が集中的に組まれる傾向がある。私の所属するＮＨＫも例外ではなく、そうした傾向は現在も続いている。「その時期だけ」という揶揄もこめて「八月ジャーナリズム」と呼ばれたりもするが、ドキュメンタリー制作者たちが第二次世界大戦にそれだけ強い関心を抱き続けてきたことの結果でもある。本章では、そうした戦争関連番組のなかで、とくに「戦争体験」や「トラウマ」を扱ったＮＨＫのドキュメンタリー番組の流れをたどりつつ、私自身の制作体験を交えて報告したい。

私自身は一九八七年にNHKに入局した後、一〇年あまりはディレクターとして、その後はプロデューサーとして主にドキュメンタリー番組を制作してきた。テレビ番組を作る仕事を野球にたとえれば、実際にプレイする選手がディレクター、コーチや監督にあたるのがプロデューサーということになるだろうか。野球同様、一定期間のディレクター経験を経た者がプロデューサーになるのが一般的だ。つまり私自身はかれこれ三〇年以上テレビ・ドキュメンタリーの世界に身を置いていることになる。そのなかで「戦争」というテーマにはいつも関心を寄せてきた。

「戦争とトラウマ」というテーマに関していえば、二〇〇八年にハイビジョン特集『兵士たちの悪夢』（二〇〇八年八月三一日）という二時間近い長編ドキュメンタリーをプロデュースしたことがある。兵士たちのトラウマ体験やPTSDに焦点を当て、第一次世界大戦からイラク戦争までのおよそ一〇〇年をたどった番組である。取材を進めるにあたって、本書の編者である森茂起氏に多くのことを教えていただいた。BS（衛星放送）の番組だったので視聴者数は限られていたが、一時間ほどに短縮したものをNHKスペシャル『戦場　心の傷（1）兵士はどう戦わされてきたか』（二〇〇八年九月一四日）として放送したので、ご覧になった方もいるかもしれない。その後、私自身はNHK放送文化研究所に異動して、ドキュメンタリーの歴史や作り手について四年間研究する機会にも恵まれた。そのときに先達たちが制作した多くのドキュメンタリー番組を視聴し考えたことも、本報告のベースとなっている。

ドラマ『おしん』の先駆性

最近かかわった番組のことから話を始めたい。ETV特集『橋田壽賀子のラストメッセージ―〝おしん〟の時代と日本人』（二〇二一年五月一五日）である。亡くなった脚本家の橋田壽賀子氏の代表作の一つに『おしん』[1]という有名な連続ドラマがあるが、その物語にこめられた橋田氏の思いをたどるという趣旨の番組だった（ディレクターは石飛篤史）。

実は私自身は過去に橋田氏のドラマをあまり熱心に見ていなかったのだが、今回初めて『おしん』の総集編を見て少々驚いた。従来『おしん』が紹介されるとき必ず取り上げられるのは、東北の寒村で貧しさや苦労を耐え忍ぶ幼少期の場面である。ところがあらためて見てみると、全編を貫くテーマはむしろ「日本人の戦争体験」ではないかと感じたのだ。

とりわけ私が興味をもったのは、軍から脱走した日本兵のエピソードである。この脱走兵は日露戦争に従軍した後、東北の山のなかに潜伏して暮らしている。奉公先を逃げ出して路頭に迷っている幼いおしんをかくまう心優しい男だ。与謝野晶子の「君死にたまふことなかれ」という有名な反戦詩をおしんに読み聞かせ、さらに文字の読み書きを教え、最後は実家に送り届けようとするのだが、その途上で憲兵に見つかり射殺されてしまう。「これでやっと楽になれる。これでいいんだ」と言い遺して。橋田氏はこの兵士が戦場でのトラウマを抱え苦しんでいたことを示唆しているのだ。

成長したおしんはその後、東京に出て結婚する。苦労続きの暮らしだが、太平洋戦争が始まると、夫が軍の出入り業者になったために羽振りのいい生活を送る。まるであの脱走兵の「反戦」の教えをどこかに置き忘れてしまったかのように。ところがやがて息子を戦争で失い、敗戦後は、戦争に協力した責任を感じた夫が自殺してしまう。おしんは、みずからの歩みを省みて悲嘆に暮れるのだ。ここで提示されているのは「国民の戦争責任」という困難な問いである。

ＥＴＶ特集ではそうしたストーリーを書いた橋田氏の問題意識を追ったのだが、今から四〇年前の一九八三年の時点でこうしたテーマをお茶の間に持ち込んだ橋田氏の仕事は極めて先駆的だと思う。『おしん』が海外の多くの国々で放送され共感を集めたのも、こうした日本人の戦争体験をきちんと描いたことが理由の一つだったのではないだろうか。

先の脱走兵の場面を目にしたときに私がすぐに思い出したのは、私がＮＨＫに入った一九八七年に総合テレビで放送された番組だった。『おしん』が放送された四年後ということになるが、イギリスの公共放送ＢＢＣが制作した『さまよえるヒーローたち―あるベトナム帰還兵』というドキュメンタリー（日本語版、一九八七年八月一三日）である。ベトナム戦争で心に傷を負い、人間社会を避けて森のなかで自給自足の生活をするようになったアメリカ兵たちを訪ね、彼らの体験した戦争を紐解いていく。兵士たちのトラウマ体験そのものに焦点を当てた傑作で、ヨーロッパの権威ある番組コンクール「イタリア賞」で特別賞を受賞している。余談になるが、このドキュメンタリーを作ったＢＢＣの制作者たちの念頭にあったのは『ディア・ハンター』という有名なアメリカ映画だったに違いない。番組の冒頭に、『ディア・ハンター』のテーマ曲がオマージュのように使われているからだ。

私は当時二二歳、ＮＨＫに入ったばかりで、この番組をテレビの前で食い入るように見た覚えがある。何か圧倒される思いだった。戦争から戻った兵士が人間社会では生きづらく森で暮らすという事実が非常に本質的なことを含んでいるような気がして強烈な印象を受けたことを記憶している。

私が赴任したのは広島局だったので、毎年のように原爆や被爆者についてのドキュメンタリーが作られていた。被爆者が負う身体的な傷だけではなく、心の傷について扱った番組も、早くから存在した。しかし兵士たちが背負うトラウマは、日本のテレビ番組ではほとんど取り扱われておらず、それだけに衝撃度も大きかったのだろう。私が二〇年後に『兵士たちの悪夢』という番組を企画することになったのも、今思い返すと、その番組の印象がずっと心に残っていたからではないかと思う。

一九六〇年代に始まった戦争体験の記録

少し時間をさかのぼって、私がこの仕事を始める前のＮＨＫのドキュメンタリー番組の歴史をたどり、「戦争体験をどう描いてきたか」について概観しておきたい。

ＮＨＫでテレビ放送が始まるのは一九五三年だ。日本で最初のテレビドキュメンタリーは、一九五七年に始まった『日本の素顔』というシリーズだった。当時は一六ミリフィルムで撮影・構成するので「フィルム構成」と呼ばれており、ＮＨＫのなかでも「ドキュメンタリー」という呼び方は一般的ではなかったという。当時のフィルムカメラは、まだ映像と音声を同時に記録することができなかった。今では映像と音声が同時に記録されるのは当たり前だが、当時のカメラは映像のみで、音声は別に録らなくてはならず、臨場感のある記録が難しかった。音声を同時に記録できるフィルムカメラが開発されるのが一九六〇年代後半で、そのあたりから現在の形に近いドキュメンタリーの歴史が始まっている。

その一つに、一九六四年から始まった『ある人生』というシリーズがある。高度成長期を生きる庶民を追ったヒューマン・ドキュメンタリーだ。カメラは人々の現在の生きざまを追うのだが、そのなかに過去の戦争体験が見え隠れする。この番組を作っていたディレクターたちは、子どもの頃に戦争を体験した世代だった。作り手の側も、ベースとなる戦争体験をみずからの内に抱えていたのだ。

『ある人生』からスピンオフする形で単発の特集も作られているが、有名なものの一つに『和賀郡和賀町――一九六七年夏』（一九六七年一一月一日）という番組がある。カメラは東北の一つの町のお盆の時期を切り取っていくのだが、そのなかに戦争の記憶が交差していく。かつて内務省や警察で戦争に人々を動員していた者、捕虜収容所の警備係として戦争犯罪に問われた者、あるいは徴兵されて南方の激戦地に行き生還した者……さまざまな人物の過去と現在が対比されて描かれる。たとえば南方で飢餓に苦しんだ人物については、死んだ戦友たちの肉まで食べたことが暗示されるのだが、当時はまだそうしたことを放送するのがはばかられた時代だった。明示はしないが暗示する形で、極限の戦争体験が描かれている。この番組を制作した工藤敏樹ディレクターは、三年後に『富谷国民学校』(一九七〇年一月一八日)というドキュメンタリーも作っている。工藤自身が体験した学童疎開に焦点を当て、子どもたちが、心にどんな傷を負ったかというテーマを追ったものだ。

この時期でもう一つ私が注目するのは、『解体―興安丸の一生』(一九七一年八月一六日)という番組である。日本と旧満州の往来に使われた「興安丸」という船が解体されるタイミングをとらえ、日中戦争の傷跡を描いたドキュメンタリーだ。制作者の相田洋ディレクター自身が旧満州からの引揚げ者であり、そのことが取材の大きな動機となっている。番組の前半で描かれるのは、満州からの引揚げや残留孤児、集団自決など、日本人移民の過酷な体験だ。番組中盤では、中国での抑留生活を経て帰国した元兵士たちの口から、みずからが手を染めた戦争犯罪が赤裸々に語られていく。さらに終盤では、日本に連行され落命した中国人労働者たちの悲惨な人生と、その遺骨収集・慰霊を続ける元日本人将校の贖罪の日々が描かれていくのである。『解体―興安丸の一生』は、私の知る限り、日中戦争における被害／加害の両面に分け入った最も初期のドキュメンタリーの一つである。

歴史家の吉田裕氏をはじめ何人もの方がすでに指摘していることだが、一九六〇年代後半から七〇年代初頭にかけて、激しさを増したベトナム戦争が日本人の戦争観に微妙な変化をもたらした。アメリカでは、反戦運動に後押しされる形で帰還兵たちが凄惨な加害体験を語り始め、海を越えて日本の反戦運動にも影響を与えた。ベトナム戦争の連載ルポで注目された朝日新聞の本多勝一記者が、一九七一年から日中戦争における日本軍の戦争犯罪を告発するルポを連載して社会に衝撃を与えたことは象徴的だった。ちょうどベトナム戦争と二重写しになる形で、日中戦争における加害の体験に光が当たり始めたのだ。一九七二年に日中国交正常化がなされたことも、その傾向を後押しした。

一方で、日中戦争を正面から扱った『解体―興安丸の一生』のような番組は、NHK・民放ともに非常に数が少ないということも指摘しておかなければならない。「戦争」といえばイギリスやアメリカと戦った「太平洋戦争」というのがまだまだ一般的な時代だった。無謀な戦争を起こした政治家や軍人が「愚かな指導者」として描かれ、悲惨な体験を余儀なくされた国民や兵士は「受難者」として描かれる。国民が一番受け入れやすい構図のなかで、多くのドキュメンタリーが作られていたのである。

一九八九年という「転換点」

一九七〇～八〇年代は紙数の関係で割愛するが、こうした従来の構図が大きく転換するのが一九八九年である。私がNHKに入って二年後。昭和天皇が亡くなり、ベルリンの壁が崩れて冷戦終結へと進んでいくという歴史の転換点を迎えた。それによってさまざまなタブーが解け、日本国内では昭和という時代を本格的に検証しようとする気運がメディアのなかに高まっていく。同時にアジア諸国からは、慰安婦の問題をはじめとして「戦後補償」を求める声が次々に上がった。およそ半世紀前の戦争の責任が問われることになったのだ。そうしたなかで、アジアの現地に行き戦争の実態をあらためて取材し直すドキュメンタリー番組が続々と作られることになる。

偶然だが、この一九八九年という年は、NHKのドキュメンタリー番組にとっても一つの転換点だった。一九七六年から放送されてきた『NHK特集』をリニューアルする形で『NHKスペシャル』が始まり、現場も非常に熱気があったのだ。前述した「タブーが解けつつある」という時代の空気がそれを後押ししたのだと思う。私は一九九〇年に初任地の広島から東京に異動したが、そうした制作現場の熱気を肌で感じたことを覚えている。当時、現場を主導したプロデューサーたちの多くは一九六〇年代後半に大学時代を過ごした世代、いわゆるベトナム反戦世代だった(2)。そうしたプロデューサーたちの下で、私よりも少し上の世代がディレクターとして取材に

走り回っていた。(3)

この年の八月一一日の朝日新聞には、NHKの北山章之助・編集主幹のこんなコメントが書かれている。「作り手が戦後生まれの若手が中心になったことから、テーマ設定や手法が変わってきた」。まさにそういう大きな転換がここで起きたのだと思う。先ほど述べたような戦場の実態だけではなく、植民地支配の実態、昭和天皇や国民自身の責任など、従来は正面から取り上げにくかったテーマの番組も現れてきた。私自身も、吉田裕氏や粟屋憲太郎氏の協力を得て『昭和天皇独白録』という史料の成り立ちを検証するような番組を作っている。(4) 個別の番組タイトルは多すぎて挙げられないが、一九九〇年代は日本人の戦争体験全体を問い直す番組がまさに続々と作られたと言っていいと思う。

そうしたなかから、この深刻な戦争体験をわれわれは引き継ぐことができるのか、という問題意識も生まれていくことになった。先駆者の一人が、私の五年先輩にあたる大森淳郎ディレクターだ。大森はNHKスペシャル『死者たちの声―大岡昇平・『レイテ戦記』』（一九九五年八月一四日）、同『沖縄・戦場の記憶』（一九九七年八月一五日）など、戦争体験を重層的に記録した優れたドキュメンタリーを残している。そのなかで『戦争と罪責』という本を出版した精神科医の野田正彰をナビゲーターにしたETV特集『戦場の父の罪をめぐる対話』（一九九八年一月二〇日）という番組は、私にとって衝撃的だった。大森はこの番組をきっかけに「家族の深刻な戦争体験をどう継承するか」というテーマでその後も何度か番組を作っている。(5)

大森の影響で、私自身もある日本軍兵士の遺族を二〇〇〇年に取材したことがある。日中戦争に従軍した福井県の農民兵士・山本武氏が書き遺した手記を息子たちが出版し、その体験を受け止めようとする姿を記録したものだ。取材の結果は、NHKスペシャル『二〇〇〇年 あなたにとって戦争とは』（二〇〇〇年八月一五日）とETV二〇〇〇『一兵士の従軍日記―祖父の戦争を知る』（二〇〇〇年一二月二五日）という二本の番組にまとめた。息子さんのインタビュー部分を中心に、少しだけ引用して紹介したい。

ナレーション　武さんと同居していた五男の敏雄さんです。敏雄さんは、ある日、武さんがふと漏らした言葉を今も忘れることができません。

敏雄　ふだんと変わらない朝だったんだろうと思うんだけど、次女のさおりをおぶっているときに、ボソッと言ったことがあるんですね。それがどういうことかと言うと、「こんなかわいいちっちゃな子までみんな殺してしまったんだなあ」と。「ええっ？　ええっ？」。とても信じられない、そういった記憶があるんだけど。

ナレーション　戦闘の合間や夜の月明かりの下で日々書き継がれた七冊の陣中日記。この日記を武さんは生前、子どもたちにも見せようとはしませんでした。戦後三〇年以上にわたって武さんが胸の奥に秘めていた戦場での最も苦い記憶。敏雄さんに打ち明けたその体験は、この陣中日記の中に記されていました。昭和一三年五月二〇日、中国江蘇省の徐州における戦闘の記録です。

日記朗読　午前八時頃　僅か三時間の睡眠にて出発　山を越えて東方に向ふ。途中部落に火を放ち　敵の拠点となるを防ぐ。更に中隊長命により　良民と言へとも　女も子供も片端から突き殺す。惨酷の極みなり。一度に五十人　六十人、可愛い、娘、無邪気な子供　泣き叫び手を合せる。此んなに無惨なやり方は生れて始めてだ。あゝ戦争はいやだ（原文ママ）。

敏雄　軍の命令によりとか、上官の命によりとかで、全て殺してしまえというようなことになったんだねえ。それは父の言葉から確かに聞いたことなんですけども。特に乳飲み子、赤ちゃんですねえ。刺した兵は慌てて振り回して、早くこの銃剣から離れてほしいと振り回すわけです。それでもワーッと赤ちゃんは泣き叫ぶ。それはもう本当に地獄です。本当にかわいそうに。「結局その赤ちゃんはどうなったんや」って聞くと、しまいにはもうパタンと倒れたまま、だんだん泣き声が小さくなって息絶えるんだと。刺した兵もかわいそうだけど、刺された……（絶句）。口癖に言ってた「戦争してはならんぞ」と、「絶対、戦争はしてはいけないよ」というような父の言葉は、そこにあるんだろうと思うんです。

私自身が聞き手として証言を撮影したのだが、今も忘れることができない強烈なインタビュー体験だった。敏雄さんご自身、父・武さんが戦場で体験したことを陣中日記であらためて確認したとき、その場に立っていられないほどのショックを受けたという。この番組出演をきっかけに講演を頼まれるようになったそうだが、何回やっても捕虜や住民を殺害する場面を話すのはつらいと後でうかがった。また長男の富士夫さんは、父・武さんが夜中に発作的な腹痛を訴えたり涙を流したりすることがあったと番組のなかで証言し「思い出したくない非常な体験」が原因だったのではないかと推測している。その富士夫さんも中国まで出かけて市民と対話する活動を重ねておられる[6]。

「戦争体験の継承」と一口に言うが、実際は簡単なことではない。体験が深刻であればあるほど、伝える側にも受け取る側にも強い葛藤を生み出すからだ。肉親の深いトラウマを理解し、それを伝えていくのは、大変な作業なのである。「戦争体験の継承」をみずからに課しているこのご家族には本当に頭が下がる思いがする。日本のなかでも数少ない稀有な例ではないだろうか。

戦争体験の継承と「トラウマ」

番組の歴史に戻るが、一九九〇年代の後半になると戦争によるトラウマそのものをテーマにした番組も現れている。たとえば一九九八年にBSの特集で放送された『戦争・心の傷の記憶』（一九九八年八月三一日）。主な取材対象は、ボスニア紛争下の拷問やレイプでトラウマを負った女性、韓国にいる元慰安婦、そして戦争でトラウマを負った元日本兵である。日本兵のパートは、国府台陸軍病院の病床日記をもとに、かつて精神障害で入院をしていた兵士にアンケートを送り、連絡がついた人物を取材する形で構成されている。番組のナビゲーターを務めた哲学者の高橋哲哉氏は、番組のなかでトラウマやPTSDという概念を使いながら、戦争においては被害者だけではなく、加害者も心に傷を負うということを提示した。また、強くて傷つかないことが美徳とされる日本社会の問題にも言及している。BSでの放送だったので視聴者の数は限られているが、テレビ・ドキュメンタリーとしては非常に先駆的な番組だったと思う（ディレクターは七沢潔と籔本義之）。

このように一九九〇年代を通じて、戦争をめぐるドキュメンタリーは、ある意味で進化していった。しかし、その反動も非常に大きかったと言わねばならない。戦争の悲惨さを描くだけならいいのだが、現地の人々への加害に言及したとたん「自虐的」だとか「反日的」だという形で、ネット上を中心に激しい批判や攻撃が加えられるようになった。背景にあるのは、いわゆる歴史修正主義やそれに基づく政治的な運動の台頭である。二〇〇〇年代に入ると、戦争体験を真摯に振り返る一九九〇年代初頭の気分が社会全体から急速に薄らいでいくのをわれわれも現場で肌で感じていた。バブル崩壊後の長い経済停滞、中国の軍事的・経済的台頭などが日本人のナショナリズムを刺激した面もあっただろう。これは現在も進行中の事態である。

そんななかではあるが、二〇〇〇年代に入っても戦争体験を見つめる番組は続いており、私もそのうちのいくつかに参加している。たとえば、二〇〇五年にプロデュースしたNHKスペシャル『戦後六〇年　靖国問題を考える』（二〇〇五年八月一四日）[7]。これは、当時の小泉純一郎首相の靖国神社参拝が外交問題になっていたときに作ったもので、A級戦犯の合祀をめぐる経緯を明らかにしつつ、靖国問題は外交問題ではなく日本人自身の問題だということを示そうとした番組だった。翌年には、同じNHKスペシャルで正面から日中戦争を取り上げた[8]。これは戦争をめぐる政治や外交と、動員された兵士たちの体験の両方を描こうとした試みだ。いわば「鳥の目」と「虫の目」を合わせ鏡にし、南京事件そして太平洋戦争が起きるまでの複雑な過程を描こうとしたものだった。ちょうど元兵士たちも高齢化し、戦友会のようなグループが次々解散していくタイミングで、死ぬ前に事実を語り遺しておかなければという思いを抱えた人々が多かったことも番組の後押しとなった。

そして、そのような仕事の延長上に企画したのが、最初に触れた二〇〇八年の『兵士たちの悪夢』である。ヨーロッパ、アメリカなど数ヵ国を取材し、「トラウマ」を切り口にして第一次世界大戦からイラク戦争までをたどった。どうして普通の人間が人を殺せるようになるのか。軍隊ではどのような訓練をするのか。そして市民社会と戦場というまったく倫理観が異なる二つの世界を人間は果たして行ったり来たりできるのか、その体験は本人や家族に何をもたらすのかといった問題を追いかけた番組である。

ただ、旧日本兵については、生存している証言者や遺族がなかなか見つからず、現実的にはほとんど触れられなかった。その欠落を埋めてくれたのが、二〇一八年のBS1スペシャル『隠された日本兵のトラウマ―陸軍病院八〇〇二人の〝病床日誌〟』(二〇一八年一一月二五日)だ。先ほども言及した国府台陸軍病院のカルテや、それに基づく中村江里氏らの先行研究の助けを借りながら各地の遺族を訪ね歩き、兵士たちのトラウマの実態を描いたドキュメンタリーである。作ったのは金本麻理子ディレクター。彼女も日本人の戦争体験を精力的に追い続けている。その前年には、日系オランダ人をテーマにしたBS1スペシャル『父を捜して―日系オランダ人 終わらない戦争』(二〇一七年一〇月一八日)も作っている。この番組の後半では、捕虜となって日本軍から虐待を受けたオランダ兵のトラウマが家庭内でどのような虐待の連鎖を生んでいたかが明らかにされており、日本人の戦争体験という枠を超えた広がりと普遍性をもつ優れたドキュメンタリーである。

「戦争体験」をめぐるドキュメンタリーの課題

以上、戦争体験やトラウマを扱ったNHKのドキュメンタリーのごく大きな流れを追ってきたが、作り手側の今後の課題として考えていることを簡単に述べておきたい。

一つは、戦争の時代を経験した当事者が急速に減少し、ドキュメンタリーを作ることが非常に難しくなってきていること。力強い映像作品を作るためには、どうしても当事者の肉声（証言）が欠かせない。肉声が伴わないと映像記録としてはなかなか力をもたないのだ。ＮＨＫは二〇〇七年から三年がかりで「戦争証言プロジェクト」を実施し、日本人の戦争体験を網羅することを目指した証言と番組のアーカイブを作った[9]。おそらくそのあたりがぎりぎり最後のタイミングで、もはや同じ手法は使えなくなってきている。まもなく「戦後八〇年」というタイミングがくるが、終戦当時二〇歳だった人が一〇〇歳になるのだから、「証言」をベースに据えた番組作りはもやは限界だといわざるをえない。

第二の問題は、第二次世界大戦がどんどん遠くなり、一般家庭のなかから戦争の影が消えていっていることだ。戦争が自分たちにとってリアリティのある問題だと感じられなくなっている。戦争自体がますます機械化・無人化され、情報がコントロールされて暴力や人の死が見えにくくなっている時代だ。そのことが戦場の記憶についてリアリティをもちにくくなっていることに拍車をかけているのかもしれない。あんな時代に生まれなくてよかった、自分とは関係ない話だ、と感じて思考を停止する人がいっそう増えているのではないか。本書のテーマにかかわるが、「第二次世界大戦の経験は決して他人事ではない」という感覚をどうしたら取り戻せるかが大きな課題だと思っている。

一つの方法はやはり、家族のなかに残された戦争の記憶やトラウマの痕跡を丁寧に発掘することなのかもしれない。先述の通り、そうした例を探すこと自体が簡単ではないし、カメラで取材をすることはさらに難しい。ただ、実現したら強い訴求力をもつはずだ。ＳＮＳなどを通じて、問題を抱えた家族間の横のつながりが生まれ、社会のなかで可視化されてくれれば、番組化できる可能性も高まるかもしれない。冒頭の『おしん』の話とも関係するが、家族というパーソナルな生活空間のなかでリアリティが感じられる物語を紡ぐことができれば、ドラマであれドキュメンタリーであれ、強い説得力をもつのではないだろうか。

人間は忘れやすく愚かな生き物だ。「戦争体験」を継承することが平和の維持に直接つながるかどうかはわからない。戦争はいつも日常と隣り合わせだし、人間は失敗を繰り返してきた。しかし、微力ではあっても無力ではないだろう。戦争という組織的な暴力が個人や社会にのこすトラウマについての理解と想像力が広がれば、武力による解決を求めようとする主張や世論を多少なりとも抑止する助けになりうるのではないか。そんなことを考えながら、今年もまた八月に向けた番組を作り続けている。

［注］

（1）一九八三〜八四年放送。脱走兵のエピソードは第一五回以降に登場。

（2）この時代を牽引したプロデューサーの一人である桜井均は、のちに『テレビは戦争をどう描いてきたか―戦争と記憶のアーカイブス』（岩波書店、二〇〇五年）を著している。

（3）当時中心的なディレクターの一人だった塩田純は、プロデューサーとして戦争や現代史をテーマにした多くのドキュメンタリー番組を現在も作り続けている。

（4）NHKスペシャル『昭和天皇　二つの「独白録」』（一九九七年六月一五日）。

（5）ETV特集『祖父の戦場を知る』（二〇〇六年九月二日）、同『シリーズBC級戦犯（2）〝罪〟に向きあう時』（二〇〇八年八月二四日）など。

（6）敏雄さんと富士夫さんについては金沢大学の能川泰治教授のゼミがまとめた『かたりべ　第九集―農民の戦争体験を語り継ぐ　金沢大学日本史学研究室聞き取り調査記録』（金沢大学日本史学研究室編、二〇二一年）にくわしく述べられている。

（7）拡大版としてハイビジョン特集『靖国問題　戦後六〇年の軌跡』（二〇〇五年一二月一二日、BSハイビジョン）も放送。

（8）NHKスペシャル『日中戦争―なぜ戦争は拡大したのか』（二〇〇六年八月一七日）。拡大版としてハイビジョン特集『日中戦争―兵士は戦場で何を見たのか』（二〇〇六年九月一四日、BSハイビジョン）を放送。

（9）中心的なプロデューサーは伊藤純と太田宏一。NHK戦争証言アーカイブスのサイト（https://www2.nhk.or.jp/archives/sensou/）で、多くの証言や番組が公開されている。

第2章

戦争はどのように拡大し、何が起きたのか

――日本の中国侵略から太平洋戦争への道

伊香俊哉

戦争が多くの人々に精神的な傷を負わせることは、今日では広く知られ、歴史学的にもまた今日的にも取り組むべき大きな問題である。本章ではそうした戦争というものが、どのように始められ、どのような加害/被害を生んだのかということを、日本が行った戦争を通じて述べていきたい。

日中戦争への道

日本が行った戦争で最大の加害/被害をもたらしたのは、一九三一年から一九四五年にかけて行われた「一五年戦争」である。その戦争はなぜ始められることになったのか。少しさかのぼって考えておきたい。

日清・日露戦争から「満洲事変」へ

一八六〇年代の明治維新に始まり、「富国強兵」を掲げた日本の近代国家としての発展は、朝鮮支配をかけた日清戦争（一八九四～一八九五）と日露戦争（一九〇四～一九〇五）での勝利を経て、一つの画期を迎えた。すなわち日本は東アジアの軍事大国としての地位を獲得し、世界の列強の一員に名を連ねることになったのである。日本の陸軍はロシア、海軍はアメリカを仮想敵国として軍備拡張を図っていったが、当面の日本の勢力拡張の対象は一九一〇年に植民地とした朝鮮半島の先に広がる中国東北、いわゆる「満洲」（内蒙古も含めて「満蒙」とも呼ばれた）であった。資本力で英米などに及ばない日本は旧敵ロシアと中国東北での勢力圏分割協定を結び、英米などの進出を妨害していった。

一九一一年、その中国に激震が走った。一〇月に清朝打倒を目指す辛亥革命が開始されたのである。日本はその混乱に乗じて中国東北から華北にかけて勢力拡大を試みたが、欧米列強の警戒によってその企図は挫折した。さらに、新たに誕生した中華民国の袁世凱大総統は英米など欧米列強との関係を強化し、日本は中国進出の機会を失っていった。

しかし、そのような折りに第一次世界大戦が発生した。日本はこれに乗じて、袁世凱政権を一挙に従属化させるべく対華二一ヵ条要求を突きつけた。その結果として日本は、遼東半島の租借期限延長などを実現し、また新たに南満洲における土地商租権を獲得したが、その権利の行使をめぐって日中間で紛争が多発し、「満洲事変」に至る一つの火種を作ることとなった。

一九二〇年代に入ると、国際連盟の成立、ワシントン会議諸条約の成立を踏まえて、世界平和や国際協調が日本の支配層内でも重視される傾向が高まった。

一方中国では、一九一六年の袁世凱の死後、中央政権（北京政府）の座をめぐる合従連衡・内戦が繰り返され、さらに辛亥革命後の反袁世凱勢力は北京政府に敵対して華南に革命政権を樹立するという、複雑な政治状況が生じていた。また一九一九年の五・四運動に示されたように、アメリカのウィルソン大統領が一四ヵ条の平和原則において示した「民族自決」理念に鼓舞されてナショナリズムが高まり始めた。これらの内外情勢のなか、一九二〇年代後半には、不平等条約解消による独立確立と強固な近代的統一政権樹立を目指す国民党による国民革命が開始された。中国に租界や鉄道といった権益をもつ英米などの列強は、権益回収を求めるナショナリズム抑圧のため、一九二五年から一九二七年にかけて、上海・南京など華中で国民革命軍（国民党軍）や市民に対する武力行使を拡大していった。

日本では、満洲の権益が回収されることへの危機感が高まり、一九二七年から一九二八年にかけて国民革命軍に対する武力干渉を山東省において行った（山東出兵）。日露戦争後に満洲に駐屯していた日本軍（一九一九年から関東軍に改編）は満洲での権益拡大を模索していたが、関東軍の参謀が国民革命に対抗して満洲の武力占領を目指す動きを先鋭化し、張作霖爆殺事件を引き起こした。しかしこのときは、関東軍上層部や軍部中央、日本政府は、中国における大規模な武力行使は欧米列強から容認されないと判断して、関東軍の侵攻開始は見送られた。

一九二九年一〇月の世界恐慌、翌年の昭和恐慌の発生により、日本の政治・社会秩序や満洲の経済・政治支配に動揺が広がった。日本の軍事・政治支配層や国民各層において満洲支配の危機が叫ばれるようになり、支配の安定化が課題とされていった。そうしたなか、一九三一年九月一八日、関東軍は奉天において中国側による満鉄爆破事件を捏造し、「自衛」を装って満洲各地の中国軍に対する攻撃を開始した（柳条湖事件）。当時は民政党を与党とする政党内閣の時期であったが、政府は関東軍が開始した武力行使が謀略である可能性に半ば気づきながらも、「自衛」行為として侵略を追認した。

この攻撃を計画した関東軍の参謀たちの間では、当初満洲を日本の「領土」とすることが企図され、満洲の鉱物資源、農産物、土地などを日本の発展に資することが目的とされた。しかし日本の侵略に対する中国側の抗日活動が継続し、日本からの資本投下が不足する状況が続いたため、占領の成果は期待ほどには上がらなかった。

一方満洲の南端、つまり長城線一帯での中国側との交戦を煩わしく感じた日本軍は、一九三三年五月の塘沽停戦協定によって、長城以南の北平（北京）から天津にかけた地域を非武装化させることに成功した。

日中全面戦争、そしてアジア太平洋戦争へ

一九三五年以後、日本軍は華北を国民政府支配から切り離し、日本の軍事的・経済的支配下におさめるための華北分離工作に着手した。河北省に関する梅津・何応欽協定、チャハル省に関する土肥原・秦徳純協定はその表れであった。さらに一九三六年五月に日本軍は、中国側の抗議を無視して北平の盧溝橋近隣に駐兵を強行し、日本軍の軍事演習が盧溝橋に駐屯する中国軍との緊張を高めていった。中国では日本による華北侵略に対する危機感が高まり、反日運動・感情が全土に広まった。同年夏には成都や北海で日本人が襲撃される抗日テロ事件が発生し、その処理交渉に圧力をかけるため日本が戦艦を派遣し、軍事衝突の危機が高まった。こうしたなかで一九三六年一二月に国民党指導者の蔣介石が監禁され、部下や中国共産党幹部による説得を受けた結果、反共政策から抗日政策へ基本的な路線を転換するという事件が発生した（西安事件）。一九三七年に入ると、日本で新たに誕生した林銑十郎内閣の下で中国との国交調整が進められ、抗日テロ事件をめぐる軍事衝突の危機は和らいだが、北平では我が物顔で演習を繰り広げる日本軍に対する中国軍の反発が鬱積していった。

一九三七年七月七日、北平の盧溝橋近辺で夜間演習をしていた日本軍に向かって銃撃があったことをきっかけとして、翌日未明から日本軍による現地中国軍への攻撃が開始された。日本軍内にはこれを機会に本格的な開戦をして、一挙に中国を従属化していくべきとの声と、将来の対ソ戦準備を優先して開戦を回避すべきという声があった。第一次近衛文麿内閣の文官も開戦に積極的であったため、派兵論が優勢となっていった。

七月末に北平・天津地域の制圧に乗り出した日本軍は、一〇月には河北・山東・山西省の主要都市を占領した。一方、八月一三日には華中の上海での戦闘が開始され（第二次上海事変）、日本軍は苦戦の末一一月に上海を陥落

させた。日本軍は引き続き南京攻略戦に移り、一二月一三日に首都南京を攻略した。

日本の戦争の目的は、占領地が拡大するにつれて変化していった。戦争開始直後の目的は日本の軍事・政治・経済面での支配を華北で確立することであったが、一九三七年秋には対象は華中地域まで拡大され、一九三八年一月には国民政府を崩壊させて親日的新中央政権を樹立することが方針とされた。傀儡政権を通じた中国全土に対する支配を獲得することが目標とされたのである。

日本は一九三八年に徐州作戦、武漢作戦、広東作戦により華北から華南にかけて広大な占領地域を得ながら、年頭に構想した国民政府の軍事的・政治的崩壊を達成できなかった。国民政府を瓦解させるための汪兆銘工作の関係から、一九三八年一一月には日本の戦争目的は「東亜新秩序」建設にあると宣言したが、英米などからは日本が排他的中国支配を宣言したものとして反感を買うこととなった。

国民政府が重慶に戦時首都を移して長期抗戦体制を築く一方、共産党は華北の八路軍や華中の新四軍によるゲリラ戦を展開し、戦局は膠着化していった。中国が降伏しないのは英米仏ソの対中支援のためだと判断した日本は、英米の対中関与を抑制するためドイツを利用することを意図して、ドイツとの軍事同盟化交渉を開始した。また一九三九年初めには、東南アジアから中国に流入する軍需物資供給ルートへの圧迫を強めるため、日本軍は「南進」の第一歩として海南島占領を実行した。そして一九四〇年七月に誕生した第二次近衛内閣は、東南アジアも含めた「大東亜新秩序」を樹立する方針と、そのためには対英米開戦も辞さない方針を掲げた。一九四〇年九月に実施された北部仏印進駐と日独伊三国同盟締結はその方針が具体化したものであった。日中戦争を終結させるための外交的・軍事的ステップは、英米との開戦へのステップとなっていったのである。

日本軍の戦争犯罪

戦争犯罪を生む精神構造――中国蔑視と軍人精神

一五年戦争の間、日本軍・日本はさまざまな種類の戦争犯罪を引き起こしていた。

中国人に対する戦争犯罪を考える場合、まず、日本が中国を欧米諸国と同等の独立国と見なしていなかったことは看過できない。前述した一九一〇年代から二〇年代における中国の政治的混乱は、「近代的統一国家を作る能力がない民族」という偏見を生み、それが日本による満洲支配を正当化する根拠となった。また昭和天皇が満洲事変に際して中国東北を「田舎」と呼んだことも、日本の支配層の中国蔑視を象徴していた。こうした日本の中国蔑視は、戦争違法化を進めるとともに、中国に対する侵略を禁止する意味をもっていた国際連盟規約や九ヵ国条約、不戦条約といった平時国際法および、さまざまな戦争犯罪を禁止していた戦時国際法を適用する必要はないという国際法軽視にもつながった。日中戦争開始直後の一九三七年八月に陸軍次官名で発せられた通牒は、宣戦布告をした正式な戦争になっていないことを根拠として、戦時国際法を適用しない方針を現地各軍に指示していた。そもそも英米に対しては必要と考えられた宣戦布告が満洲事変や日中戦争でなされなかったこと自体が、中国蔑視の産物だったのである。

日本は住民虐殺や捕虜虐待、強姦といった戦争犯罪を引き起こす兵士をどのように生み出したのであろうか。戦前の日本人は天皇崇拝観念を小学校教育などを通じて植えつけられ、さらに男子の場合は中学校や青年学校で軍事教練により軍人精神を注入された。世界に並ぶ者のない「万邦無比」の天皇を戴く神聖な国が日本であり、日本人は優越民族であるという自意識を植えつけられ、天皇のために戦い死ぬことは美徳であり、名誉であるとされた。そして陸軍に入隊した者は二〇人ほどからなる内務班において、上官の命令に服従する心性が徹底的に叩き込まれた。有名なのは「私的制裁」ともいわれた暴力的教育で、「ビンタ」はその代表であった。日常的な暴力のなかで、命令に従順に従う習性が埋め込まれていくとともに、人間性は失われ、暴力を行使することへの抵抗感が低下させられていったのである。

日本人がみずからを「皇民」と呼んだことに象徴される優越感と天皇・上官に対する服従心を植えつけられた初年兵を中国戦線で待っていたのは、「刺突」といわれる訓練であった。戦闘員かどうかもわからぬまま捕らえた中国人が木に縛りつけられ、初年兵は銃剣を構えて突進しそれを突き刺すのである。体験者の回想によれば、一度これを経験すると、人間を殺害することへの抵抗感が非常に弱くなったという。一五年戦争期の住民虐殺はそのような訓練を受けた兵士によって行われたのである。

住民・捕虜への虐殺や虐待

大規模な住民虐殺事件として戦争初期に引き起こされたのが、一九三二年の平頂山事件である。当時日本が支配していた撫順炭鉱が九月に抗日勢力に襲撃された。炭鉱を守備していた日本軍は、近隣の平頂山村の住民がこれを手引きしたとして、銃撃・刺突によって約三〇〇〇人を虐殺したのである。日中戦争開始から半年後の一九三七年一二月、南京を攻略した日本軍は翌年初頭にかけて、無差別的な住民虐殺と、非正規兵も含めた中国側の投降兵・捕虜などへの組織的虐殺を行った。被害者数については、日本側の実証的研究では二十数万人というのが有力であるが、中国の公式見解では三〇万人以上とされる。また一九四〇年以降に華北では日本軍による大規模な治安戦が何度も繰り返され、そのなかで子ども、女性、老人を含む膨大な住民が殺害された（三光作戦）。

アジア太平洋戦争期には、各地で抗日勢力、敵性があるとされた華人・一般住民が虐殺の対象となった。一九四二年に日本占領直後のシンガポールで起きた「検証」は代表的な華人虐殺事件である。また一九四五年のマニラ虐殺のように、日本軍の戦闘の邪魔になる、アメリカ軍に協力する恐れがあるなどの理由で住民が虐殺されることもあった。

日本軍による住民虐殺は、たとえば南京攻略戦における避難住民への無差別掃射のようなケースでも、基本的には上官からの命令によって行われた。とはいえ多くの日本軍兵士は、中国や東南アジアの人々に対する蔑視意識をもっていた。侵略軍であるという自覚をもたない日本兵は、自分たちに抵抗や抗戦をする人々に憎悪を抱くようになり、その感情が残虐行為を引き起こすこともあった。また日本軍が治安戦を行う場合、対象となった地域の抗日ゲリラへの恐怖から、住民全体を敵視する傾向が強く、子どもや女性、老人までもが殺害されていったのである。

中国戦線における日本軍による捕虜虐待・虐殺は、前述した差別意識や国際法認識が根底にあった。一方、アジア太平洋戦争期における欧米将兵捕虜に対する日本兵の感情は、優越感と劣等感が入り交じった複雑なものであったが、捕虜となることを恥と教育されていた日本兵は、捕虜となった彼らに対して非常に傲慢に振る舞う傾向が強かった。アジア太平洋戦争開始直後、日本は捕虜待遇に関する一九二九年のジュネーブ条約を「準用」する意向を欧米各国に通告しながらも、実際には極めて不十分な食料や医療品しか与えなかった。そのため多くの捕虜が強制労働のなか病死していった。日本軍捕虜の死亡率は、ヨーロッパにおいてドイツ軍によって捕虜になったケースより高かった。また捕虜となった米軍の対日爆撃隊員は、無差別爆撃という戦争犯罪を犯したとして取調中に拷問を加えられたうえで、約一〇〇人が処刑された。

日中戦争期には日本は中国大陸に約一五〇万人の兵力を置くようになり、アジア太平洋戦争期の全兵力は六〇〇万人を超えるまでになった。大規模な兵力動員が国内の労働力不足を招いたのは言うまでもなかった。すでに日中戦争段階の一九三九年には朝鮮人を朝鮮半島から移入し始め、炭鉱などの厳しい労働現場で強制労働をさせた。敗戦までに日本に移入された朝鮮人は約七〇万人に上った。さらに戦争末期には華北から中国人約四万人を移入した。これらの人々は住居・食事・医療などが劣悪な状態のなか、日本人から虐待を受けながら、過酷な労働をさせられ、賃金はほとんど手にすることができなかった。秋田県の花岡鉱業所では、一九四五年に中国人が解放を目指して蜂起する事件が起き、その弾圧のなかで一〇〇人以上が殺害された。

日本は中国人の強制的な連行・労働を中国国内でも行い、華北から一〇〇〇万人以上を「満洲国」に連行し、炭鉱などで働かせた。炭鉱では事故死や病死も多く、それらの死者を埋めた穴は「万人坑」と呼ばれて、今日まで残っている。

戦時性暴力・慰安所政策

日本軍は満洲事変段階から軍人専用の売春施設である「慰安所」を設けていたが、一九三八年以降日本軍が進軍する中国占領地各地に続々と慰安所が設けられていった。「慰安婦」とされた女性の多くは、騙されて連行され、性暴力に加えて殴られたり、日本刀で傷つけられるといった暴力にもさらされた。また慰安所からの外出は制限され、金銭的報酬も搾取されていた。「慰安婦」は極めて非人道的な状態の下に置かれていたのである。日本軍が慰安所を設置したのは、兵士による住民女性に対する強姦を抑制したり、性病罹患の可能性が高い民間売春施設の利用を抑止したり、その施設を兵士が利用した際に軍事情報が漏洩することを防止したり、兵士に慰安を提供したりできると考えたためである。

アジア太平洋戦争期、日本軍の性暴力、「慰安婦」被害は東南アジア各地にまで広がった。インドネシアのジャワ島では、宗主国であったオランダ人女性までもが「慰安婦」とされる事件が起きた。ちなみに戦後インドネシアで実施されたBC級戦犯裁判では、オランダ人女性を「慰安婦」とした日本軍人は戦犯として処罰されたが、インドネシア現地女性に対する同様の行為は裁かれなかった。連合国側のアジア人蔑視の表れであった。

日本においては男性が女性より優位に立っているという観念が強く、公的な売春も容認されていた。男性が女性の「性」を搾取するのは当たり前とされていたことが、日本兵による強姦や、それを抑制するという名目での慰安所政策を生んだのである。

慰安所における監禁型の性暴力も非監禁型の強姦の場合も、被害者の精神的な傷は大きく、自殺する被害者もいた。またその傷を負いながら戦後をどのように生きていけたのかという点は、被害者が属する国・社会の倫理観によって大きく異なっていたと考えられる。一九九〇年代に被害をカミングアウトしたことで、家族や親族関係が損なわれるケースも存在した。

違法な攻撃手段、「皇民化」政策

一九三一年に中国侵略を開始した日本は、毒ガス兵器や細菌兵器の開発を本格化した。中国東北を占領して細菌兵器の開発をするための大規模な実験施設を作れるようになったことは、それを秘匿するうえで日本軍にとって大きなメリットであった。

一九三七年に日中戦争を開始すると、日本軍は華北の山中に潜んでゲリラ戦術を展開する共産党軍（八路軍）に対し、毒ガスを使い始めた。毒ガスは翌年には武漢攻略戦をはじめとする国民党軍との正面戦でも大規模に使用されていった。最も使われたのは「赤」と呼ばれたマスタードガスであったが、一九三九年以降には「黄」と呼ばれた糜爛《びらん》性の致死性ガスも使用され始めた。

日本軍の細菌兵器研究は一九三二年に始められ、中国ハルビン近郊に設けられた実験施設では生体実験も大規模に行われていった。その結果、コレラ菌、チフス菌を空中から噴霧したり、水源に投入するという作戦が日中戦争期に各地で実施された。また致死性という点で日本軍が高く評価していたペスト菌を使った攻撃は、一九四〇年から一九四一年にかけて華中の寧波、義烏、常徳といった都市で実施された。これはペスト菌を保有させた蚤を空中から散布するなどの方法で行われた。常徳では二次感染なども含めて数千人の死者が出たことが明らかになっている。

中国戦線における毒ガス兵器や細菌兵器の使用には、来たるべきソ連や英米との戦争に備えた演習という側面もあった。

日本軍は満洲事変期に錦州や上海への爆撃を行っていたが、一九三七年に日中戦争が開始されると、日本軍によるさらに大規模な無差別爆撃が上海、南京をはじめ中国各地に加えられていった。なかでも中国の戦時首都となった重慶に対しては、一九三九年から一九四一年まで延べ百数十日にわたる空襲が行われた。重慶の人々を恐慌状態に陥れて戦意を崩壊させることが、中国の降伏を引き出すことにつながると考えられたのである。そのため数日間にわたる連日連夜の空襲が加えられることもあった。空襲警報と防空洞への避難の繰り返しで、重慶市民は肉体的にも精神的にも疲弊し、現地では「疲労爆撃」と称された。

日中戦争が始められる日本国内では国民から戦争協力を引き出すため、国民精神総動員運動が展開されるとともに、町内会・部落会を末端とする国民動員組織（大政翼賛会）が結成された。日本は植民地や占領地で同様の運動や組織によって民衆動員を図り、物資の供出や貯蓄・献金、抗日勢力に対する監視を強要していった。

また日本の住民支配は、「皇民化」の名の下で日本語使用の強制、天皇信仰の強制にも及んだが、これは住民のアイデンティティの破壊を意味したため、逆に反日・抗日感情を高めることとなった。

アジア太平洋戦争と敗戦

一九四〇年、日本の支配層の間では、日本が南進して英領マレーを侵略し対英開戦となっても対米開戦を避けることはできるとする英米可分論と、対英開戦は必然的に対米開戦につながるとする英米不可分論が存在していた。一九四一年春に日米交渉が開始されたことは、前者の路線がとられていたことを意味する。しかし日中戦争にアメリカが介入するのを排除して中国全土の支配を目論む日本と、日本の独占的な中国支配を認めたくないアメリカとの妥協は極めて困難であり、日米交渉は実質的に日米双方にとって開戦準備期間となっていった。

日米交渉の一方、日本では一九四一年七月と九月の二度、昭和天皇臨席の会議（「御前会議」）で、対米開戦方針を確認していった。ところが対米戦勝利に確信をもてなくなった近衛文麿首相は、御前会議を主催してきたにもかかわらず、一〇月に内閣総辞職をした。昭和天皇と内大臣木戸幸一は、陸軍の開戦派を抑えるためという理屈で、日米交渉について中国からの撤兵に強く反対して、交渉を行き詰まらせている東條英機陸相を後継首班に任命した。東條は天皇の指示を受けていったん開戦決定を白紙に戻したものの、陸海軍統帥部は米・ハワイ真珠湾と英領マレーで奇襲攻撃に出れば勝機は得られるとの見通しで天皇を説得した。そして一一月五日の御前会議では、日米交渉が妥結しない場合は一二月初旬に開戦する方針が確定された。一一月二六日に日本の中国撤退を求めるハル・ノートがアメリカから日本側に提出され、交渉成立の可能性なしと判断した日本は、一二月一日の御前会議において八日に奇襲攻撃により開戦することを決定したのである。

一九四一年一二月八日（日本時間）、日本軍はマレー半島とハワイ真珠湾への奇襲を行い、その後昭和天皇の名の下に米英との開戦を宣言する宣戦詔書が発布された。日本軍は、東南アジアを支配する欧米宗主国の軍隊の対日防御が不十分な段階で先制攻撃をかけ、一九四二年三月までに東南アジア・南洋の広範な地域を支配下に置いていった。しかし同年六月のミッドウェー海戦での大敗北を契機に、太平洋域で日本軍は守勢に転じた。翌年には連合国軍が反攻を本格化し、日本軍はガダルカナル島からの撤退やアッツ島での玉砕に象徴される敗北を積み重ね、占領地を次々と奪回されていった。南方の戦線ではアメリカ兵による日本兵への残虐行為も発生していた。そして一九四四年七月にはアメリカ軍はマリアナ諸島を制圧し、そこからB29による本土空襲を開始していくことになった。日本の戦局は絶望的な段階へ突入したのである。

前述したように日本軍は敵国の住民・軍人・捕虜の人権を顧みずに、多種多様な戦争犯罪を引き起こした。そのような日本軍は、自軍兵士の生命も軽視する傾向が戦争末期には顕著になった。

戦略的に無意味な突撃によって全滅することを美徳とする傾向が一九四三年五月のアッツ島での「玉砕（万歳突撃）」から強まったが、一九四四年一一月のレイテ戦では大型爆弾を搭載した戦闘機が敵艦船に突撃する自爆攻撃（「特攻」）も開始された。当初、特攻は意表を突かれたアメリカ兵に恐怖を与え、多少の戦果も挙げたが、次第にアメリカ軍の弾幕の前に効果を失っていった。潜水艦や小型ボートなどによる特攻も含めて、特攻による日本兵の死者は敗戦までに六〇〇〇人近くに達した。特攻で出撃した戦闘機が機体の不調などで引き返してくると、パイロットが生還したことを秘匿したうえで、その後実際に戦死するまで特攻出撃を繰り返させた。

補給を無視した無謀な作戦も多く実施され、とりわけガダルカナル島やインパールにおいては補給を受けられずに多くの将兵が餓死したことは有名である。フィリピンやインドネシアなども含め、飢餓状態に陥った日本軍のなかでは、敵兵や現地住民、さらには自軍兵士を殺害して食べる人肉食までもが生じていた。日本兵の戦没の多くは一九四四年七月以降の約一年に集中するが、そのうちのかなり高い比率を餓死が占めていたと考えられている。

そもそもは日本が開始した侵略戦争であったが、戦争末期には日本人も空襲被害や沖縄での地上戦、引揚げにまつわる暴行などで大きな被害を受けた。また多くの戦友を失いながら生き延びた兵士もいた。そうした人々も戦争の悲惨な状況の記憶や、自分だけが生き延びたという負い目を心に抱えて戦後を生き抜いていくことになったのである。

連合国は、日本敗戦後にいわゆる「東京裁判」を実施し、侵略戦争を開始・遂行した罪（「平和に対する罪」）でA級戦犯を裁いたが、アメリカは満洲事変や日中戦争の開戦責任以上に対米開戦責任を重視した。それに便乗して、昭和天皇個人・天皇制を擁護しようとする戦犯容疑者たちは、昭和天皇とみずからを「親英米」派として、対米開戦責任を東條英機一派に過剰に押しつけていった。占領軍の最高司令官マッカーサーは、占領統治やアメリカ軍に有用な昭和天皇や海軍首脳、細菌戦・毒ガス戦関係者などを免責した。植民地支配下で行われた強制労働、慰安所政策による性暴力なども十分な責任追及がなされないまま、東京裁判は一九四八年一一月に終結した。

東京裁判での被告が二八人にとどまり、訴追されないまま重大な責任を免れた者も多かったのに対して、東南アジアや中国・日本で開かれたＢＣ級戦犯裁判では捕虜虐待や住民虐殺などの罪で九〇〇人以上が死刑、三〇〇〇人以上が懲役刑に処された。そのなかには捕虜虐待の責任を問われた朝鮮人や台湾人の捕虜監視員も含まれていた。彼らは植民地支配の下で動員され、軍隊内の地位は最低であったが、重い責任を負わされたのである。

一方、中国共産党政権が一九五〇年から一九五六年にかけて実施した戦犯裁判では、戦犯一〇〇〇人あまりに自分の戦争犯罪を洗いざらい自供することを求めた。その結果多くの戦犯が、大きな葛藤の末に自分の罪を心から反省し、謝罪するに至った。東京裁判やＢＣ級戦犯裁判の被告の多くが罪を認めることなく終わり、その関係者が「勝者の裁き」として裁判を否定し続けるのとはまったく異なる状況が生じたのである。

むすびにかえて

侵略戦争を正当化する論理は国家・支配層のなかで形成され、国家により戦争は実行されていく。しかしその過程で、その論理は教育・メディアを通して一般民衆のなかで普遍化されていく。そしてその際には、歴史的因縁、たとえば日本の一九三〇年代の満洲侵略正当化に用いられた、日露戦争で多くの国民の血を流して獲得した「特殊権益」としての「満蒙権益」といった歴史観や、中国人に対する蔑視感情が動員されていき、多くの民衆はその国家の論理にからめ取られていったのである。戦争の正当性を疑うことを忘れた民衆・兵士は、相手の抗戦を不当で生意気なものと認識し、みずからの戦闘行為や戦争協力を徹底的に正当化し、戦時国際法に反する行為すらも肯定されていった。戦争は「聖戦」とされ、それは日本の天皇崇拝と直結されることでいっそう正当化の度合いを強めた。このようなみずからの戦争を正当化する構造は、具体的な歴史的因縁やイデオロギーは異なったとしても、近現代の戦争では世界中で普遍的にみられるものともいえる。

「戦争は開始することよりも、終わらせることのほうが難しい」とはよく耳にする言葉だが、とりわけ侵略的意図をもった国家は、その達成をどの時点で判断するのかが難しいといえる。一定の地域を占領して一方的に戦争を打ち切ることは不可能ではないとしても、相手国は侵略への抵抗の正義を信じて徹底抗戦の態度をとるため、戦争は相手国の完全な屈服を目指して継続されることとなる。そして侵略国は戦局や戦争継続の困難を打開しようとするなかで、国際法や人道に反する兵器使用や行為に及んでいくのである。ただ戦争において、侵略への抗戦を開始した国が同様の行為に及ばないという保証がないことは、第二次世界大戦末期の連合国による無差別爆撃や原爆投下が示す通りである。

一五年戦争期に中国や東南アジアにおいて、日本の侵略により命を奪われた人々は約二〇〇〇万人に上った。日本の侵略・占領を生きながらえることができた人々のなかにも、元「慰安婦」のように戦争犯罪の被害者となったり、家族の命を奪われたり、みずから傷を負ったり、土地を追われ財産を奪われたりした人が無数に生み出されていたことに思いを馳せるべきであろう。そして、生きのびることができた人々にもさまざまな傷や感情、記憶が戦後数十年を経ても残っているのである。

そのうえで、アジアの人々から見れば加害者であった戦争に動員された日本兵士のなかにも、戦場体験や加害体験から精神を病む人々が生まれたことにも目を向けねばならない。また敗戦前後の対日空襲や沖縄戦、ソ連の満洲侵攻などで日本の民衆もさまざまな被害を受けた。生きながらえた人々のなかには戦争の記憶にさいなまれ続け、あるいは自分だけが生き残ったことに罪悪感を抱く人もいるのである。

戦争が生むそのような悲劇は第二次世界大戦後も、さまざまな戦争で繰り返されてきているといえる。一九六〇年代のベトナム戦争、一九八〇年代のソ連のアフガン侵攻、さらに二〇〇〇年代にアメリカを筆頭に展開された反テロ戦争はその代表であろう。

第二次世界大戦後の中国共産党による戦犯裁判で裁かれた日本人戦犯たちがしたためた供述書での侵略戦争への反省や、ベトナム戦争とイラク戦争でアメリカの参戦兵士が自国の戦争犯罪を告発した「冬の兵士たち」の証言は国家により黙殺され、市民の戦争認識の深化に資せられることは極めて少ない。

二〇年前の戦争犯罪が顧みられない世界で、八〇年前の戦争犯罪が十分に顧みられることはありえるのであろうか。しかしそうした歴史を振り返ることのうえにしか、真に戦争を抑止する力は生まれないと私は思う。

〔主要参考文献〕

粟屋憲太郎『東京裁判への道』講談社学術文庫、二〇一三年。

家永三郎『太平洋戦争』岩波現代文庫、二〇〇二年。

伊香俊哉『満州事変から日中全面戦争へ（戦争の日本史二二）』吉川弘文館、二〇〇七年。

内海愛子『日本軍の捕虜政策』青木書店、二〇〇五年。

大江志乃夫『昭和の歴史三　天皇の軍隊（小学館ライブラリー）』小学館、一九九四年。

岡部牧夫、荻野富士夫、吉田裕編『中国侵略の証言者たち―「認罪」の記録を読む』岩波新書、二〇一〇年。

笠原十九司『南京事件』岩波新書、一九九七年。

陸井三郎編訳『ベトナム帰還兵の証言』岩波新書、一九七三年。

シェルダン・H・ハリス（近藤昭二訳）『死の工場―隠蔽された七三一部隊』柏書房、一九九九年。

杉原達『中国人強制連行』岩波新書、二〇〇二年。

戦争と空爆問題研究会編『重慶爆撃とは何だったのか―もうひとつの日中戦争』高文研、二〇〇九年。

外村大『朝鮮人強制連行』岩波新書、二〇一二年。

反戦イラク帰還兵の会、アーロン・グランツ（TUP訳）『冬の兵士―イラク・アフガン帰還米兵が語る戦場の真実』岩波書店、二〇〇九年。

藤原彰『餓死した英霊たち』青木書店、二〇〇一年。

吉見義明『従軍慰安婦』岩波新書、一九九五年。

第3章

労働力動員からとらえる日本の戦時体制

佐々木啓

はじめに

日中戦争からアジア・太平洋戦争にかけて、日本は総力戦体制を構築した。総力戦とは、国家が支配下に置くあらゆる「資源」を戦争に優先的に投入する戦争形態を指す。総力戦体制の下では、前線だけでなく銃後までもが重要な位置を与えられ、物的資源のみならず「人的資源」として、多くの人々が戦争の遂行を支える役割を課せられた。

図3－1は、漫画家の加藤悦郎が一九四四年に発表した作品である。川の上に木の板が架けられており、その上を「米英撃滅」と書かれた日章旗を括りつけた銃剣を持つ兵士が走っている。板は、「生産力増強」の丸太で

図 3-1　加藤悦郎による漫画（1944 年）（文献 1）

支えられており、その丸太を担いでいるのは、二人の屈強な身体の男性である。一人は鎌を持っており、もう一人はハンマーを持っている。つまり、戦争は前線に赴いた兵士たちだけではなく、銃後で軍需生産に勤しむ農民や労働者があって初めて成立するのだというイメージを提示した作品といえる。もともとプロレタリア漫画運動の担い手であった加藤らしく、労働者や農民の実践に尊い意味を見出そうとする姿勢が色濃く表れている。総力戦体制は、従来下層に置かれた人々の能動性を強く要請しながら遂行されたのであり、二人の男性の姿は総力戦体制下で要請されている新しい主体のあり方を明快に示したものであった。

だが、銃後で生産活動を行っていたのは、このような日本人の男性たちばかりではない。若い日本人男性が兵力として優先的に戦場に動員される一方、日本人女性や植民地・占領地の人々、さらには連合軍の捕虜が労働力として動員され、軍需生産に駆り立てられた。銃後の生産現場は、戦争の進展に伴って多様な出自をもつ人々を激しい勢いで吸収し、膨張し続けたのである。加藤が描いたような二人の男性の姿に集約されない、多様な人々の動員に光を当てることで、日本の総力戦体制の実際の姿を浮き彫りにすることが可能となる。

本章では、こうした問題意識から、日本の労働力動員の重層的な構造を概観し、その歴史的性格について考察していくことにしたい。

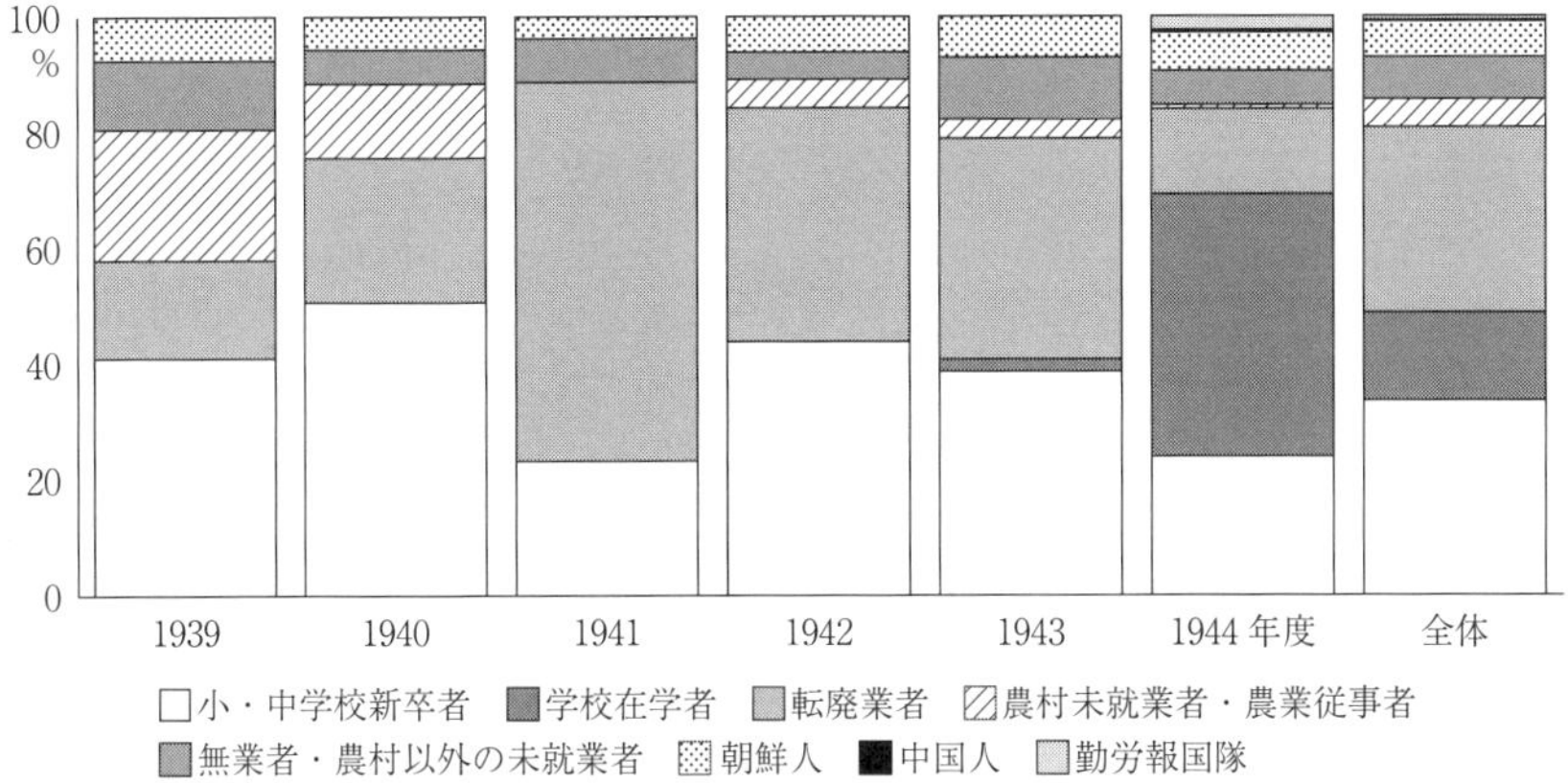

図 3-2　労務動員計画（国民動員計画）の階層別比率の推移（文献２）

労働力動員政策の展開とその特質

日本の戦時労働力動員は、一九三九年度以降、企画院が立案する労務動員計画（一九四二年以降は国民動員計画）に基づいて実行された。動員対象は、年度によって区分とその名称が異なる場合もあるが、大きく分けて、①小・中学校新卒者（合計四六四・二万人）、②学校在学者（二一〇・六万人）、③転廃業者（四五二・五万人）、④農村未就業者・農業従事者（六七・七万人）、⑤無業者・農村以外の未就業者（一〇〇・八万人）、⑥朝鮮人（八三・四万人）、⑦中国人（三万人）、⑧勤労報国隊（一〇万人）、の八つの階層があった。それらの年度ごとの割合の推移をまとめたのが、図３－２である。同計画はあくまでも「計画」なので、実際の充足数はまた別なのだが、一定の傾向性は見て取ることができよう。

労務（国民）動員計画にみられる日本の戦時労働力動員の特徴について、次の五つのことを指摘しておきたい。まず第一に、新規学校卒業者や学徒といった若年層が、労働力動員の給源の中心となっているということである。小学校・中学校の新規卒業者は、全計画の約三三％であり、一九四三年度以降に登場する学校在学者と合わせると、約四五％となる。労働力動員の主軸は、まずは一〇代の若者たちであったことがわかる。

第二に、有業者からの動員という意味では、転廃業者からの動員が大きな位置を占め、農村未就業者・農業従事者からの動員は、相対的に少なく抑えられた。転廃業者は全計画の約三二%を占めており、農村からの動員は五%弱に抑えられている。零細で労働集約的な農業経営が主であった日本では、農業生産を維持するために農村に多くの労働力を残しておくことが求められたのである(3)。

有業者人口の推移でこれを確認すると、農林業は一九三六年一〇月:約一四五三万人→四〇年一〇月:約一三八四万人→四四年二月:約一三五七万人と推移するのに対し、機械工業は約八二万人→約二一二万人→約四三一万人、繊維工業・商業・飲食店等の合計は約七五四万人→約六七九万人→約三二二万人といったように推移している(4)。農林業人口はこの八年を通して六・六%の減少にとどまっているのに対し、繊維工業・商業・飲食店等は五七・三%減少しており、後者が機械工業を中心とする軍需産業の大きな給源となっていることがわかる。

第三に、女性の動員については、政策全体のなかに抑制する契機と推進する契機とが混在し、複雑な経緯をたどった。抑制する契機としては、育児や家事を女性の仕事とみるジェンダー観念から、既婚女性を避ける指向が根強くあった。一九四三年九月に組織されることになった女子挺身隊が、当初その対象を一四~二五歳の未婚・無職・不在学の者としたことはその表れであった。首相であった東條英機自身も、「家庭ヲ守リ、子弟ノ養育ニ任ジ、而シテ其ノ夫ヲ、又其ノ子ヲ、又其ノ兄弟ヲ、戦線ニ、銃後ニ活動」させるのが「帝国女性」の「天職」であり、「将来永久ニ之ヲ保存シテ行カナケレバナラヌ」と述べていた(5)。

だが、実際には労働力給源の枯渇のなかで、女性の動員は次第に強化され、結果として、動員計画(全期間)で約三七%を占めるに至った。無業者・農村以外の未就業者では、約七四%を女性が占めており、新規学卒者や学校在学者でも女性の割合は四割を超えている。一九三六年一〇月の段階で三六・五%であった有業人口に占める女性の割合は、一九四〇年一〇月には三九・三%に、一九四四年一一月には四六・八%にまで増大しており(6)、戦時中に託児所が増大したという事実も指摘されている[7]。結果として、既婚女性も含めて、労働力動員はなし崩し的に広がっていったというのが実態であった。

第四に、朝鮮人の動員が次第に強化され、全期間の合計で全体の約六%、八〇万人を超えている点が注目される。朝鮮人労務者は一九四二年以降拡大し、四四年からは中国人労務者も動員の対象となった。なお、四五年の動員計画も素案レベルでは史料が残っており、それによれば、新規学卒者が六九万九〇〇〇人、学校在学者が二四四万人、有業者が四八万人、無業者が八万人、「外国外地労務者」が四〇万人となっている[8]。四五年だけで見るなら、日本人以外の動員が約一割を占めていたことになる。日中戦争の段階ですでに労働力不足が生じていた日本では、とくに炭鉱や土木建設などの労働力として朝鮮人を断続的に動員する方向へと進み、朝鮮人労働者が不足するようになると、さらに中国人の強制労働へと突き進んだのである。

第五に、連合軍捕虜の動員については、以上のような労務(国民)動員計画とは別に進められた。陸軍は、一九四二年五月の「俘虜処理要領」において、「白人俘虜」を「生産拡充並ニ軍事上ノ労務ニ利用」する方針を決定し、同年一〇月に南方地域から日本への捕虜の移送を開始している。四二年から四五年にかけて、合計三万二八五六人の捕虜が日本国内に移送され、鉱山などでの労働を強いられた[9]。言うまでもなく、捕虜の虐待・強制労働は戦時国際法違反に該当するが、日本にはその点の「遵法」意識が欠落していた。

労働力動員の実態とその重層性

以上から、日本の戦時労働力動員は、明瞭な重層構造をもっていたことが見えてくる。すなわち、動員の中核にあったのは本国人(日本人)の男性であり、その不足の埋め合わせとして日本人女性や朝鮮人などの植民地の労働者が使用され、さらに占領地や戦地から中国人、連合軍捕虜が国内に移送され、重労働を強いられた。政策が中心から周縁さらに外部へと拡張していくにしたがって、その動員手法は強引なものとなり、また労働実態も厳しいものとなった[10]。

以下、朝鮮人、中国人、連合軍捕虜を中心に、その動員の実態について見ていくことにしよう。

朝鮮からは、一九三九年以降、募集・官斡旋・徴用といった三つの方法を通して日本国内への労働者の移送が実施された。募集（一九三九年九月〜）は、事業者が実行主体となり、朝鮮総督府の認可を得て募集活動を行い、募集地の警察署の認可を経て日本内地へ移動させる方法で、官斡旋（一九四二年二月〜）は、末端の地方行政機関（府邑面など）が労務補導員（企業の職員など）と「協力」して、動員する者を選定し、日本内地へ移動させる方法である。徴用（一九四四年九月〜）は、国民徴用令に基づく動員で、厚生省と朝鮮総督府で必要人員数を決定し、割り当てを受けた府邑面が徴用銓衡を実施して、日本内地に移動させるものである。

募集・官斡旋・徴用、いずれも末端の行政機関が選定や移送に重要な役割を果たすことになっているが、その際かなり強引な手法を用いるケースが頻発した。内務省の嘱託として朝鮮半島からの労働力動員の実態を調査した小暮泰用は、一九四四年七月にまとめた「復命書」のなかで、以下のように述べている。

> 徴用ハ別トシテ其ノ他如何ナル方式ニ依ルモ出動ハマッタク拉致同様ナ状態デアル。其レハ若シ事前ニ於テ之ヲ知ラセバ皆逃亡スルカラデアル。ソコデ夜襲、誘出、其ノ他各種ノ方策ヲ講ジテ人質的掠奪拉致ノ事例ガ多クナルノデアル。何故ニ事前ニ知ラセレバ彼等ハ逃亡スルカ、要スルニソコニハ彼等ヲ精神的ニ惹付ケル何物モナカッタコトカラ生ズルモノト思ハレル。内鮮ヲ通ジテ労務管理ノ拙悪極マルコトハ往々ニシテ彼等ノ身心ヲ破壊スルコトノミナラズ残留家族ノ生活困難乃至破滅ガ屢々アッタカラデアル[11]。

朝鮮人の間で「徴用」に対する忌避感が強く、とくに、労務管理のひどさや、家族の生活難などの恐れが大きかったことが読み取れる。したがって、逃亡されないように、行政当局は、「夜襲・誘出」など強引な手法を用いて動員しなければ、割り当てられた人数を充足できなかったというのである。植民地支配下の朝鮮では、動員は概して慎重な手続きを経ずに行われたのであり、日本人を対象とした国民徴用制度が、曲がりなりにも一定の制度的、行政的基盤のうえに実行されていたのとは大きく異なっていた。

また、朝鮮人の動員先の内訳は、炭鉱四七・八%、金属鉱山一一・三%、土建業一六・一%、工場他二四・八%となっており[12]、肉体を酷使する危険な職場が主であった。過酷な環境で働く日本人労働者の不足が常態化するなかで、朝鮮人で補充することが試みられたのである。

次に中国からの労働力動員について見てみよう。中国はもとより日本の植民地ではなく、朝鮮のように、国内の法律で動員を進めることはできない。そこで、中国人労働統制機関「華北労工協会」と日本軍が設立・管理する俘虜収容所に中国人を集めたうえで、日本内地に連行する形式で進められた。形式的には応募した者を雇用することになってはいるが、実際には拉致同様の手法で実行される場合が多く、抵抗する者は殺害される場合すらあった。拉致にかかわった北支派遣軍独立混成第五旅団一九大隊配属の軍人は、「彼らは、いわば戦利品なのです。戦って利益を得た、つまり獲得した品物だと思っていました。彼らが持っていた弾薬や小銃、その他の食糧やお金などを最初は戦利品と呼んでいましたが、そのうちに、人間までも品物と思うようになったのです。ですから、働けそうな中国人はすべて、労働力を提供してくれる品物だったのです」との証言を残している[13]。

日本政府の外務省報告書の数字によれば、三万八九三五人の中国人が動員され、そのうち六八三〇人が死亡したとされている[14]。中国人の動員先は、炭鉱三四・一%、金属鉱山一九・五%、土建業二八・三%、港湾荷役一五・八%、造船業二・三%となっており、朝鮮人と同様、過酷な肉体労働が主であった[15]。

連合軍捕虜の動員については、先に述べたように日本軍の主導で行われたが、移送される途中に亡くなってしまう捕虜も少なくなかった。移送中に一万八三四人が死亡しており、移送後も、日本国内八ヵ所に設置された収

図 3-3 「大東亜縦貫鉄道」構想（文献 18）

容所で、合計三四一五人が死亡している。ちなみに朝鮮、奉天、上海、香港、台湾、フィリピン、タイ、マレー、ハワイ、ボルネオに設けられた外地の収容所では、三万四九六人の捕虜が死亡した(16)。日本軍の捕虜になった将兵の死亡率は、約二七％にのぼったという(17)。総体としてこれをとらえるなら、捕虜の強制労働はきわめて過酷なものであり、管理にあたった者の多数が戦後ＢＣ級戦犯裁判で罪を問われている。

強制労働は、日本内地ばかりではなく、植民地や占領地でも進められた。「大東亜共栄圏」の建設という大きな目標に向けて、外地で鉄道をはじめとする各種インフラの整備が必要となり、それをアジアの民衆や連合軍の捕虜に担わせたのである。それを象徴するのが、「大東亜縦貫鉄道」の構想であった。同構想は、図３－３のように、東京から朝鮮半島、満洲国、中華民国、そしてインドシナ、タイ、マレー半島、シンガポールに至るまでを鉄道でつなぐという壮大なものであった。「大東亜共栄圏」の連環をこれにより強固にし、物資や人員の輸送を一体的に円滑に進めることができるという発想である。

この構想が実を結ぶことはなかったが、それでもアジアの各地で日本軍は戦略上重要と見た鉄道の建設を強引に遂行した。泰緬鉄道やスマトラ横断鉄道は有名であるが、とりわけ前者の工事の際には大規模な労働力動員が実施されている。一九四二年六月に着工し、一九四三年一〇月に完成するまでの間、連合軍捕虜五万五〇〇〇人、ビルマと近隣諸地域から「ロームシャ」として二〇万人以上が動員され、工事のための労働を強いられた。建設現場の多くは人跡未踏のジャングルや山岳地帯であり、マラリアなどの伝染病が多発したとされている。結局、突貫作業による酷使と栄養失調、病気、医療品不足により、捕虜一万三〇〇〇人、ロームシャ四万二〇〇〇人以上が死亡したことが明らかになっている[19]。

以上のように、労働力動員政策を概観してみると、その展開過程は帝国周縁、外部に向けての暴力の拡大過程でもあったことがわかる。もちろん日本人の労働者に対し、暴力がまったくふるわれなかったわけではない。日本人徴用工が、労働現場で上司や軍人から殴打されたり、過酷な目に遭わされたという証言は少なくない[20]。だが、その度合いで見るならば、しばしば生命の危機にさらされた朝鮮人や中国人、捕虜に向けられた暴力と比較になるものではない。大東亜共栄圏の「垂直性」が「水平性」よりも際立っていたことは、労働力動員からも十分に理解することができる。

戦後世界への影響

こうした帝国日本の戦時労働力動員は、戦後にさまざまな形で影響を残した。

日本社会に対する影響としては、総力戦を通して「現代化」が進行したということが指摘されている。総力戦によって大衆社会化が進み、その過程で作られたさまざまな制度が戦後の国家体制のあり方を規定していく、というものである[21]。とりわけ福祉や社会政策というレベルでの影響は大きく、総力戦体制が日本型の福祉国家の起源となっているというとらえ方も示されている。戦後の国民健康保険制度や厚生年金制度の原型が戦争中に作られたことは事実であり、産業報国会を軸とした企業別の労働者の組織化が、戦後の職員と工員の差別の解消や従業員組合の前提となったという議論もある。戦時中に労働者を動員するために作られたさまざまな制度が、戦後を規定していくというのである。その度合いをどのようにとらえるかは議論が分かれるが、総力戦の経験が不可逆的な変化を社会にもたらしたことは、間違いのないところといえよう。

ただし、国民年金保険や国民健康保険をはじめとする各種社会保険には、戦後長らく国籍条項が設けられ、かつて植民地支配下に置かれていた在日コリアンは排除されたままに置かれた。国民年金保険の国籍条項が廃止されたのは一九八二年、国民健康保険については一九八六年のことである。総力戦に伴う「現代化」は、民族的マイノリティには波及しなかったのであり、その意味で戦時以来の序列化された構造を引きずっていた。

また、多くの日本人にとって、総力戦は「現代化」というよりむしろ痛苦の体験としてとらえられた。戦後、個人や団体を問わず、戦争体験の記録は無数に刊行されているが、多くの場合それらは、戦争を過酷な体験としてとらえ、二度と繰り返すべきではないという立場で書かれている。労働力動員の体験についての語りも、その特徴に大きな違いはない。三〇〇万人以上の戦死者を出し、空襲や原爆によって国土を破壊された体験は、日本人の多くが支持して始めた結果であったとはいえ、あまりに悲惨なものであった。この意識が、戦後の平和・反戦意識や戦前の体制への嫌悪感という形で、戦後民主主義の重要部分を構成していくことになる。

日本国憲法第九条は、一九四七年五月の施行以来一度も改正されずに現在にまで至っているが、改正が時々の政治情勢のなかで提唱されるたびに、人々の戦争体験が呼び起こされ、それが世論を刺激して改正を防いできた。[22]だが、こうした戦争体験は、よくいわれるように、被害体験中心であり、加害体験の自覚が欠落しているという構造をもっている。ドイツが過去の侵略や虐殺の事実を認め、反省することを通して戦後国際社会に復帰したのと異なり、「熱戦」が継続した東アジアにおいて、アメリカの主導で西側陣営に組み込まれた日本では、侵略や植民地支配の反省が十分になされることはなかった。この歴史的経緯が日本人の戦争観の大きな特徴として今に至るまで影響を与えているのである。

では、労働力動員された人々の戦後補償はどうなっていったのか。まず日本人の事例から見ていくと、国家総動員法に基づく法令で動員された労働者は、一九五三年に復活した恩給法に基づく軍人恩給の対象にはならなかった。動員された労働者たちは戦時中「産業戦士」や「応徴士」などと呼称され、軍人に準ずる名誉があると喧伝されていたのだが、恩給法の対象からははっきりと除外されたのであった。

一方、一九五二年に制定された戦傷病者戦没者遺族等援護法では、労働力動員された人々の一部が援護の対象となった。すなわち、国家総動員法に基づく被徴用者、総動員業務の協力者とその遺族が対象となり、負傷者には障害年金を与えたり、死亡者には遺族給与金や弔慰金を支給したりすることとなった。だが、その対象は、日本国籍保有者に限られており、たとえば日本国籍をもたない在日コリアンは対象外とされた。年金や健康保険は一九八〇年代に国籍条項を撤廃するが、戦争犠牲者の補償という面では、日本人と植民地の人々との間に明確な分断線が引かれたまま現在に至っている。

他の地域の動員被害者については、さまざまな経路で賠償が検討された。まず一九五二年発効のサンフランシスコ講和条約に基づいて、フィリピン、ベトナムに対しての賠償が進められ、そして赤十字国際委員会に捕虜に対する償いとして一定の金額が支払われた。それ以外の締約国は、アメリカの主導で「寛大な講和」が進められた結果、相互にすべて請求権を放棄することになった。個別の条約による賠償としては、ビルマやインドネシアには一定の対応をしているが、ソ連と中華人民共和国については賠償請求権が放棄されている。賠償は、多くの場合、金銭ではなく役務や生産物という形で、日本政府だけではなく日本の民間企業がインフラの整備を手伝い、企業活動を行うことで支払われた。

植民地支配の被害国への賠償について見てみると、韓国との間では、一九六五年の日韓基本条約と同時に締結された日韓請求権協定で、財産・請求権問題が解決されたことを確認し、五億ドルの経済協力が実施されることとなった。一方、北朝鮮については、国交正常化が未達成なため、話が進められていない。台湾については、一九五二年の日華平和条約で今後特別取極の主題とすることが定められたが、日本がのちに中国と国交を結んだため、頓挫した。

このように、労働力動員の被害者に対する戦後補償は、冷戦（熱戦）に大きな影響を受けながら進められた。韓国や中国のように、一定の合意がなされた場合であっても、国交回復を急ぐ為政者たちの意志が前面に出る一方、被害者自身の尊厳を基礎にすえた交渉とはならなかった。一九八〇年代以降、被害者や遺族による賠償請求訴訟がさまざまな形で起こっていくのは、政府間の取り決めがいかに不十分なものであり、当事者の意志に沿ったものでなかったかということを示すものであった。

おわりに

以上見てきたように、アジア・太平洋戦争期の日本の労働力動員は、帝国の外縁の拡張に附随する形で進められ、内地－植民地－占領地－捕虜といったように、重層的な構造をはらみながら展開された。この重層構造のもとでは、上位から下位に向かうほどにその暴力性が拡大した。「大東亜共栄圏」は、アジア諸地域の「人的資源」を吸収しながら膨張し、動員に伴う多くの損害を各地に残して、一九四五年八月に崩れ去った。

戦後、冷戦構造のもとで、日本はこうした責任と十分に向き合うことのないまま国際社会に復帰した。同じ「帝国臣民」として動員された朝鮮人や台湾人に対しては、国籍によって戦後補償の対象から排除し、アジア各地の動員被害者への賠償も十分になされないまま現在に至っている。

昨今、日韓関係上の大きな課題となっている「徴用工」問題をめぐる報道では、外交交渉における国家間の駆け引きがクローズアップされる一方、実際の被害がどのようなものであり、被害者の尊厳の回復のためには何が必要なのかという見地がほとんど欠落している。だが、加害／被害の問題である以上、事実に立脚せずに真の解決に至ることなど不可能であろうし、またそういう「解決」はあってはならないはずである。被害者個人の痛みや尊厳から出発することが、今あらためて必要になっている。

〔文献〕

（1）加藤悦郎編『勤労青年が描いた増産漫画集』新紀元社、一九四四年、三頁。
（2）佐々木啓「総力戦の遂行と日本社会の変容」『岩波講座日本歴史 第一八巻（近現代四）』岩波書店、二〇一五年、七六―七七頁、表一。
（3）大江志乃夫『昭和の歴史三 天皇の軍隊』小学館、一九八二年、三〇八―三一〇頁。
（4）大門正克、柳沢遊「戦時労働力の給源と動員―農民家族と都市商工業者を対象に」『土地制度史学』一五一号、一九九六年、二九頁。
（5）「第八四回帝国議会衆議院予算委員会議録（速記）第三回」一九四四年一月二三日。
（6）佐々木啓「総力戦の遂行と日本社会の変容」『岩波講座日本歴史 第一八巻（近現代四）』岩波書店、二〇一五年、八〇頁。
（7）金慶玉「戦時期における女性労働と保育に関する史的研究」東京大学大学院博士論文、二〇一八年。
（8）外村大『朝鮮人強制連行』岩波新書、二〇一二年、二〇三頁。
（9）「捕虜問題と日本」内海愛子、宇田川幸大、マーク・カプリオ編・解説『東京裁判―捕虜関係資料第一巻』現代史料出版、二〇一二年、二一―二三頁。
（10）佐々木啓「日本帝国軍の兵站と『人的資源』」蘭信三、石原俊、一ノ瀬俊也他編『総力戦・帝国崩壊・占領（シリーズ戦争と社会三）』岩波書店、二〇二二年、二七―五〇頁。
（11）嘱託小暮泰用発内務省管理局長宛「復命書」一九四四年七月三一日（JACAR Ref.B02031286700）。
（12）山田昭次、古庄正、樋口雄一『朝鮮人戦時労働動員』岩波書店、二〇〇五年、七八頁。
（13）ＮＨＫ取材班『幻の外務省報告書―中国人強制連行の記録』日本放送出版協会、一九九四年、一九七頁。
（14）杉原達『中国人強制連行』岩波新書、二〇〇二年、三一頁。
（15）田中宏、内海愛子、石飛仁編『資料 中国人強制連行』明石書店、一九八七年、六二一頁から計算。

(16)「俘虜死亡者国籍階級別一覧表」茶園義男編・解説『俘虜情報局・俘虜取扱の記録(十五年戦争重要文献シリーズ第八集)』不二出版、一九九二年、二四六―二四九頁。

(17)小菅信子「日本の捕虜政策　捕虜問題の基礎的検討―連合軍捕虜の死亡率と虐待の背景」『季刊戦争責任研究』三号、一九九四年、一八―二五頁。

(18)『写真週報』一九四二年一〇月一四日号、一二―一三頁。

(19)倉沢愛子『「大東亜」戦争を知っていますか』講談社現代新書、二〇〇二年。

(20)佐々木啓『「産業戦士」の時代―戦時期日本の労働力動員と支配秩序』大月書店、二〇一九年、第六章。

(21)山之内靖、J・ヴィクター・コシュマン、成田龍一編『総力戦と現代化』パルマケイア叢書、一九九五年。

(22)和田進『戦後日本の平和意識―暮らしの中の憲法』青木書店、一九九七年。

第4章

「戦争孤児」たちが最も苦しんだのは「親戚」「家族」

本庄　豊

「戦争孤児」研究の始まりと展開

戦争は必然的に孤児を生み出す。こうした「戦争孤児」たちは当然、戦死者の出る戦時中に発生するが、社会のなかで顕在化するのはむしろ戦後である。日本においても同様だった。近年の国際的紛争では、難民や国内避難民のなかにおびただしい数の「戦争孤児」がいることがわかっている。

筆者の「戦争孤児」研究の始まりは、教員として勤務する中学校や高等学校の授業で、子どもたちが当事者性をもって戦争の歴史と向き合うための教材作りからだった。筆者の専門分野である近現代日本社会運動史研究のなかで、戦時中の治安維持法による社会運動家への弾圧とその結果としての転向、そして戦後の彼らの「戦争孤

写真 4-1　空き缶コップを持つ少年

児」救援との関係が解明されてきたことも、筆者の背中を押した。

治安維持法・特高警察体制は、拷問を伴う弾圧の過酷さとともに、人間の心理の闇をつく狡猾さがあった。当時の反政府運動家たちの間に楔を打ち込み、巧妙に分裂させて、権力の側に取り込んでいく。転向した人、つまり心ならずも反戦平和の運動から離れた人たちは、それを後悔しながら敗戦後の焼け野原に立った。その後彼らは、駅や闇市にたむろする「戦争孤児」救援に立ち上がっていくことになる。

京都市西京区にある児童養護施設・積慶園を調べていたとき、一枚の写真を発見した。筆者はこの写真に「空き缶コップを持つ少年」という名前をつけ、新聞やテレビで紹介した（写真4－1）。メディアでたびたび報道されたり、京都市下京区の大善院に「せんそうこじぞう」が作られたこともあり、名乗り出る元「戦争孤児」の方も現れ、聞き取りが進んだ。京都府立伏見寮（京都府伏見区）という孤児施設や、伏見寮で亡くなった子どもたちの遺髪・遺骨を保管していた大善院のこともわかってきた。そして、中学校の歴史教科書にも「戦争孤児」のことを書いた。

あんなに優しかった人たちが鬼のように

元「戦争孤児」の方々からは、「親戚のところに預けられるのが一番つらかった」という証言を多く聞いた。父親が中国で兵士として亡くなり、「靖国の遺児」として戦時中は親戚宅や地域で守られて育った男性の証言。戦時中は、「靖国の遺児」は大事にしなくてはいけないということが人々にすり込まれていた。ところが敗戦後、戦前の価値観が崩れ、未曾有の食糧難のなか、食べ盛りの子どもたちは親戚の家にいたたまれなくなり、逃げるように飛び出すことになった。差別を受け、邪魔者のように扱われたからである。「あんなに優しかった人たちが鬼のようになる」という話もよく聞いた。

親戚の家を逃げ出した「戦争孤児」は、まず近くの駅を目指す。鉄道の無賃乗車を繰り返し、全国に散らばっていった。駅員は無賃乗車を黙認してくれた。駅では鉄道の切符購入の列に並び、駄賃をもらった。小さい子どもは靴磨きなどの仕事をした。空巣やスリ、恐喝などの犯罪に手を染める者もいた。冬になり寒くなると孤児院に入り、春になると逃亡した。「とんこ」という言葉をよく聞くが、これは逃亡することである。

施設職員と孤児の証言との間には食い違いがある。職員の存命者はほとんどいなかったが、住み込んでいた職員の子どもや妻から話を聞くことができた。職員は「子どもたちのために頑張った」と語っていたというが、逆に子どもは職員から受けた暴力や虐待などについて話す。「戦争孤児」は一二万人あまりいたと当時の厚生省(現在の厚生労働省)の資料(一九四八)にあるが、証言するのは極めて少数である。

兵庫県西宮市に『火垂るの墓』の記念碑がある。『火垂るの墓』は野坂昭如原作の小説(文藝春秋、一九六八)で、小説をもとに制作されたのが高畑勲監督のアニメ映画『火垂るの墓』(スタジオジブリ、一九八八)である。映画には原作同様、いじわるな親戚のおばさんが登場する。おばさんから嫌がらせを受け、二人の兄妹が家を出るシーンが克明に描写されている。

映画『火垂るの墓』を、ほとんどの中学生は小学校段階で鑑賞している。映画を見た子どもたちは、「戦争孤児」はみんな死んでしまうと考える。映画では兄妹二人とも栄養失調で亡くなってしまうので、そうした認識になるのだろう。この映画が名作であるがゆえに、子どもたちの歴史認識に強い影響を与えている。一方、実写版ドラマ『火垂るの墓』(日本テレビ、二〇〇五)は優しい親戚のおばさんが鬼のようになっていく過程を松嶋菜々子が演じており、戦争が人間を変えてしまうことが描かれている。筆者は中学生にはこちらを見せるようにしていた。

ひょんなことから西宮市の『火垂るの墓』記念碑のことを知り、京都で「戦争孤児」のモニュメントを作れないかと考えた。「戦争孤児」の遺髪や遺骨が見つかった大善院の敷地を提供してもらうことができ、モニュメント「せんそうこじぞう」を建てた。これにより戦争の記憶が一つの象徴的な出来事になり、ここに元「戦争孤児」の方々がお参りに来ることになる。今までは手を合わせる場所がなかったのだ。

証言から史料の発掘へ

筆者は京都を中心に元「戦争孤児」の聞き取り調査を進めてきたが、こうしたオーラルヒストリーが「戦争孤児」研究の中心だったといえる。しかし、取材に応じてくれる元「戦争孤児」は一握りであり、全体像を描けないままだった。証言は大変貴重なものだが、証言のみでは「戦争孤児」の実像は見えてこない。「戦争孤児」が収容された施設については、京都府立伏見寮や積慶園（京都市西京区）、京都府立八瀬学園などでいくつかの史料を発掘したが、その量は圧倒的に少なかった。

こうしたなか、関西では滋賀県立近江学園（湖南市）にまとまった量の「戦争孤児」関連史料が保管されていることがわかり、これらの史料を直接手に取って調べる機会を得た。史料解析には時間がかかったが、戦後の児童福祉が「浮浪児」支援から始まったことがあらためて確認できた。これらの研究については、別途著作にまとめる予定である。

近江学園では詳細な行政への報告をもとに、職員による分析や新たに観察される子どもたちの生活などを付け加えて『年報（報告書）』としてまとめていた（写真4－2）。三〇年史、五〇年史などを編纂する施設は少なくないが、敗戦からそれほど時間の経たない時期に詳細な年報をまとめていた施設はおそらくなかったのではないか。とはいっても、二年分、あるいは三年分をまとめて発刊したものもあり、全一二号が一九四七～七一年にかけて刊行された。市販物ではなかったが「頒価」が定められているので、ある程度の普及は目指していたと思われる。
ここでは『年報（報告書）』の記載のうち、「脱走」と「偽孤児」「中学女子の孤児」について取り上げる。

集団「脱走」による退園

一九四八年三月末における近江学園の在籍者数は一一六人であった。そのうち養護施設収容児の一年間の退園者は表4-1のようである。「脱走」が多かったこと（一九四七年度は一六人）がわかり、また「里子」や「措置の変更」（別の施設への移送だと思われる）など興味深い記載がみられる。統計をとった三ヵ月後の一九四八年六月には一〇人の養護施設収容児が退園している。集団「脱走」があったのかもしれない。

一九四六年の開園以来の入退園についての統計もある。「戦争孤児」や生活困窮児などの入園者は一四二人、うち退園者は六四人、知的障がい児の入園者は七〇人、うち退園者は一三人だった。脱走は一八人（全員が男児）、死亡は三人（女

写真 4-2　近江学園『年報（報告書）』1～12号

表 4-1　1948年3月末における近江学園の在籍者と退園者数

	養護施設			精神薄弱児施設			合計		
	男	女	計	男	女	計	男	女	計
年度内在籍者数	53	21	74	30	12	42	83	33	116
年度内退園者数	28	5	33	6		6	34	5	39
保護者引取	5	1	6	5		5	10	1	11
里子	3	3	6				3	3	6
脱走	16		16				16		16
措置の変更	4	1	5				4	1	5
死亡				1			1		1

児二人、精神薄弱女児一人）となっている。

『報告書』は「戦争孤児」や生活困窮児を「養護児」、知的障がいをもつ子どもを「精神薄弱児」と分類しているが、「精神薄弱児が環境的には養護児と同じく、浮浪していたりする孤児であったり、或は虐待されていたり生活困窮であったりする」と述べているように、区別はあいまいな部分もあった。戦争孤児が知的障がいである場合、精神薄弱児施設に入所することになるのだが、「戦争孤児」総数は統計よりも多くなると考えられる。

「戦争孤児」と嘘をつく

偽孤児についての『年報』の記載である。

【M君】

昭和二十二年七月二十五日、大津駅で警察の保護を受け、M君（十三歳・男子）が学園にやってきた。「さつまの葉　冷たく光る　朝のつゆ」「月の夜の校庭に鳴く蛙かな」。成績優秀なM君は、来園早々こんな俳句を詠んだ。職員たちは、他の子どもたちと比較して大いに感心した。M君は年上の暴力に耐えきれず、東京の収容所を脱走してきたとのこと。

M君は朝早く起きて廊下を磨き、夜は遅くまで机に座って読書する少年だった。他の子どもたちは、M君を畏敬の目で見るようになった。M君は将来小説家になりたいという様になった。

このM君が、来園一年一ヶ月目の昭和二十三年八月十七日に、N君を誘い出して脱走した。この四月に中学生になっていた。M君脱走の翌日、珍しく四人の集団脱走があった。その日、M君と一緒に脱走したN君が京都駅で保護されていることがわかった。どうやらM君は一時保護所の伏見寮にいるらしいとの情報も入った。M君は、住所を明かさずに偽名を名乗っていた。学園にはどうしても帰らないという。それには事情があった。

Mも実は偽名で、本名はHとのこと。戦災孤児と称したのも真っ赤な嘘で、実は両親兄弟のある家出だった。東京の収容所の話も創作だった。M君の母は後妻で、すでに成人していた先妻の兄に実母がいじめられたことが原因だったらしい。近江学園に入り、先生方に可愛がられ、仲間には尊敬されているにもかかわらず、自分は嘘をついている。自責の念に苦しめられていたM君だったが、卒業生総代として答辞を読むことになり、戦災孤児の苦しみを綴った答辞を聞いた園長はじめ職員、来賓はポロポロ涙をこぼした。M君は嘘の自分がたまらなく嫌になって、学園を出たのだった。

『年報』を書いた職員が子どもたちを分類し統計的に考えるにあたって最も苦心したのが、「養護児の分類」だったようだ。当初は「戦争孤児」という分類もしていたようだが、「戦争孤児」と偽った「家出児」が多かったことなどから、子どもたちの申告に基づき、とりあえず親のいない「孤児」、駅や街頭で補導された「浮浪児」、親が養育を放棄した「生活困窮児」などに分類した。分類はしたが、後に異なるとわかるケースも多々あった。たとえばY・N（一五歳・男）は「大津市清水町出身であり、母は幼時死亡、父、祖母爆死」「雑貨商に丁稚奉公、その後脱走」と語っていたが、実際には「母は五歳の時死亡、父は応召大陸に渡る。本人は母の実家に引取らる。父帰国後後妻をめとり京都に在住、本人京都に引取らる。継母との折合い悪く家出し、母の実家祖父母の家である滋賀県高島郡高島町大字畑に帰らんとして、途中空腹のため大津市帝国館前にて倒れた」ことがわかり、高島町の祖父に連絡がつき引き取られていった。

「戦争孤児」と偽る子どもが多かったのは、家出した場合などに、親元あるいは親戚宅に戻されたくないという気持ちからだったと考えられる。同じような動機で、偽名を使う子どもも多かった。経歴を偽ったり偽名を使ったりすることを、近江学園に入る前に子どもたちはすでに学んでいた。駅や駅周辺の闇市を数人のグループで徘徊していたとき、「先輩」たちから教わったのだろう。「浮浪児」や「駅の子」とも呼ばれた子どもたちは鉄道で全国を「旅」しており、独自の言葉やネットワークをもっていた。「脱走」については、聞き取りした元施設入所者たちは口をそろえて「とんこ」と言っていた。なお「引揚げ孤児」と偽る例がほとんどないのは、日本で暮らしていた場合は引揚げの様子を具体的にイメージできないことが原因と考えられる。

中学女子の孤児

『年報』第3号になると、統計史料が少なくなり、冊子のほとんどが職員の手で書かれた文章となる。そのなかの中学女子の指導記録を抜粋しよう。

第一部中学女子の指導　原田俊子

（前略）昭和二十五年四月から、特に中学女子七名だけは、小学生とは別に、特別な生活組織をもつようになった。そして昼間は第一部小学一、二年生の授業を担任する私が、授業以外の時間を、中学女子と共に生活することになった。

中学女子の七名というのは、次の第二十一表の通りである。

部屋の割当も、「思春期の女子には、特に家庭的な雰囲気の中で、将来への生活訓練をしっかりやるのが目的だから」というので、それまで客間に使用されていた、四畳、八畳の、芝生を前にした、最も見はらしのよい部屋が与えられた。

部屋の名前は子供達と一緒に考え、「すみれ」と名づけ様々の希望をいだいてスタートをした。しかし中々うまく行かない。思春期の子供達の中にあって、いろいろと悩み、工夫し、反省をした。その一年の跡をたどってみたい。

一、K・S（十六歳） 勉強はよくできる。しっかりしていて世話もやけるが、寛容さが少ない。北満開拓村で、敗戦後の動乱のなか、父母・兄弟を失い、中国人に引きとられ、後に某氏に拾われて引揚げ、使役されつゝ小学校に通い、肉体的にも、精神的にも苦労を重ねてきた。

二、K・T（十四歳） 明朗でさっぱりしていて人に好かれる反面、我の強い、わがままなところがある。国語が良くできる。広島市で人形商を営む家庭に、父母兄弟六人が幸福に暮らしていたが、原爆により集団疎開中の本人を残し、全部死亡した。

三、K・Y（十三歳） 手先が器用で、与えられた仕事は、責任を自信をもってきぱき処理する。寛容性に欠け、意地を張る。内縁関係の母は、浮気で家出し、父は三子をかゝえて、生活苦から自殺した。

四、A・M（十三歳） 言葉使いが粗野で、行儀が悪い。他児とよく口喧嘩する。夜尿症であり、概して清潔感が乏しい。学習の能力は低い。父は戦死し、母は発狂している。入園前は伯父の子に誘われ、家の金品を持ち出したこともある。劣等感が強い。農作業などは比較的上手である。

五、T・N（十三歳） 気はよくつくが、大ざっぱである。責任感に乏しい。情緒が安定せず、注意するとすねたり不平をこぼしたりする。学力は普通以下である。満州で母を失い、父が応召中に引揚げてきた。後日父が復員してきたが、性格異常であり、子どもには冷淡。

第二十一表

氏名	生年月日	入園月日	入園理由	IQ
K・S	昭和９年２月25日	昭和25年３月16日	引揚孤児	95
K・T	昭和11年５月25日	昭和22年１月25日	戦災孤児	93
K・Y	昭和11年１月25日	昭和24年11月11日	孤児	97
A・M	昭和11年８月26日	昭和23年６月29日	孤児	83
T・N	昭和12年３月１日	昭和22年２月24日	生活困窮児	90
T・K	昭和12年３月30日	昭和24年９月15日	孤児	97
M・S	昭和14年３月30日	昭和23年３月５日	孤児	97

六、T・K（十三歳）明朗性乏しく、言うべきこともなかなか話さない。協調性がない。物事に飽きやすい、注意散漫。自分の容姿をよく気にする。両親、姉二人が全部結核で死亡、弟妹とともに施設に収容されていた。

七、M・S（十一歳）衣類の着替えも言われるまでしないことが多い。自信、独立心に乏しく、責任感もないが、おとなしいので小さい子には好かれる。理数科の能力が低いが、他は普通である。（注：孤児になった理由は書かれていない）

「戦争孤児」と強制不妊手術

二〇二一年、大阪府堺市の児童養護施設・東光学園より、敗戦から近い時期の「名簿」が十数冊発見された。こうした史料により、「戦争孤児」たちのより正確な姿を描くことが可能になっている。

「戦争孤児」関係者からの聞き取りのなかで、次のような証言があった。孤児施設に医者が出入りし、不妊手術をしていた。たとえば京都府立伏見寮では、駅にいる子どもたちをとりあえず「狩り込み」で集めてくる。そして府下の仏教系、キリスト教系の孤児院に振り分ける。孤児のなかには言葉が話せないとか、過酷な空襲体験や中国大陸からの引揚げの体験のなかで大きな戦争トラウマを抱え、日常生活がまともに送れない子どもがいる。京都府立八瀬学園は、障がいをもった「戦争孤児」のための孤児施設だった。ここでは音楽療法という、楽器演奏を中心とした子どもたちの心のケアを行っていた。この施設でも強制不妊の問題が持ち上がっている。障がい者への強制不妊、旧優生保護法に基づいて、劣勢な遺伝子をなくす目的で、不妊手術が行われていたことが徐々に明らかになってきた。新聞記事にもなっているが、氷山の一角ではないか。

現在の歴史教育のなかでナチズムを扱うとき、生徒たちは、ナチスは怖い、ヒトラーはひどい、ユダヤ人虐殺はむごい、障がい者差別は不当だという話になる。旧日本軍の残虐行為にも同じような反応をする。強制不妊は、障がい者を遺伝的に根絶しようというものであり、ナチズムだけではないということを戦後史の学習のなかで伝えてきた。福祉先進国といわれるスウェーデン、フィンランド、ノルウェー、デンマークで強制不妊手術が非常に多いこともわかってきたし、日本でも同じ問題が起こっている。このことはまだ歴史教育の教科書には書かれていない。授業としてどのように扱うかを、「戦争孤児」の問題とともに悩んでいるところである。

〔参考文献〕

浅井春夫、黒田邦夫編著『〈施設養護か里親制度か〉の対立軸を超えて──「新しい社会的養育ビジョン」とこれからの社会的養護を展望する』明石書店、二〇一八年。

土屋敦、野々村淑子編著『孤児と救済のエポック──十六〜二〇世紀にみる子ども・家族規範の多層性』勁草書房、二〇一九年。

平井美津子、本庄豊編『戦争孤児たちの戦後史二──西日本編』吉川弘文館、二〇二〇年。

本庄豊編著『シリーズ戦争孤児』第一巻、第二巻、第四巻、汐文社、二〇一四、二〇一五年。

本庄豊『戦争孤児を知っていますか?──あの日、〝駅の子〟の戦いがはじまった』日本機関紙出版センター、二〇一五年。

本庄豊『戦争孤児──「駅の子」たちの思い』新日本出版社、二〇一六年。

本庄豊『優生思想との決別──山本宣治と歴史に学ぶ』群青社、二〇一九年。

本庄豊『児童福祉の戦後史──孤児院から児童養護施設へ』吉川弘文館、二〇二三年。

本庄豊、玉村久二彦、平井美津子編集・解説『戦争孤児関係資料集成』全八巻、不二出版、二〇二三年。

吉田幸恵『社会的養護の歴史的変遷──制度・政策・展望』ミネルヴァ書房、二〇一八年。

第5章 かろうじて語られること・それでも語られないこと
——四つの論考から考える

宮地尚子

はじめに

「日本における第二次世界大戦の長期的影響に関する学際シンポジウム」第一回の発表がもとになった東野真氏、伊香俊哉氏、佐々木啓氏、本庄豊氏の四つの論考は、いずれも中身が濃く、第二次世界大戦の全体像や、人々の経験のくわしい様子が見えてくるようなものだった。それは、戦争のなかで誰が何をしたのか、どのような被害があったのか、戦争の後にどんな傷があり、何が記憶されたのかといった、非常に語られにくいことが、各論者のそれぞれの関心や専門のところで、できる限り明らかにされたということでもある。本章では、私自身の研究関心について述べた後、次節で四つの論考の印象的だった点とそこから考えたことを述べていく。そして本プロジェクト全体の意義を考えたい。

私は精神科医で、文化精神医学、医療人類学、トラウマとジェンダーに関する領域で仕事をしてきた。二〇〇一年から、一橋大学大学院社会学研究科で「トラウマと地球社会」という講義を毎年担当している。講義はゼミ形式で、みんなが文献を読んできて、それについて議論を行う。文献は、精神科医のジュディス・ハーマン(1)、ベトナム戦争について書いたティム・オブライエン(2)の小説やマリタ・スターケン(3)の研究、加害者側の心理が考察されているデーヴ・グロスマン(4)などを用いている。私の著書『トラウマの医療人類学』(5)や『トラウマにふれる―心的外傷の身体論的転回』(6)は、こうした教育と、精神科医としての臨床の経験から生まれたものである。本プロジェクトの企画者の一人、中村江里氏も、大学院生時代に私の講義を受講されており、現在の活躍を頼もしく見ている。

私は常々「語られていないこと」「目に見えていないこと」に関心を抱いてきた。災害や戦争、性暴力など、トラウマティックな出来事が起こったとき、私たちは被害者から話を聞きたいと思う。そして最も重い被害を受けた人ほど語ることをもっている・語ることができるというふうに考えてしまう。しかし、実際には、被害が重い人ほど、語ることができない。たとえば原爆被害者の場合、爆心地に近いところにいた人ほど、その瞬間に死んでしまったり、しばらくして後遺症で亡くなったり、生き延びたとしても心身が痛むあまりに、語れなくなったりするからである。そのことを図式化してみるために、真ん中に沈黙の海を抱えているドーナツ状の島、「環状島」というモデルを作った(7)。このモデルでは、語られるもの／語られないもの、見えるもの／見えないものに着目している。次節では、四つの論考のなかでの、時代とともに変化する、語られにくいこと・見えにくいことについても考えていきたい。

四つの論考から考えたこと

東野氏の論考は、テレビ番組の歴史的背景について非常に参考になった。シンポジウム当日の発表を聞きながら、私は彼の手がけたドキュメンタリーをいくつか見たことがあるということに気づいた。映像の価値は大きく、東野氏の指摘の通り、とくに肉声があることの意義は大きい。学術論文では多面性を示しにくいようなことでも、ドキュメンタリーは、マクロな視点で描きながら、かつ個人に絞り込み、内面にも入り込んでいくような番組を作ることができる。ドキュメンタリーを通して、世界の歴史と個人の歴史が多面的に絡み合っていることがわかる。また、大衆ドラマのなかにも歴史性は織り込まれており、『おしん』（NHK連続テレビ小説、一九八三〜一九八四）が一九八三年の時点で兵士の傷や日本の戦争責任を扱っていたことや、日露戦争の脱走兵のエピソードが入っていたことなどは印象的だった。フィクションにはある種の偏りもある。フィクションの有効性と危険性の両方を考える必要があるだろう。

以前、残留孤児を扱ったテレビドラマを見たことがある。第二次世界大戦末期に日本の女性や子どもたちが中国から脱出しようとした際、現地で性的な被害に遭いそうになった。そこに美しい日本の女盗賊たちが現れて、みずからを犠牲にして彼女たちを救う、というストーリーだった。女性を二分化し、性暴力の問題が矮小化されるようで、私は非常にショックを受けた。タイトルなどを覚えていないため、ここではこれ以上ふれないが、そのときの衝撃を誰かに伝える機会もなく、今日まで引きずっていたことに気づかされた。

戦争のなかの性暴力は、語られないことも多い。それが扱われることはよいことかもしれないが、描かれ方には注意したい。加害者と被害者がそれぞれ誰とされているかはもちろんのこと、被害者の多数を占めるのは女性だとしても、国籍や人種、職業などで女性がどのように階層化されて描かれているかなどには、作品が作られるときの国家や社会の規範、イデオロギーが反映されていることが少なくない。

東野氏が挙げたものをはじめ、多くの素晴らしいドキュメンタリーが作られており、それらは教材として非常に有効だと思う。ただ、大学などの授業で使うためにはさまざまなハードルがある。ＣＯＶＩＤ－19のパンデミックのなかでは、大学教員もビデオ講義のコンテンツをたくさん作らなければならなかったが、質の高いドキュメンタリー作品を学生に見せて、議論させるほうが効果的だっただろう。すでにある程度行われていると思うが、ドキュメンタリーをアーカイブ化して次世代に継承することや、教育現場での活用などが今後進むことを願う。

伊香氏の論考は、戦争がどれほどの暴力をもたらしたかについての概説であった。住民虐殺や捕虜虐待、強制動員、性暴力、毒ガスや細菌兵器の使用など、さまざまな種類の戦争犯罪についての説明がなされた。それらはいずれも圧倒されるようなものであり、それぞれが独自の文脈をもっている。さまざまな人々に重いトラウマがもたらされ、その一部は今も影響を及ぼしている。本プロジェクトが扱うものにとどまらず、暴力や戦争犯罪には非常に多くの種類があること、それ自体を知っておくことの重要性をあらためて感じた。また、伊香氏からは、戦争がどのように拡大したかを教えていただいたが、何が拡大を可能にしたのか、どこでどのように拡大を防ぐことができたのかをあらためて問い直す必要があると思う。これは、次の佐々木氏の論考とも関連している。

本プロジェクトは、トラウマという視点から第二次世界大戦の長期的な影響を見定めることと、これまでに蓄積されてきた学問的な研究や人々の証言、社会的な実践を重視し継承していくことの二つに支えられている。伊香氏の研究はもちろんのこと、このプロジェクトが示しているように、戦争犯罪や暴力についての信頼できる実態調査や報告は多くある。しかし現在では、非常に偏った歴史認識に基づく、まったく異なる情報もインターネット上に流通している。それらは広告に誘導されていたり、YouTube などでもアクセスしやすいところに多く置かれていたりするため、それらにどのように対抗していくかは大きな課題である。東野氏が作られたような質の高いドキュメンタリー作品を、次の世代の若い人たちにどうやって伝えていくかを考えたい。

佐々木氏の論考からは、労働力動員の実態とその歴史的性格をくわしく知ることができた。戦争で餓死者が多く出たことは私も知っていたが、なぜそうなったのか、日本の兵站の特徴や労働力動員がどのように行われたのかについては、今回初めて全体像を見ることができた。論考のなかでも少し言及されてはいたが、私は、何が動員を可能にしたのかをもっと知りたいと思っている。忍耐や忠誠心など精神的要因はどの程度あったのか。愛国主義などの強いプロパガンダやイデオロギーがどこまで戦争を継続させたのか。戦争へ向かおうとする政府の圧力や、コミュニティのなかの同調圧力による恐怖は大きかっただろうと思うのだが、恐怖だけで、ここまで動員できるものではないように思う。では他にどのようなメカニズムがあったのか。また、動員に対する抵抗、反対、反乱などはどのように抑圧されていたのか。逆に、どのような抵抗が効果的だったのか、より深く知ることができればと思う。

今から振り返って考えると、この戦争は「愚かな戦争」であったと言うことができる。だが、それは後づけでいろいろな知識を得てからのことである。もし、私たちが当時の状況に置かれたなら、プロパガンダや動員に対して、どれだけ抵抗しうるのかを考えなければならない。また、佐々木氏は、動員被害者への戦後補償や植民地化された国々への賠償などと関連した、戦後の影響についてもいくつか指摘された。物質的なものだけでは、精神的な被害、傷つきなどは償いきれない。加えて、補償や賠償の制度自体が生み出していく争いや傷つきなどもあり、戦争の後遺症や「あとくされ」は、今日の社会にもあちこちに連鎖して続いていることがよくわかる。

本庄氏の論考では、高校での歴史教育の重要性を再認識させられた。歴史には、正史と私史、教科書に載る歴史と載らない歴史、大学入試に出る歴史と出ない歴史など、さまざまなものがある。人が人を育てる教育の現場で、歴史をどのように認識し、いかに伝えていくかは、次の世代のあり方に直結するため、非常に重要なことである。たとえば大学入試では、政治的な話題・議論を呼ぶような話題は控えるという傾向があるようだ。また、高校などで近現代史を教える時間が十分にないということもよくいわれる。そのようななかで、無知な大人になってしまうことをどうすれば防げるのだろう、と考えてしまう(8)。

歴史教育における戦争孤児というテーマは、学生にとってアイデンティファイしやすいため、非常に重要なものだと思う。「もしも自分が戦争孤児であったら」と、戦時下を子どもたちがどのように生き延びたのかというライフストーリーを通して歴史を学ぶことで、等身大の一人の人間というところからグローバルな歴史の流れを理解することにつながる。元戦争孤児である当事者の語りは、非常にインパクトがあり、それを語ることができるようになるまでの困難についても忘れないでおきたい。

戦争孤児のなかに、障がいをもっている子どもや、過酷な体験から精神を病んでしまう子どもがいたこと、また、行政が孤児施設で「強制不妊手術」を行ったことなども、論考ではふれられた。戦争孤児というテーマは、優生思想の問題ともつながっている。優生思想や優生政策の問題は知っておくべき重要なテーマだが、こういった問題は教育現場で語られにくい。教育現場で性や生殖の問題に関する情報を提供することは、性教育が保守的なメディアや教育委員会からバッシングを受けたこともあり、困難な状況が続いている。正しい知識を子どもたちが得る機会が少ないために、社会で性的加害や性的被害が多発する状態が続いているともいえる。今後、このような状況が変わっていくことを願っている。

かろうじて語られること

シンポジウムの当日は、発表者の論考を声として聞いているあいだに、いろいろな思い出がよみがえってきた。私はこれまで、さまざまな場所で調査を行い、世界の旧紛争地域を訪れてきたが、そこで出会った人たちの顔が思い出された。興味深いことに、人は思いがけないタイミングで、とても深い体験を語り始めることがある。調査地で現地の知り合いの研究者にガイドをしてもらうため、一緒に車で、何時間も移動したことがある。車に乗ってしばらくすると、彼は、父親のことを話し始めた。戦争が終わって反体制側が勝利したとき、彼の父親は前政権の協力者であったことを批判され、職を追われてしまったという。車での移動は、比較的フリートークがしやすい時間であり、レストランなどと違って、他の誰も私たちの話を聞いていないという、安全な空間でもあるといえる。さまざまな歴史が絡み合って起きている被害・加害やスティグマを伴う重い話は、こういうときにしか出てこないと感じた。似たようなことが他の旅でも何度かあった。父親が戦犯にされて苦労したという話や、両親が文化大革命で名誉を剝奪されて屈辱の日々を送ったといった話を、ふっと漏らされるのである。こうした表に出づらい話がいつどういうタイミングで出てくるのか、それを誰が聞き、どの程度の範囲で共有できるのかが、研究や継承の課題であると思う。

ドキュメンタリーやドラマ制作の流れを見ていると、私自身も同時代的に生きてきた歴史の流れがはっきりと見えてくる。私自身の研究も歴史のほんの一部にすぎないが、全体の流れを振り返ることでその位置づけを確認することができる。今、私たちが生きている時代もいずれは歴史化されることを踏まえて、このプロジェクトでも何をすべきかが問われているといえるだろう。

竹島正氏とオイゲン・コウ氏がこのプロジェクトを始めたのは、もし戦時中に出会っていたら、お互い敵対する立場（日本側と、中国を支援する側）になっていただろう、ということがあったという。そうした複眼的、立体的な視点がとても重要である。プロジェクトのテーマは「日本における第二次世界大戦の長期的影響」であるが、第二次世界大戦がグローバル社会のなかでどう位置づけられるか、このプロジェクト自体がどう位置づけられるかを相対化してみるのもよいのではないだろうか。とくに現在、このプロジェクトを行うことに意義があることは確かだろう。もちろん、証言者はどんどん亡くなっていくが、その子や孫による聞き取りはむしろ活性化している時期かもしれない。また、子や孫が語ることが意味をもつ時代になっているのかもしれない。直接の関係者が亡くなったからこそ、公にできることもある。村上春樹の『猫を棄てる―父親について語るとき』[9]は、著者が亡くなった父親の生い立ちや従軍歴、父親に聞いた戦争での経験などを書いたものである。父親が生きているときには書けなかっただろうことをその子どもが書いていくことや、父親が長く心に抱えてきたトラウマを子どもが「継承」していくこと[10]、先述の私が調査で出会った研究者と同じく、親が「加害者側」であるときに子どもが抱える語りづらさなど、さまざまなことを考えさせられる。

また、戦争と戦争の関係についても考えなければならない。日本で「戦後」というと、第二次世界大戦の後と考えられがちだが、世界ではそうではない。第二次世界大戦の前後には、さまざまな地域で紛争や戦争があったし、今現在もまさに戦争や内戦が世界で起きている（日本でも、現在「戦争」といえば、とくに若者は、ロシアによるウクライナ侵攻を思い浮かべるかもしれない）。だからこそ、このプロジェクトの成果は、他の戦争や紛争についても示唆を与えうる。

戦争そのものは、通信手段や武器など、いろいろな意味で大きく変化している。しかし、人間の心理は、恐怖心、暴力による支配、プロパガンダの効果など、多くの点でそれほど変わっていない。こうした部分が明確化されると、このプロジェクトから得られる知見はさらに大きなものになると思われる。

最後に、研究や継承を阻むものについてもふれておきたい。歴史のなかでは、記憶が抹殺されたり忘却されたり、重要な証人が沈黙させられたり、証言をしても黙殺されたりといったことがしばしば起きている。ある種のテーマについては回避やタブー化が起きており、それらについて発言する人へのラベリングやスティグマ化が行われている。研究者や教師は忙しくさせられ、社会的に発言する時間や余裕がなくなっていることも多い。このプロジェクトは、こうした状況に対抗するうえで重要なものになるだろう。「環状島」のモデルでいうと、内海にあるもの、語られないもの、見えなくされているものが、時代によってどう変化し、どのようなときに現れ、どのようなときに隠されていくのかに注意を向けていきたい。

【文献】

(1) ジュディス・L・ハーマン（中井久夫訳）『心的外傷と回復〈増補版〉』みすず書房、一九九九年。
(2) ティム・オブライエン（村上春樹訳）『本当の戦争の話をしよう』文春文庫、一九九八年。
(3) マリタ・スターケン（中條献訳）「壁、スクリーン、イメージ―ベトナム戦争記念碑」『思想』八六六号、一九九六年、三〇―六〇頁。
(4) デーヴ・グロスマン（安原和見訳）『戦争における「人殺し」の心理学』ちくま学芸文庫、二〇〇四年。
(5) 宮地尚子『トラウマの医療人類学』みすず書房、二〇〇五年。
(6) 宮地尚子『トラウマにふれる―心的外傷の身体論的転回』金剛出版、二〇二〇年。
(7) 宮地尚子『環状島＝トラウマの地政学』みすず書房、二〇〇七年。
(8) 小川幸司、成田龍一編『世界史の考え方―シリーズ歴史総合を学ぶ①』岩波新書、二〇二二年。
(9) 村上春樹『猫を棄てる―父親について語るとき』文藝春秋、二〇二〇年。
(10) 田中究「トラウマの記憶と継承―回復と語り継ぐこと」『トラウマティック・ストレス』一八巻二号、二〇二〇年、一一三―一一八頁。

第II部

日本の戦争への対応

第Ⅱ部は、「日本の戦争への対応」を主題として、戦争によって引き起こされた事態に対し、日本がどのような対応を行ったのかという問題意識に基づいた論考を収録している。

戦争のプロセスのなかで、開戦時の予想を超えた、あるいはそれに備えていなかった事態を招き、それへの対応を求められることは戦争の常であろう。日清戦争による膨大な戦死者数を受けて、近代戦争における戦死を、国が、そして国民がどう受け止めうるかが課題として自覚されたように、戦死は戦争に必然的に伴う、予想される事態である。本来は、それに対して十分備えておかねば戦うことができないはずである。しかし、多くの戦争において戦死は予想を超え、備えを超え、対応は進行する事態を後追いするものとなる。また喪失という言葉でくくれば、戦死、戦没、戦争関連死だけがその対象ではない。日本がアジア・太平洋戦争において経験した「喪失」への対応——あるいは対応不能——の及ぶ範囲は広大である。ここに収められた論考のそれぞれが、その範囲のある部分に焦点を当てている。

ただ、第6章の佐々木央論文は、直接「喪失」という主題を扱わず、戦時下メディアとして機能した共同通信を対象に、メディアの戦争責任を問うている。佐々木氏は、第Ⅱ部が扱う「日本」という主体から独立しているはずのメディアがなぜ国と一体化していったのか——その意味で、「日本の対応」の一部にその活動を位置づけることができる——という問いを立てる。そして、その一体化が残したものを問い直す力が、戦後その内部で仕事をしてきた氏自身にないという自覚から稿を起こし、アジア・太平洋戦争の最中に成立した「共同」の戦中から戦後への歩みをたどり、残された検証の課題を内部者の視点から指摘する。その後、絵本『かわいそうなぞう』が取り上げられ、その物語がマスメディアと戦争のかかわりのメタファーになることを指摘する。つまり、その絵本に、「四つの虚偽ないし隠蔽」があることを見て、事実を直視しないまま平和を希求する姿勢を問うのである。それは、「喪失」への対応のあり方も指し示すメタファーとなっている。

第7章の一ノ瀬俊也論文は、軍事援護学会の議論を検証することで、とくに、軍人の妻の立場への対応を検討している。この学会の設立目的に、文系学生の内地における援護の役割を強調することで学徒出陣から守る意図があったという推定も興味深いが、政府の政策立案の下請け的位置づけから、国の対応の一端を担ったことが指摘される。一ノ瀬氏がここでとくに焦点を当てるのは軍人の妻の法的立場である。その一つの問題が、彼女たちが「未亡人」となったときに婚家との関係から起こる「紛争」であり、それを抑止するために、法律上の立場を強化するとともに監視も強化することが図られた。さらに、「姦通」「私生児」への対応という生々しい主題が検討されたことに触れ、そのなかに、生まれた子どもを「一般の孤児施設等と連絡して善処」する方針が記されていることを「異様」と述べている。そうした「孤児施設等」の戦後の展開の先にある現在の社会的養護にかかわる私の目にも強い印象を残す記述である。

第8章の浜井和史論文は、端的に、「戦死者はどのように扱われたのか？」と問うている。とくに、現在も一一二万人の遺体、遺骨が現地に残されているという事態を踏まえ、明治期に遡って、国際的な基準に従っていた、日清戦争、日露戦争、第一次世界大戦、満洲事変後と続く遺体処理と、「玉砕」など太平洋戦争の戦況悪化による困難から、「空の遺骨箱」が届けられるようになるまでを辿る。「国民の戦意喪失」を回避するために始まったその対応によって戦没者処理が完了したという政府の認識から、戦後に収集の試みが行われなかったが、サンフランシスコ平和条約を機に遺骨収容を求める世論が高まるなかで、一部の遺骨を「象徴遺骨」として行われた収集、「国の責任」として再び始まった遺骨収集団、さらに「補完的遺骨収集」の実施、並行して行われてきた「慰霊巡拝」「慰霊碑建立」といった事業、と続く。浜井氏は、この経緯を、「遺族や国民の声に押されるかたちで」行ってきた姿勢が、現地でのトラブルから「国の責任」が強調されるようになった過程としてまとめている。そして、そのプロセスは「未完」であり、今後の対応が、「将来的な『戦争の記憶』の継承」につながると述べ、各国との連携によって実施することが「新しい国際協力のかたち」にもつながるという印象的な指摘を行う。

第9章の粟津賢太論文は、「追悼」という主題について、とくに「黙祷」という特定の追悼の形式に焦点を当て、アジア・太平洋戦争だけでなく、その形式の起源とみなされる第一次世界大戦後のイギリスにおける追悼から、一九二一年の裕仁親王のイギリス王室訪問、関東大震災後一周忌の追悼行事と、その形式が日本に導入される経過を辿る。「特定の宗教・宗派を明示しない」という黙祷の特質がそこにかかわっている。そこから粟津氏は、戦没者の遺体を本国に引き揚げないというイギリスの方針から、「ナショナルな記憶に回収されない対抗的記憶」としてのいくつかの事象に注目する。木製の十字架を納める戦争祠、戦地巡礼の習慣、心霊主義の興隆、平和主義運動などが取り上げられ、近代国家が生み出してきた儀礼と、ナショナルなものと別様の対抗的記憶の両者を見ていく必要性を浮かび上がらせている。心霊主義の背景としての戦争は、心理療法と心霊主義のかかわりに関心のある私としても、戦争神経症とは別様のルートで戦争と心理療法のかかわりを考えさせてくれる興味深い指摘である。

第10章の荻本快論文は、ドイツの戦後社会を理解するために用いられた「喪の不能」という概念によって戦後日本を理解する試みである。日本という国を一つの主体とみなし、戦後日本が経済活動に邁進することで、現人神としての天皇の喪失に対して「喪」のプロセスを進めることができないままに今日に至っていると指摘する。氏によれば、個人のあり方を根本的に規定する感情である「罪悪感」と「恥」のいずれもが、その「喪の不能」と関係する。恥も罪悪感のどちらの感情体験もが含まれる、イザナキ・イザナミ神話という「根本的な物語」が提示され、最愛の対象を失いながら喪の作業がなされていないイザナキとイザナミの悲劇を戦後日本が反復していると述べる。

第Ⅱ部の各論考から、アジア・太平洋戦争が日本にもたらした喪失への対応は、ナショナルなものから対抗的記憶まで、集合的レベルのものから個人的レベルのものまで、多様な領域とレベルにおいて未完であることが理解できる。

（森　茂起）

第6章

［実践報告］

メディアの戦争責任に関する断章

――国策通信社の末裔として絵本『かわいそうなぞう』を読む

佐々木央

問題を論じる力が欠如する理由――自己紹介を兼ねて

「戦時下のメディアについて」というのが、当初、私に与えられたテーマだった。

近現代の戦争において、国民を動員する装置としてのメディアは不可欠なシステムと考えられる。ただ、社会的な存在としてのメディアは本来、国家に対して独立した存在であるから、国民の精神と行動を戦争に動員することを拒否したり、逆に戦争を止めたりするための論陣を張ることも可能なはずである。

ところが現実はそうはならず、たとえば先の大戦における日本のジャーナリズムでは、信濃毎日新聞の桐生悠々や福岡日日新聞の菊竹六鼓らをわずかな例外とするのみである。

本来、ここにこそ、戦争がメディアにのこしたトラウマを考える起点があるべきだが、残念ながらそのことを語る知識も能力もない。

私にはなぜ、そのような知識が欠け、また深く考察する力が不足しているのか。自分なりの認識に基づいてその理由を述べることは、この国のメディアが、はなはだ脆弱な思想的基盤しか持ち合わせず、また国家権力からの独立ということにおいても覚悟が不足している理由の一端を明らかにすることにもつながると思う。そこで自己紹介を兼ねて簡単に説明しておきたい。

私は戦後約一〇年を経た一九五六年に生まれた。経済白書に「もはや戦後ではない」と記された年である。このことは「戦時下のメディア」というテーマそのものへの感度の鈍さをもたらしている。

一九八二年に共同通信社に入社し、主に社会部記者として仕事をしてきた。社会部は事件事故を中心に、社会問題全般を扱う部署である。専門的な取材対象をもつ政治部や経済部、外信部、文化部、科学部などと比べたとき、「それら以外を担当する」という消極的定義が妥当すると思われるほど、守備範囲は広く、境界はあいまいだ。

歴史的にいえば、日本の新聞には二つの流れがあり、合流して現在に至っている。一つは時局を論じる「大新聞（おおしんぶん）」であり、もう一つは、瓦版を源流として、注目を集める出来事や事件、話題などを載せる「小新聞（こしんぶん）」である。

社会部はこの小新聞の流れを汲むといえる。仕事のやり方としては、「現場主義」を徹底し、人間に接近する。足で情報を集める。それがどれほど実践されているかは非常に心許ないが、理想としてはそういうことになる。

この「現場主義」は、ひとり社会部のみならず、新聞の作法として広く要求されている。抽象性の高い政治や経済問題を取り上げるときも、取材と報道の柱として欠けてはならないのが、現場であり、当事者たる人間である。

この場合「現場」という言葉を空間（場所）的な意味だけで捉えるのは、狭きに失する。「現」という文字が含まれることから明らかなように、それは時間を重要な要素としている。すなわち、現にその事象が起きた瞬間への接近であり、誰よりも早く関係箇所に到着するよう求められる。報道（発信）の場面では、速報が絶対的に重視される。

記者に求められるのは、空間と時間の両方で事象の中心に接近することである。現場に立ち、変化の切片を捉えること。事態を積分するのではなく微分する力こそが要求される。これをネガティブに言い換えるなら、記者は、広い視野で物事を捉え、歴史的な文脈のなかにおいて事態を解析することはほとんど訓練されない。

テーマの読み換え——国策通信社の末裔

(1) 巨大通信社・同盟の発足と拡大

こうして記者たちとその集合体であるメディア組織にとって、歴史を検証したり、大きな時代の変化をつかんで共同体の針路を論じたりといった仕事は不得手な領域となる。「戦時下のメディア」を起点とするメディアのトラウマといった課題は、私にとっても、おそらくは他の多くの記者にとっても、難易度が高い。

そこで標題のように「メディアの戦争責任に関する断章」とテーマを読み換えたい。これは問題にまともに答えない昨今の日本の政府当局者のひそみに倣うのではなく、私なりに、自分のフィールドで考えようとする試みであると理解してほしい。

サブタイトルは「国策通信社の末裔として絵本『かわいそうなぞう』を読む」とした。そのキーワードは「国策通信社」と「かわいそうなぞう」ということになる。まず国策通信社について、説明したい。

私が所属する共同通信社は一九四五年一一月一日に発足した。前身は、国の方針に従って成立し、国の援助も受けた「同盟通信」である。調べると、同盟の成立過程自体がドラマであり、国家とメディアの一筋縄ではいかない暗闘があったのだが、前述した通り、その詳細を語る知識も力も足りない。社史『共同通信社三十五年』の第3部「わが国通信社小史」によって、同盟の歴史を簡単に振り返っておく。同盟は一九三六年に当時の二大通信社、聯合と電通が合併してスタートした。合併交渉は難航したが、ついには政府が調停に入り、三六年五月にようやく妥結した。政府は同盟に電信電話の利用と放送無線使用の特権を与えた。

この年、軍国主義への傾斜が強まる画期となった「二・二六事件」が起きている。ついでにいえば、上野動物園のクロヒョウ脱走事件もこの年であり、後述する「猛獣処分」にもつながったとされる。

翌一九三七年、盧溝橋事件が起き、中国との宣戦布告なき戦争が始まる。日本の海外侵略や戦場の拡大に伴って、日本を代表する通信社としての同盟の活動範囲も広がっていく。

言論統制が進み、小規模な新聞社が統合されて、一県一紙体制となり、同盟通信はそれを束ねる組織としても、確固たる基盤を築く。終戦時の同盟の総人員は、占領地の現地雇員を含め約五五〇〇人に上ったという。これに対し、現在の一般社団法人共同通信社の従業員は約一六〇〇人にすぎない。

その同盟は戦後わずか二ヵ月半で解体され、共同通信と時事通信として再出発した。主要な組織・人員と経営基盤は共同が引き継いだ。

(2) 同盟の迅速な自己解体

私が入社したのは共同の発足から三七年後だが、その前年に『共同通信社三十五年』が編纂されていて、内定式で手渡された。書名通り、第1部「創立三五年の歩み」の第1章「共同創立の前後」は、一九四五年から書き起こす。それ以前については、第3部「わが国通信社小史」で略述されるが、四四頁（全体の六％強）を割くに過ぎず、その記述は明治時代に始まるから、同盟についてはたった一二頁である。

「同盟の解体＝共同・時事の発足」について『共同通信社三十五年』は「自主解散」という見方で書いている。だが他の資料も併せて経過をたどると、ＧＨＱ（連合国軍総司令部）に「解体に追い込まれた」と評価するべきではないか。

ＧＨＱの動きを見る。

まず四五年九月一日に四箇条の報道取り締まり要領を出す。一四日、同盟ニュースに業務停止命令（占領軍批判が理由、一五日解除）、一九日にいわゆるプレスコード発令。二四日、「新聞の政府からの分離」指令を出す。そのなかに同盟の特権排除が含まれていたために、同盟最後の社長となった古野伊之助が解散を決断したとされる。

同盟は戦争責任から「逃げる」ようにして自主解体したのか、それともＧＨＱが戦争責任もろとも同盟を破壊したのか。前者だとすれば、同盟の解体から共同の成立に至る過程における組織と個人の責任はより重く、後者であれば「やむを得なかった」という評価も可能だと考え、私はそれを重要な問題だと捉えてきた。

しかし、本稿を書くために文献資料を調べるうち、どうやらこの問いの立て方自体が、間違っていたと思うようになった。

主体としての同盟の経営者や記者たちに、戦争責任についての観念がほとんどないか、非常に希薄だったとしか感じられなかったからだ。

（３）責任意識が不在または希薄である理由

およそ責任というものを感じるためには、自分（たち）のやったことに真摯に向き合うことと、向き合った結果としての何らかの罪の意識が必要だが、社史『共同通信社三十五年』を読んでも、他の史料からも、そのような動きはほとんどない。それはその後も続いていて、通信社において、組織的な過去の掘り起こし、問い直しはほとんど行われていない（個人のレベルでそれを誠実におこなった人はいる）。そのため「メディア史の空白」と評する人もいるほどだ。なぜこうなったのか。

行為当時、悪いことをしているという自覚がない場合、その後に自省することは難しくなる。例外的にその後に反省悔悟に至るケースとしては、自分の行為が引き起こした悪い結果に直面させられたり、事態の全容を知ったり、被害者や第三者から責任を追及されるといったきっかけが必要となる。

しかし戦後、市民から通信社の責任を追及する声はほとんどなく、GHQも同盟の責任を追及していない。GHQには、同盟を免罪、温存して、そのまま宣伝の仕組みとして使おうという考え方さえあったという。天皇制と同じような利用の仕方といえようか。

責任追及のわずかな動きとして、同盟の指導者だった古野伊之助が一九四五年一二月、戦犯容疑者として拘束されたが、八ヵ月後に不起訴となり釈放されている。

海外の戦争被害者も含め市民は、戦後復興という課題の前に、後ろ向きの責任追及に費やすエネルギーも時間もなかったのではないか。また、被害者側にとってメディアの戦争責任を的確に認識、批判すること自体も難しかっただろう。

そのうえに、メディア側（とくに通信社）に次のような特性があることが、責任の自覚を妨げたと考えられる。

①行為の間接性：メディアは情報を扱う仕事であって、名誉毀損やプライバシー侵害のようなケースを除き、加害行為に直接関与することがほとんどない（これは市民側から行為と責任が見えづらいという事態につながる）。

②組織の間接性：通信社は自前の媒体をもたず、読者・視聴者と直接向き合うのは新聞社や放送局であることから、市民に対して責任をもつという意識が希薄になりがちである。

③仕事の微分性：これについては前節で述べた。時代の先端を記録することを業とする記者やメディア組織にとって、過去と向き合うのはさして利益にならず、また不得手な分野である。

さらにより根本的には、人間にとって一般的に、自己省察という行為が決して容易ではないことが挙げられる。人の集合体である組織になると、さらに自己防衛的になり、過ちを認めないという構造もあるように思う。

（4）世界的スクープと偽のＩＤ発行

戦時下、国策通信社の同盟はどんなことをしていたのか。全体を俯瞰的に語ることは難しいので、象徴的な事態を二つ指摘しておきたい。一つは『共同通信社三十五年』の「わが国通信社小史」から引用する。

日本の降服が決まったのは一九四五年（昭二〇）八月一〇日の御前会議でのことだったが、一部軍人の抵抗で、天皇の〝終戦詔勅〟放送は一五日になった。しかし、一〇日夜の段階で外務省は中立国経由の外交ルートでこれを連合国に知らせる手配をする一方、午後八時の「同盟」米国向け短波放送にも乗せた。結局これが外交ルートよりも早かったのである。米国ではＡＰが受信、直ちに大統領府に急報するとともに、全世界にこれを流した。その日は世界のあらゆる新聞と報道が〝同盟によれば日本はポツダム宣言受諾の用意あり等々〟というＡＰ電を、超特大扱いで報じた。これが「同盟」最大の世界的スクープであった。

ところが、これを国内には報じない。それどころか、一四日の無条件降伏の決定も速報していない。この間、八月一四日の大阪、一五日未明の埼玉県熊谷市など多くの土地が空襲を受け、たくさんの人が死んだ。敗勢になってもいつまでも戦い続ける日本が、いつ降参するのか。当時の世界にとって最大の焦点であったと思う。翻って、日本人にとっては、個々の命にかかわる文字通り死活的に重要な情報だった。

しかし、同盟は海外には知らせても、日本国内には知らせない。これでは外国政府に日本政府の意思を伝える〝お使い〟にすぎない。同盟がどのような組織であったかは、ここに端的に明らかだと思う。そして、それを引き継いだ共同通信はその三五年後に編んだ社史で「『同盟』最大の世界的スクープ」と胸を張る。

もう一つは正史には書かれていない点だ。

戦争遂行へのメディアの協力といえば、大本営発表に代表される国家のプロパガンダの拡散、すなわち報道面ばかり思い浮かべるが、同盟の場合、他国に潜入するスパイに対する偽のＩＤ（身分証）を発行していた形跡がある。

スパイ養成学校であった陸軍中野学校の記録『秘録 陸軍中野学校』（畠山清行著）のなかでさらりとふれている。記者は調べることが仕事だ。あちこちに顔を出し、情報網を構築する作業は、外形的にはスパイと変わらない。両者の大きな違いは、集めた情報の発信先だ。前者が不特定多数で構成される一般社会であるのに対し、スパイは限られた当局者である。記者とスパイの活動は情報収集の面で重なり合っており、スパイが記者の肩書で活動すれば、スパイの疑いを軽減することができる。

また、里見脩著『ニュース・エージェンシー』によれば、外務省が一九三六年一〇月二八日付で作成した「在外公館ト同盟特派員トノ連絡ニ関スル件」と題する文書には、「連絡事項」の四として「同盟特派員ハ要スレハ在外公館ノ委嘱ニ基キ　特殊諜報事務ニ従事スルコト」とあり、少なくとも外務省側は、同盟の特派員についてスパイ活動を委嘱するのは可能だと考えていた。これにはさらに「注意事項」が付いている。

一、同盟通信社ハ本邦新聞社ヲ「メンバー」トスル社団法人ニシテ　政府トハ表面上何等関係ナキモノナルヲ以テ、対外的ニハ常ニ不羈独立ノ機関トシテ活動スルコト。従テ在外公館内ニ於テ館員並ニ執務スルガ如キハ厳ニ之ハ避クベキモノトス
二、同盟通信社ハ一方、対内的ニハ本邦唯一ノ「ナショナル・ニュース・エージェンシー」トシテ　情報政策遂行ノ重要機関ナルヲ以テ、其ノ特派員ハ常ニ在外公館ト密接ナル連絡ヲ維持シ、常ニ国策的見地ヨリ

「ニュース」ヲ取扱フコト

表向きは政府に対して独立だから、事務所で机を並べたりはしないが、本当は国策通信社であることを忘れるなよ、という内容である。

(5) 戦争責任に対する三五年後の見解

戦争責任についての見解はどうか。『共同通信社三十五年』の「わが国通信社小史」の最後に「通信社と戦争」という項があり、次のように書かれている。

> 以上歴史を回顧して、いったい「同盟」は戦時通信社に引きずり込まれていく過程で〝なぜもっと抵抗できなかったのか〟ということを思う。戦後世代の人たちからもしばしばこの点の質問を受けることがある。
> しかし、通信社も結局は国家の中の一組織である。国家社会全体がある方向に強い力で動き出すとき、その中の一組織が抵抗することは、言うべくして実は極度に困難である。人権と諸自由が一応保証《ママ》されている今日の世代の人たちには考えられないことかもしれないが、「同盟」が誕生したころの日本では、〝国策〟に逆らう言動があれば即座に逮捕される世の中だった。政府の気に入らなければ「同盟」そのものさえ取りつぶし、もっと徹底的な軍国全体主義の機関をもって置きかえることもできたのである。
> 戦争中、そして戦後しばらく連合国の人々はよく「同盟」は軍国主義の手先になり、軍事冒険主義をあおったと痛烈に批判した。しかしその後も公正、客観的な、そして事実に立脚するいくつかの大通信社の存在にもかかわらず、ベトナム戦争その他の大きい戦争は起こっているし、超大国、中小国間の、軍備競争や武力対立に、有効なブレーキがかかったとは思えない。筆者には結論が出せないのである。これは今後のニュ

ース報道についての大きな研究課題となるのではなかろうか。

戦後三五年を経ても雑駁な自己弁護しかできていない。これが正史として残り、その後これについて自己批判したと聞いたことはないから、これが同盟の正統な後継組織である共同通信社の見解ということになるだろう。何よりも事実の検証を。

同盟はどのような戦争協力をしたのか、明らかにしなければならない。その結果、どんなことが起きたのか、誰が死んだのかをも含めて。

次には、それが本当にやむを得なかったのかが、検討されなければならない。一つひとつの結節点について、一つひとつの報道（または報道しなかったこと）について。

しかる後に「わが国通信社小史」の筆者のように、メディアが戦争を止めうるのかと考えてもいい。いや、しかしメディアはそのようなことを顧慮する必要などないだろう。何よりも真実を市民に届けるべきなのだ。

絵本『かわいそうなぞう』の虚偽

(1) 動物園というメディアと戦争

私は動物園を取材のフィールドの一つとしている。取材を重ねるなかで、動物園は一つの特異な情報発信装置であると実感するようになった。都市の空間に、生きた野生動物を集め、動物そのものの情報を伝えるとともに、自然と人とのかかわり、生物多様性や種の保存の問題も問いかけている。

そこで動物園というメディアが戦争とどう向き合ったのか、その動物園の向き合い方を主要なメディア（放送・出版）がどう扱ってきたかを検討したい。

この検討は、他ならぬ共同通信を含むマスメディアと戦争とのかかわりを考えるとき、何らかの示唆を与える可能性があると期待しながら、進める。

このテーマに取り組むための素材として、絵本『かわいそうなぞう』を取り上げる。動物を扱った書物としては日本で広く読まれている一冊であり、先の戦争に関する社会意識の形成にも大きな役割を果たしてきたと思われるからだ。学校教育でも使われ、ＴＢＳラジオが毎年、終戦記念日の前後に評論家・秋山ちえ子の朗読を放送していたことでも知られる。

『かわいそうなぞう』は、戦時下の上野動物園におけるいわゆる「猛獣処分」に材を得ている。「いわゆる」というのは、猛獣処分という用語自体が問題をはらんでいるからだが、本稿では深入りしない。

戦争当時、上野動物園には三頭のゾウがいた。空襲が激化するなかで、市中への逃走という事態を避けるために餓死させたというストーリーである。クライマックスは、飼育員が死んだゾウにとりすがり、上空の敵機に向かって「戦争をやめてくれ」と叫ぶ場面。反戦童話の名作とされている。

実話と信じられ、つい二年前まで出版社のホームページも「これは本当にあった悲しいお話です」としていたが、いまは「本当にあった悲しいお話をもとにした名作絵本です」と変わっている。

(2) 四つの虚偽によって隠されたこと

この絵本には四つの虚偽ないし隠蔽がある。一つは「時期の虚偽」。

> 戦争がだんだん激しくなって、東京の町には、毎日毎晩、爆弾が雨のように振り落とされてきました（絵本の平仮名を漢字に変換し、空白を詰めた。以下同じ）。

猛獣処分は一九四三年八月から九月。東京が本格的な空襲を受けるのは、四四年一一月二四日が最初であるから、時期的に齟齬がある。絵本の最後で敵機に向かって「戦争をやめろ」と叫ぶのは、文字通り、絵空事である。そもそも当時の日本人が「戦争をやめろ」と言えたはずはない（戦争への抵抗が困難だったということは「わが国通信社小史」の筆者も弁解として述べている）。ここに、なぜ空襲が激化しない段階で猛獣が殺されたのかという謎が残される。あまりにも早手回しではないか。

次が「主体の隠蔽ないし虚偽」。

爆弾が、もしも、動物園に落ちたら、どうなることでしょう。檻が壊されて、恐ろしい動物たちが町へ暴れだしたら、大変なことになります。そこで、ライオンも、トラも、ヒョウも、クマも大蛇も、毒を飲ませて殺したのです。

「大変なことになる」から「殺した」の間には「そこで」という接続詞だけが置かれた。誰が決めたのか、わからない。

絵本版の他に文庫版もあって、そちらには「軍隊の命令で」と書かれ、英語版も"by command of the Army"とある。英訳したのは、作者・土家由岐雄の娘。「軍隊の命令」と書けば史実に整合しているのかというと、軍は民生に口出しできない。戦時下とはいえ、そんなことが許されれば、統治機構がめちゃくちゃになる。事実は東京都長官（今の都知事）の命令だった。なんでも軍隊のせいにしようというのだろうか。

三番目は「目的の虚偽」。絵本のいう動物脱走の危険回避なら他にも取り得る方法があった。実際に、上野動物園はゾウを仙台に疎開させる交渉をまとめ、移送寸前だったが、都長官の内務官僚、大達茂雄が許さなかった。目的は民心の引き締めだった。大達の前任は昭南市長だった。昭南はシンガポールのことで、一九四二年に日本軍が陥落させ、名称変更していた。だから戦況の厳しさをよく知っていた。本当の戦況を隠す軍に批判的で、動物園の動物を殺害することで、それほど切迫した状況だということを国民に伝えようとしたとされる。

四番目は「客体の虚偽」。このとき殺害されたゾウ三頭のうち一頭は、命令より早く、動物園人自身によって殺害に着手されていた。それは上野動物園の正史『上野動物園百年史』自身も認める。その背景には命の選別があった。『かわいそうなぞう』は次のように書く。

三頭のぞうも、いよいよ殺されることになりました。まず第一に、いつも暴れん坊で、言うことをきかない、ジョンから始めることになりました。

暴れん坊かそうでないかは、人間の判断であり、都合だ。野生から連れてきて、檻のなかに入れ「暴れん坊だから殺す」では、人間の身勝手と言うしかない。言うことをきかないのは、人間におもねることをよしとしない孤高の魂ゆえか、人間への不信が積み重なったためか。ジョンの孤独と抵抗に、自らの尊厳を守ろうとする意思を感じる。

(3) 反省も悔悟もなき転向

一九五一年、戦後六年目にこの絵本を書いた作者は、戦時中は戦争協力の紙芝居などを作っていた。しかし、戦後は一転して、この平和を鼓吹する絵本を書いた。

このようなフェイクに満ちた絵本に対して、動物園の側もとくに異議申し立てをせず、放置している。それは動物園の人たちが自らを免責することを結果する。動物園は動物を生かして飼うところだ。そのレゾンデートルに反して自ら動物たちを手にかけるという事態がなぜ起きたのか。それは徹底的に問われなければならない。

戦前戦後を通じて上野動物園園長を務め、日本の動物園界をリードした古賀忠道は戦後「ズー・イズ・ザ・ピース」と唱えた。動物園関係者のなかには、それを引用して「動物園こそ平和の象徴」と言う人もいる。あるいは「平和でなければ動物園は成り立たない」と解釈し、平和を求める根拠とする人もいる。

しかし、そのような主張はただ座して「平和」を求めているように見える。平和でなければ成立しない業種や職種なら、動物園でなくてもいくらでもあるだろう。

そのように唱える前に、平和とは何か、どのようにしたら達成され得るのかが、それぞれの現場にいる人によって、主体の問題として問われなくてはならないだろう。そのとき、過去に学ぶのは必須のことだ。

同盟から共同に早替わりした通信社も、『かわいそうなぞう』の作者も、動物園の人たちも、過去の過ちと責任に向き合わぬまま、平和主義を唱導する側に転じた。反省も悔悟もないままの転向は、中身の変わらない単なる看板の付け替えのようなもので、いつでも別の看板に取って代わられてしまう危険性がある。いや、もうそうなりつつあるかもしれない。深く危惧する。

［参考文献］

通信社史刊行会編『通信社史』通信社史刊行会、一九五八年。

共同通信社社史刊行委員会編『共同通信社三十五年』共同通信社、一九八一年。

鳥居英晴『国策通信社「同盟」の興亡―通信記者と戦争』花伝社、二〇一四年。

里見脩『ニュース・エージェンシー―同盟通信社の興亡』中公新書、二〇〇〇年。

山本武利『占領期メディア分析』法政大学出版局、一九九六年。

畠山清行著、保阪正康編『秘録陸軍中野学校』新潮文庫、二〇〇三年。

山本武利『陸軍中野学校―「秘密工作員」養成機関の実像』筑摩選書、二〇一七年。

読売新聞戦争責任検証委員会編『検証 戦争責任Ⅰ・Ⅱ』中央公論新社、二〇〇六年。

土家由岐雄『かわいそうなぞう』金の星社、（絵本版）一九七〇年、（フォア文庫版）一九八二年。

Tsuchiya, Y.: *Faithful Elephants: A True Story of Animals, People, and War.* Houghton Mifflin, 1988.

東京都恩賜上野動物園編『上野動物園百年史』東京都恩賜上野動物園、一九八二年。

長谷川潮『戦争児童文学は真実をつたえてきたか　長谷川潮・評論集―教科書に書かれなかった戦争』梨の木舎、二〇〇〇年。

渋谷信吉『象の涙』日芸出版、一九七二年。

福田三郎『実録上野動物園』毎日新聞社、一九六八年。

大達茂雄伝記刊行会編『大達茂雄』『追想・大達茂雄』一九五六年。

秋山正美『動物園の昭和史―戦火に葬られた動物たち　おじさん、なぜライオンを殺したの』データハウス、一九九五年。

古賀忠道「動物と私」『うえの』七〇号（一九六五年二月号）、四五―四八頁。

佐々木央『ルポ動物園』ちくま新書、二〇二一年。

第7章

戦時下の軍人の妻の立場について
——一九四三・四四年の軍事援護学会における議論

一ノ瀬俊也

はじめに

明治時代の日清・日露戦争、一九三〇年代以降の対外戦争により、厖大な戦争犠牲者が発生した。戦死者以外にも家族を失った人、障害者となった人とその家族、などがいた。日露戦争後、彼らの生活困窮が問題になった。国から支給される軍人恩給だけでは生活できない者が多数生じ、その困窮を放置しておくと、国家に対する怨嗟の念が高まると考えられたのである。

そこで政府は一九一七年に軍事救護法を制定し、現役兵の家族や戦死者遺族、廃兵（傷痍軍人）に対して、生活救護や生業扶助（何らかの仕事を与え自活させること）を不十分ながら実施し、こうした軍人に対する物質的・精神的なケアを軍事救護と総称した。戦争犠牲者は一般困窮者よりも優遇されていたのであるが、政府は軍事救護も基本的には家族の自助努力、あるいは地域社会による救護が困難な場合、初めて国家の救護が行われると述べていた。その理由は国家による救護の拡充が「濫給」や「惰民」の発生につながるためと説明された。政府は自己の財政負担の増大を嫌ったのであるが、当時の日本社会が今日でいう自己責任論の強い影響下にあったことも、こうした政府の姿勢を後押ししていた。

一九三七年に始まる日中戦争期から軍事救護を軍事援護と言い換えるようになり、軍事救護法は軍事扶助法と改称された。ときに社会から蔑視の対象とされた一般の被救護者から軍人とその遺家族を切り離し、いわば特別扱いすることで、その士気を維持しようとしたためである。

本章は、その軍事援護に対して当時の学術界、とくに法学分野がどのような関心を抱いていたのかを、一九四三年に文科系の学者たちが設立した軍事援護学会なる学会、なかでもその傘下の法律委員会での議論から考察する。同委員会は、軍人とその家族、なかでも妻の立場に関する法律上の問題点を議論し、翌年報告書を作成した。その内容は、戦時体制下で夫を戦場に動員され、ときに失った女性たちがいかなる立場に置かれていたのかを描き出す。

昭和期の戦争が日本の家族制度に与えた影響については、利谷信義、早川紀代の研究が最も網羅的に考察している。(1)両者の議論に共通しているのは、政府が前線将兵の心情に配慮して夫の父母よりも妻の法的処遇改善を優先した結果、従来弱いものであった妻の立場が一定程度強化されたことであろう。その具体例には遺族間紛争の早期解決をねらった人事調停法の制定(一九三九)や、民法改正による戸主の居所指定権の濫用抑止(一九四一)などがある。(2)それらは軍人の士気低下防止、ひいては戦争遂行の円滑化を目的としていた。太平洋戦争の後半期に行われた軍事援護学会の議論は、そうした政策潮流の「その後」を表す。

軍事援護学会の設立

まず日中戦争期における援護の展開を概観する。同戦争での兵力動員により多数の戦死者、戦傷病者が発生した。政府はこれに対処するため、一九三七年に厚生省臨時軍事援護部、翌三八年に傷兵保護院をそれぞれ設置した。三九年にはこれらを統合して軍事保護院（厚生省外局）を発足させ、援護行政の一元化と促進をはかった。戦争の長期化とともに、軍事扶助法による被扶助者数はなしくずし的に増大していった。

一九三八年、恩賜財団軍人援護会が、既存の民間援護団体を統合して設立された。恩賜財団とは天皇の下賜金を基本資産とした団体をいい、法律上の扶助の対象とならない内縁の妻などへの援護を行った。天皇の権威、ないしは慈恵を強調することで、戦争犠牲者の反発を抑えるのが目的であった。

将兵の遺家族や傷痍軍人のため、一九三八年から各市区町村に軍事援護相談所が設けられ、各種の生活相談に応じた。三九年には全国市区町村に銃後奉公会と称する援護団体が置かれ、婦人相談員も配置された。しかしその目的は遺家族の精神的なケアというよりは、前記の遺族紛争の抑止、早期解決などが主であった。遺族紛争の多発を前線の将兵が知れば、士気が下がって戦争遂行が困難になるというのが相談所設置の理由だった。遺家族たちは国家権力のみならず、地域社会からも指導・監視下に置かれていた。

軍事援護学会が設立されたのは一九四三年八月二〇日のことである。東京帝国大学法学部教授・末弘嚴太郎を理事長、全国の大学・高専教授を主流とする一五〇名を会員として設立された「学会」だが、新聞では「軍事保護院、文部省が一体となつて、同学会の設立に着手[3]」したと報じられている。学会の会則にも「本会ハ事務所ヲ文部省専門教育局大学教育課内ニ置ク[4]」（第二条）とあるので、学術団体というよりは政府の肝煎りで設立された国策協力団体とみるのが適切だろう。

末弘は学会の設立目的を「文化精神学専攻の学者を動員して軍事援護に関する諸般の問題を研究し、之に依つて一面政府の施策に協力すると共に、他面国民一般殊に学生の間に軍事援護に関する正しき理解と思想とを普及徹底せしむとするにある」と説明した(5)。続けて末弘は「近頃科学動員と言ふことがしきりに言はれてゐるが、その所謂科学は主として自然科学に限られてゐる」が、「国民一般の（軍人に対する）戦意を昂揚せしむると共に、その持続を図ることは、今回の如き規模雄大にて長期なる戦争を戦ひ抜く為めには絶対必要」であり、「かくの如く精神思想の方面から人的基礎を固めゆく為めには永年に亘り人間のこと、思想のこと社会のことを研究し来れる文化諸科学者の協力を得ることが極めて大切」と述べた。つまり、長期戦に勝つためには理科系だけではなく文科系の学問も必要と主張しているのである。

ここで末弘が「学生」に言及しているのは、ほぼ文科系に限定した学生の徴集猶予取り消し、いわゆる学徒出陣が決定していた現状に鑑み、膝下の学生たちを守ろうとしたからではなかろうか。戦場へ赴くだけが国家に対する学生の貢献ではないということだ。しかし「前線の将士をして何等後顧の憂なからしむと共に、銃後の国民一般の間にも軍事援護を通して前線銃後一丸となって総力戦を戦ひ抜かむとする熱意を燃え上らしめる」「此仕事に向つて吾々の科学力に依る貢献をしたいと考へる」といった発言は、戦時体制下で無視されがちな自己の存在意義を強調することでよくいえば学問の存続を、悪くいえば研究予算とポストの確保を狙っているようでもある(6)。

民法学者たる末弘は「既に軍事援護に関する法律問題、経済問題、傷痍軍人其他遺家族の職業問題、応召手当に関する研究、軍事援護の歴史的研究、援護精神の普及徹底方策に関する研究等を主題とする委員会が組織されて着々研究が行はれて居」るとも述べている。だが新聞報道によると、学会の研究課題には「△歴代皇室の御仁慈、御事蹟△元寇の役における軍事援護事情△楠公、特に正行の母を中心とする事業△防人における軍事援護の文学的歴史的考察(7)」もあった。文学や歴史学も法学と同様に戦時体制への協力を目指していた。

軍事援護学会法律委員会の提言

軍事援護学会は各委員会に分かれて研究成果の報告書を作成することになっていた。しかし実際に報告書[8]が作られたのは法律委員会のみのようである。同委員会は民事、刑事、行政部会に分かれ、一九四三年度末までに民事七回、刑事八回、行政一一回、ほかに民事部会と刑事部会の連合会一回、民事部会と婦人委員会の連合会一回を開いた[9]。各部会の報告書は「当局に対する調査進行状況報告と資料提出」を目的としており、法律委員会が政府、とくに前記の軍事保護院による政策立案の下請け的な位置づけにあったことがうかがえる。

以下、報告書中で一二点と最も多くの提言を行った民事部会[10]が、軍人の遺家族、とくに妻の法律的処遇についていかなる議論をしていたのかを三つの論点に絞って概観しよう。

(1) 民法のさらなる改正

前記の先行諸研究が指摘したとおり、戦時体制下で軍人の妻の立場は重視された。しかしそれはあくまでも戸籍上の妻であり、内縁のそれではなかった。そのため部会の提言一「民法婚姻届出の制度を根本的に改定すべし」は、現在の婚姻は婚姻届の提出をもって成立するが、実際には内縁の夫婦が多く、妻や父の死没後に生まれた子が賜金や扶助料の受給資格を欠き、困難を来しているため「民法を改正して事実上の婚姻に其侭法律上の効力を認むること」が最も望ましいのでこの機会に断行すべきと述べた。婚姻制度自体の改革にまで踏み込んだかたちである。

提言三「戦没軍人の未亡人の離籍を適正ならしむべし」は、一九四一年の民法改正によって「未亡人」の離籍には裁判所の許可を要することになり、戸主権の濫用は防止可能となったはずだが、実際には「民法第七三七条に依る任意実家復籍の形にて実は婚家側が未亡人を圧迫して其家を去らしむることがあり得べく、又逆に未亡人が実家復籍を希望するを婚家側が不当に阻止することもある」と指摘する。つまり実際には妻が夫の親によって婚家から排除される可能性がなお残っているというのが法学者たちの認識であった。そうした実例もあったのだろう。これに対する具体的な解決策は「人事調停、軍事援護相談等に当りては特に其点に留意」することであった。地域社会の力を借りて遺族間紛争を抑止しようとしたのである。

(2) 妻の法律上の立場の強化

法律委員会は、民法の規定上、家の財産管理権などを否定される「無能力者」であった妻の立場強化につながりうる提言もしている。提言九「出征軍人のため法定財産管理人の制度を設くべし」は、出征軍人が財産管理を委託していったときは問題ないが、そうでない場合に民法第二五条以下の手続によって裁判所にいちいち財産管理人を選任させるのは不便であるので、財産管理人を設置するのが相当と提言している。

その財産管理人は「一　成年の妻」「二　家に在る父又は母」「三　家に在る成年の子、但し男を先にし年長を先にす」の順位により定めるのを便宜とする。つまり家の財産の管理は夫の父母や成年の子ではなく、まずは（成年の）妻が担うのが妥当というのである。

戸主（夫の父）ではなく妻が一位とされる理由は何だろうか。当時の恩給扶助料の受給順位の第一位が妻、第二位が未成年の子、第三位が夫、第四位が父母……とされ、妻が一位である理由が戦没者の「遺児を立派に育てる為め」[11]、家のなかで弱い立場の妻に国家が後ろ盾となって大きな力を与えるため、と説明されていたのと同じではないだろうか。あくまでも戦死者の家の維持存続が目的とはいえ、提言は戸主よりも実際に子を育てる妻の立場を重視しているのだ。なお、この提言には妻が夫の財産を管理する場合には、自己の財産に関する行為についても民法第一七条[12]の趣旨により夫の許可を要しないとの解釈も付記されている。

提言五「戦没軍人の未亡人の親権行使に留意すべし」は、戦没軍人の遺児が未成年者で「未亡人」が母たる親権者として財産を管理する場合、その任務はとくに重大困難であるので、民法第八八六条[13]の運用に留意し、また「信託其の他財産維持増殖の施設を考慮すること」を必要とする。前半は遺児をぶじ成年させて家督相続をさせる、すなわち家制度の維持が主目的であるが、後半は妻の財産管理権強化につながりうるといえる。

(3) 出征軍人の妻に対する監視強化

ただし、妻の立場強化は監視の強化とワンセットであった。提言四「戦没軍人の未亡人の再婚を慎重ならしむべし」は、未亡人が年若く、とくに子のない場合には再婚が問題となりうるが、一般的に再婚を奨励するのは「我邦の婦道に反し又前（線）戦士気にも影響す」るので、「飽くまで、『貞女両夫ニ見エズ』を原則としつゝ、個々具体的の場合に已むを得ざる事情に応じて慎重に善処せしむる様、軍事援護相談、結婚相談等に於て指導」すべきであるとする。つまり現在、各都道府県市町村に置かれている軍事援護相談所――地域社会の圧力で再婚を抑止しようとしているのである。法学者たちの目標はあくまでも戦争遂行の円滑化であって、女性の自由拡大ではなかった。

その地域社会の圧力について提言一二「軍事援護相談及人事調停の制度を連絡併合強化拡充すべし」はさらなる強化を唱えている。そもそも軍事援護相談所が置かれ、人事調停法が制定されたのは問題が千差万別で、よくある姑と嫁との不和紛争にしても「姑の不慈なる場合」と「嫁の不従順なる場合」の両方があり「法規に照して一様に処断することは到底不能」であるからだが、当局者の人選、指導・調停の効果の実現、諸施設の協力連絡はいまだ十分とはいえない。たとえば東京都では都庁に軍事援護中央相談所を置き、専任の練達なる主事二名が懇切に相談に応じ進んで調停を試み、人事調停と連絡を取っているが、各区役所の軍事援護相談は必ずしも同程度を望めない。その取り扱いはややもすればいわゆる窓口相談に堕し、担当者も専任でなく、更迭も頻々である。

込み入った事件・紛争に関する相談は結局（人事）調停まで進まないといけないが、相談所は調停についての権限が乏しく、調停の結果成立した協定の実現を確保する手段に至っては人事調停法においてすら十分ではない。よって軍事援護の実効をあげるためには、「相談及び調停の施設を連絡併合拡充し、各地に常識あり且法規に通ぜる主任者を配置して、全国に軍事援護相談調停網を布くこと」が必要と訴えた。

このように、法学者たちからみた地域社会の監視体制はいまだ不十分きわまるものであった。ゆえに彼らは監視「網」の強化拡充を提言したのである[14]。

刑事部会研究委員会

続いて刑事部会[15]での議論をみよう。報告書からは委員たちの調査結果や議論がかなり削除されたようで[16]、実際に掲載された提言は一「住居侵入姦通の問題」と二「姦通の私生子に関する問題」の二点のみである。両提言が問題としているのは軍人の妻の不貞行為である。一九四二年制定の戦時刑事特別法で住居侵入罪の厳罰化が実施されたが[17]、これは留守宅の妻の不倫相手を処罰する目的であった。妻の不貞行為を取り締まる姦通罪は親告罪であるが、前線にいる夫はその事実を知りようがないうえ、知ったとすれば士気が著しく低下するため、代わりに相手の男性を住居侵入罪で処罰する方針がとられたのであった。

提言一「住居侵入姦通の問題」は不貞行為の抑止策についてである。現在出征将兵の妻が不倫をした場合、相手の男性は住居侵入罪で処罰している。しかし妻が自宅への「侵入」に同意している者を罪に問えるかは学説上論争があるうえ、「姦夫」のみが罰せられて「姦婦」は何の罪にも問われないのははなはだ疑問である。しかも自宅以外の場所で姦通を遂げた者は実際には放置するしかない。これは明らかに司法上の欠陥である。住居侵入罪については「一家の倫常を紊るは勿論、国民的道義を害する」ので「姦婦」も教唆犯、幇助犯として論じるのが適当である。自宅以外の姦通についても、刑法を改正して夫からの告訴を待たず、姦通罪による訴追および処罰を可能とすべきというのが提言の要旨である。そもそも姦通罪が親告罪であるのは、夫が欲しないのに訴追処罰することがかえって一家の不利益となることを恐れたためであるが、「特殊の場合においては道義維持の必要上」訴追するのが姦通罪そのものの本質に適合するとも述べている。

提言二「姦通の私生子に関する問題」は表題通り不倫の結果生まれた子の扱いである。民法第八二〇条第一項に「妻カ婚姻中ニ懐胎シタル子ハ夫ノ子ト推定ス」とあるので、夫が出征その他の事由により不在中、妻が他人と関係して出生した子も一応は夫の子と推定するのを普通の解釈とするが、夫出征中の姦通によって生まれた「私生児」も夫の嫡出子として扱われるので、夫はもちろんそれ以外の利害関係人、検事からも期間を問わず嫡出否認を主張できるように解釈すべきである。生まれた子の身柄について「特別の収容施設を設くるが如きは不徳常なるべきを以て一般の孤児施設等と連絡して善処すべき」というのは異様である。

以上の刑事部会の議論がどれだけ現実の「姦通」の社会的顕在化を踏まえたものかは不明で、刑事法学者たちが自己の存在意義を示すために試みたフレームアップの可能性もある。ただ、当時の軍人の妻に政府や社会が向けていた不信や監視の視線をよく表すとはいえるだろう。

このほか、行政部会研究委員会では、「一、企業整備と遺族家族の援護」「二、軍属援護制度の整備拡充」の二点が議論された。紙幅の都合上要点のみを記すと、前者は軍事援護上の観点から軍需産業への転業を免れている軍人遺家族などの経営企業について、能率・戦力向上の観点から援護と転業を切り離すこと（要するに特別扱いせず転業させる）、後者は軍人家族のみであった軍事援護を、戦争遂行の観点から軍属家族にも拡充することをそれぞれ提唱している。

おわりに

一九四三・四四年の日本の法学者たちが軍事援護の改正について行った諸提言を概観してきた。出征軍人の妻の財産管理権拡大を示唆するなど、女性の権利拡大的な提言もあるいっぽうで、夫を失った妻の再婚抑制を唱えるなど、女性に対する監視強化的な内容も含んでいた。これらの提言は戦争末期の極端な戦局悪化のなかで実現されないまま、敗戦と一九四七年の姦通罪廃止・民法改正を迎えたと思われるが、軍事援護の究極の目的は前線将兵の士気維持、戦争遂行の円滑化にあったことをあらためて示した。とはいえ、刑事部会の提言が姦通罪の非親告罪化にまで踏み込むなど、学者たちが個々の軍人の利益・感情よりも法的・社会的秩序の維持を優先させていたのは、戦時社会に数多存在した矛盾の一部を浮き彫りにするようで興味深い。また、この議論は学術の戦争協力という観点からも注目される。

[文献・注]

(1) 利谷信義「戦時体制と家族」福島正夫編『家族 政策と法六 近代日本の家族政策と法』東京大学出版会、一九八四年、第Ⅶ章。早川紀代「家族法の改正―戦時および戦後」吉田裕編『日本の時代史二六 戦後改革と逆コース』吉川弘文館、二〇〇四年、第Ⅱ章。

(2) 戦死者遺族に国から支給される恩給扶助料、賜金などの取り分をめぐり、兵士の親や妻などのあいだで紛争が多発した。親(戸主)が民法の定める戸主の居所指定権を用い、実家に帰った妻に同居を勧告、従わなかったとして離籍する事例が多発した。このため一九四一年の民法改正で離籍には裁判所の許可を要するとした。

(3)「〝学〟となる『軍事援護』二十日に学会創立総会」『朝日新聞』一九四三年八月一八日付朝刊。

(4) 軍事援護学会『軍事援護学会会則』刊行年不明。

(5) 末弘嚴太郎「軍事援護学会の使命」『軍人援護』一九四四年、六巻一号、一二―一三頁。

（6）注（3）の報道には「大学の一講座としても準備が進められ、まづ近く東大に新講座として登場し、慶応大学ではすでに同講座を設け」云々とある。東大の講座設置が実現したかは不明。

（7）注（3）に同じ。

（8）軍事援護学会『秘 軍事援護学会法律委員会第一次研究報告 研究集録（一）』一九四四年。第二次以降の研究報告、研究集録（二）以降の研究集録の有無は不明。

（9）報告書冒頭の法律委員会委員長穂積重遠「軍事援護学会法律委員会経過」。

（10）部長は東京帝国大学名誉教授穂積重遠、委員は慶応大学教授今泉孝太郎、東京帝国大学助教授来栖三郎、慶応大学教授小池隆一、東京帝国大学教授末弘嚴太郎、早稲田大学教授外岡茂十郎、東北帝国大学教授中川善之助、明治大学教授野田孝明、弁護士薬師寺志光。

（11）一ノ瀬俊也『近代日本の徴兵制と社会』吉川弘文館、二〇〇四年、二七七頁。

（12）民法第一七条は、「夫ノ生死分明ナラサルトキ」「夫カ妻ヲ遺棄シタルトキ」などの場合は「妻ハ夫ノ許可ヲ受クルコトヲ要セス」と規定する。

（13）親権を行使する母が未成年の子にかわって「営業ヲ為スコト」「借財又ハ保証ヲ為スコト」などの行為を行う、または子がこれらを行うことに同意する場合は親族会の同意を要する旨を規定。

（14）ここまで引用した以外の法律委員会による提言は、題名のみを記す。「二、死後認知判決の効力を遡及せしむる規定を設くべし」「六、去家を扶助料を受くるの資格又は権利を失ふ原因とする制度を実質化すべし」「七、民法第九七二条の適用範圍を縮少すべし」「八、戸主権代行者制度を設くべし」「一〇、失踪宣告及び死亡認定の制度を整備すべし」「一一、遺族総代者制度を全面的に採用すべし」。

（15）部長は東京帝国大学教授小野清一郎、委員は大審院判事久礼田益喜、司法省行政局長正木亮、慶応大学教授永沢邦男、明治大学教授野田孝明、東京帝国大学名誉教授穂積重遠、控訴院判事安平政吉。

（16）穂積「軍事援護学会法律委員会経過」には「相当貴重なる部分――例へば刑法部会における安平判事の戦時犯罪の統計的調査、野田教授の少年不良化の実例的研究等――が割愛留保されねばならなかった」、報告書二三頁には「穂積委員長の一研究も亦割愛されねばならなくなつた」とある。理由は不明だが機密保持のためとも考えられる。

（17）その詳細は牧野雅子「戦時体制下における出征兵士の妻に対する姦通取締り」『ジェンダーと法』一一号、二〇一四年、一五四―一六七頁を参照。ただし軍事援護学会の議論には言及していない。

第8章

戦死者はどのように扱われたのか？
——日本における海外戦没者処理の展開

浜井和史

はじめに

アジア・太平洋戦争における日本人戦没者は約三一〇万人で、そのうち沖縄や硫黄島を含む「海外戦没者」は約二四〇万人とされている。これら海外戦没者のうち、約一一二万人の遺体や遺骨は現在も現地に残されたままとなっており、約三〇万人の海没遺骨と、中国をはじめとする相手国の事情により収容困難な約二三万人の遺骨を除いた約五九万人分の遺骨が、今日、収容可能と考えられている。

日本政府は戦後、サンフランシスコ講和の成立から現在に至るまで、海外の旧戦場に取り残されたこれらの遺骨を捜索・収容し、日本国内に送還する遺骨収集事業を実施している。戦没者の遺骨処理をめぐっては、今日の国際政治においても、人道上の観点からしばしば取り沙汰されている状況があり、たとえば二〇一八年六月の第一回米朝首脳会談で合意された共同声明では、朝鮮戦争におけるアメリカの戦死者の遺骨返還が合意項目の一つとして挙げられている。そして実際、これに基づいて五五人分の遺骨が北朝鮮からアメリカに返還されているが、その後、米朝関係がこじれたことによって、以降の遺骨返還は滞っている状況である。

このように、戦没者の扱いをめぐる問題は、外交上の問題として取り上げられることもしばしばあるといえるが、最近の米朝関係でもみられるように、あくまで、高度な政治関係（ハイ・ポリティクス）に従属するかたちで扱われているのが実態といえる。そして、戦後における日本の遺骨収集事業も、やはり、相手国との安定的な関係の枠内で実施されてきた。

本章は、明治期から戦後にかけて、日本がどのように海外戦没者の処理を行ってきたのかについてその経緯を明らかにするとともに、戦後における遺骨収集事業の特質と問題点について整理することを目的とする。

戦前期における海外戦没者処理

明治初期において日本国内では、戊辰戦争や西南戦争といった内戦が勃発した。これらの戦争で生じた戦没者の遺体は土葬が原則で、現地の戦場付近の寺院などに埋葬された。したがって、戊辰戦争や西南戦争の戦場となった地域周辺には、現在も当時建立された墓地が多数残されている。

その後、明治時代の後半において、日本は日清戦争や日露戦争といった本格的な対外戦争を通じて、戦没者処理の手続きを確立していった。とくに、日露戦争時に制定された「戦場掃除及戦死者埋葬規則」によって、収容された戦没者の遺体を現地で火葬し、その遺骨を本土に送還する方式が採用された。こうした方式がとられた理由としては、まず、戦地で流行した伝染病対策として、従来行われていた現地における土葬から火葬へと遺体の処理方法が転換したことが挙げられる。また、明治期以降の日本において、近代的家制度が確立するなかで、戦没者の遺族たちが、せめて遺骨だけでも家族と同じ墓（「家墓」）に納めたいという想いを強くしたことも重要な要因となっていた。一方で軍においては、そうした遺族の想いに応えることが、徴兵制度のもとでの安定的な軍隊組織の維持につながると考えられていた。国民の義務として徴兵にとられ、国家の命令によって理不尽にも命を落とさざるを得なかった国民に対する手当として、国家が兵士の死を丁重に扱わなければならないということは、日本のみならず、近代国家において広くみられた現象であったといえる。

実際、国際社会においても、戦場に斃れた戦没者をいかに適切に処理すべきかという問題に対する関心は、一八六四年のジュネーヴ会議のときから共有されており、その後の赤十字国際会議でも死者をめぐる問題がしばしば取り上げられていた。そうしたなかで各国は、自国の戦死者の取り扱いに関する規則を作成するようになっていったが、交戦相手国、すなわち敵国の死者に対しては配慮がなされていなかったために、戦場における掠奪行為など、死者の尊厳を損なうような行為が多発していた。掠奪や死体損壊などの行為は、戦争の歴史とともに古くから行われてきたと考えられるが、人道的な意識の高まりとともに、敵味方にかかわらず、交戦国が死者を保護する義務を負うべきという議論が一九世紀後半以降に浮上してきたということになる。

しかし、生きている傷病兵の保護とは異なり、現実問題として戦場に散乱する戦死者の遺体をすべて適切に処理することはそもそも困難な問題で、その重要性については認識しながらも、それを義務化することにはどの政府も躊躇せざるを得ないという事情があった。したがって、戦場における死者の取り扱いをめぐる問題は、国際会議の場で議論はされつつも、条約上の国際約束とすることは先送りされてきた経緯があった。

一方、明治政府はこうした欧米の議論に関する情報を随時入手しており、それが前述の「戦場掃除及戦死者埋葬規則」の制定につながった。さらにこの規則では「敵国軍隊」に所属する者の死体についても自国の軍隊と区別することなく「丁重」に処理することを定めており、日本はこれに基づいて、ロシア兵の戦死者を墓地に埋葬し、「旅順陣没露軍将卒之碑」を建立した。明治維新以降、文明国家を目指していた日本としては、国際規範を遵守するかたちで戦没者処理のルールを制定することが重視されていたといえる。

こうした日露戦争時の日本の対応は、一九〇六年に開催された赤十字国際会議で称賛され、この会議で成立したジュネーヴ条約の改正条約にて、初めて死者に関する規定が盛り込まれた。同条約第三条では、「各戦闘後戦場ノ占領者ハ傷者ヲ捜索シ且掠奪及虐待ニ対シ傷者及死者ヲ保護スルノ措置ヲ執ルヘシ」と規定されている。その後、この規定は第一次世界大戦で不十分ながらも実践されるようになり、さらにヴェルサイユ条約においては、フランスやベルギーなどの前線につくられたドイツ兵のための戦争墓地を各国政府が適切に維持するという義務が課せられることになった。

第一次世界大戦の経験を踏まえて、一九二九年にはジュネーヴ条約がさらに改正された。再改正後の条文では、戦闘終了後に戦場を捜索し、収容した戦傷者や死者の情報について、正確な記録を作成することが交戦者に義務づけられるようになった。とくに死者に関しては、「敬意」をもって埋葬し、その墳墓が「尊敬」され、維持されること、また後日遺体を掘り起こして改葬することを念頭に埋葬場所を正確に記録することが求められ、それらの情報は戦争終了後に交戦者の間で交換されることとされた。日本政府もこの改正条約に調印・批准しており、各国はこの条約が有効な状態で、第二次世界大戦に突入していくことになる。

さて、日清・日露戦争を経て確立した戦没者処理の体系は、満洲事変以降も基本的に維持された。写真8－1は、満洲事変時に、神戸の港に遺骨が到着し、軍人らによって抱えられた遺骨箱が整然と行進する様子であるが、こうした情景は一九三〇年代に入って多くみられるようになり、「遺骨の凱旋」あるいは「英霊の凱旋」として、新聞などに頻繁に掲載されるようになっていった。

しかし、規則に則った戦没者処理は、次第に実施困難な状況となった。とくに、一九三八年から翌年にかけて勃発した張鼓峰事件とノモンハン事件では、数千人にのぼる死者の遺体が収容されないという状況が生じている。

その影響もあり、一九四一年一月に出された「戦陣訓」では、「屍ヲ戦野ニ曝スハ固ヨリ軍人ノ覚悟ナリ　縦ヒ遺骨ノ還ラザルコトアルモ、敢テ意トセザル様予テ家人ニ含メ置クベシ」というように、遺骨が家族のもとに帰らない、すなわち、遺骨の「凱旋」が困難になったことを想定した文言が盛り込まれた。

そして、日米開戦後、とくに戦局が悪化した一九四三年のガダルカナル島からの撤退やアッツ島の「玉砕」などを境にして、もはや従来のような規則通りの遺体の処理方法が実施不可能な状況になり、戦没者の遺体の大部分が戦場にそのまま放置されることとなった。とはいえ、「遺骨の凱旋」ないし「英霊の凱旋」は戦死者の葬送儀礼にとって重要なプロセスの一部であり、それが失われるということは、国民の戦意喪失に直結すると考えられた。そこで、遺骨が帰らない状況に対して、軍への批判を避けるために、遺骨の代わりに戦場の石や砂、位牌などを納めた遺骨箱、いわゆる「空の遺骨箱」が遺族のもとに届けられるようになっていったのである。

この点に関して軍部は、一九四三年六月二七日付の新聞に陸海軍当局談を発表している。『読売新聞』の記事の見出しには「遺骨なき英霊の凱旋」とあるが、この当局談において軍は、もはや遺骨の帰還を保証できない状況であることを認めており、以後はそれを前提として、遺骨の代わりに土や砂などを遺骨箱に納めて遺族に届けるという手続きが戦没者処理の制度として確立されていった。こうして、戦場の砂や土を遺骨と読み替えることを遺族に強いる状況が生じ、実際の遺骨が入っていない遺骨箱のことを、遺族たちは「空の遺骨箱」として記憶

写真 8-1　満洲事変時の神戸における遺骨箱の行進（『朝日新聞』1931 年 12 月 17 日付）

していくことになる。そして遺族のもとには、戦時中だけではなく、戦争が終わった後も、「空の遺骨箱」が続々と届けられることになった。むしろ戦時中よりも、戦後の数年間に「空の遺骨箱」が届いたというケースが多く、敗戦から間もない日本政府は、遺骨帰還の不可能性を前提に、「空の遺骨箱」を遺族に届けることで戦没者処理は完了したと認識するようになっていったのである。

戦後における遺骨収集事業

第二次世界大戦の終結後、交戦国間においては、ジュネーヴ条約に基づいて、各国が保有する戦没者情報の交換が行われたが、戦後における日本の海外戦没者処理もそうした文脈から始まった。

戦争が終結するとアメリカを中心とする占領軍は、日本政府に対して、日本が把握している連合国側の戦没者情報の提出を要求した。日本側には正確な記録は残されていなかったが、死亡した捕虜や墜落した米軍機に搭乗していた米兵の情報などを可能な限り調査し、占領軍に提出している。アメリカ軍はそれらの情報をもとに、日本側によって埋葬されるなどした遺体を発掘し、本国に送り返す作業を行った。

一方で、一九四六年以降には、連合国側が埋葬した日本軍将兵の情報が日本政府にもたらされた。占領期間中に連合国側からもたらされた埋葬情報は、全部で三万人以上にのぼる。これらの埋葬情報に関して日本政府は、GHQの助言に基づいて処理方針について検討したが、とくに進展がないままにサンフランシスコ講和を迎えることとなった。

この問題が具体的に動き出すきっかけとなったのが、一九五一年九月一〇日付の『朝日新聞』の記事であった。サンフランシスコ平和条約の調印を伝えた『朝日新聞』は、同じ日の紙面で、講和後に日本が取り組むべき課題として、「野ざらし」となっている遺骨の収容を促進すべきであるということを指摘した。そして、この記事をきっかけとして、国内において遺骨の収容・送還を訴える国内世論が盛り上がりをみせていくことになる。

こうした状況を受けて、一九五二年一月末から三月にかけて、日本政府はまず硫黄島と沖縄に遺骨調査団を派遣した。これらの地域はいずれもアメリカの管理下にあったが、この時期、メディアなどによって、至るところに遺骨が散乱しているということがセンセーショナルに国内に伝えられていた。沖縄では、実際には終戦直後から現地民による自発的な遺骨収集が行われていたのだが、そうした状況は本土側にはほとんど伝わっていなかった。したがって、戦没者の取り扱いが不適切であるとして現地の統治者であるアメリカへの批判が高まり、それが日米関係の将来に悪影響を及ぼしかねないことを憂慮したアメリカ側から、グアム・サイパンを含む太平洋諸島の遺骨処理について日本側に打診がなされることになった。これを受けて日本政府は、一九五二年四月の平和条約発効前後から、海外戦没者処理に向けての具体的な検討を開始し、まずは太平洋諸島における戦没者の遺骨処理に関する日米交渉が行われた。そしてこの交渉の結果、アメリカ側の要請に基づいて、日本政府は「象徴遺骨」の収容という方針を採用することとなったのである。

「象徴遺骨」の収容とは、すべての遺骨を捜索して発掘・収容し、国内に持ち帰ってくるのではなく、各戦場に散在する一部の遺骨を持ち帰ってくることで、戦場全体の遺骨を持ち帰ったとみなす方針のことをいう。講和後の日本は、この「象徴遺骨」の収容という基本方針のもとで、アメリカやイギリス、オーストラリアなどの関係国と交渉を行い、合意が得られた後に、一九五三年から一九五八年にかけて、太平洋諸島のほか、東部ニューギニアや西部ニューギニア、またビルマやインド、フィリピンなどの主要戦場に各一回の遺骨収集団を派遣した。この遺骨収集団によって収容・送還された「象徴遺骨」は、基本的には誰のものかわからない氏名不詳の遺骨であったことから、日本政府は一九五九年に千鳥ケ淵戦没者墓苑を設立して、遺族に引き渡すことのできない遺骨をそこに納めることとした。この戦没者墓苑には現在、約三七万人分の遺骨が納められている。

以上のような一九五〇年代における遺骨収集団の派遣は、まだ経済復興の途上にあった当時の日本において、限られた予算と人員という制約のなかで実施されたものであり、「象徴遺骨」の収容というやり方は、広大な地域に散在する遺骨を収容するにあたって、現実的な方策であったといえる。またこの遺骨収集団の派遣は、遺骨の早期収容を強く願う遺族や戦友たちの要望をある程度満たす役割を果たすことになった。すなわち、約一万二〇〇〇人分の遺骨を収容し、各地に「戦没日本人之碑」という碑を建立して追悼式を実施するなど、少なからぬ成果を挙げたといえる（写真8－2）。これらの遺骨収集団の現地での動向はマスコミによって大きく取り上げられ、帰国時には大勢の国民が出迎える「賑やかな帰還」となった。

写真8-2　遺骨収集団と「戦没日本人之碑」（サイパン、1953年2月20日 米軍撮影）

そうした点を考慮すると、一九五〇年代における遺骨収集団の派遣は、海外戦没者処理という点では、一定の社会的役割を果たしたものと評価することができる。ただし問題は、これらの遺骨収集団を各地域に一回ずつ派遣し、それが終了した段階で、ソ連など一部の地域を除いて南方地域の遺骨処理は「一応終了」したという認識を政府が示したことにあった。というのも、「象徴遺骨」の収容方式では当然現地にはなお多数の遺骨が残されたままになっていたのであり、政府としては将来、経済力などの事情が許すようになった際にあらためてそれらの遺骨処理を行うことを前提として、「象徴遺骨」方式を導入した経緯があった。しかし、次第に政府内では、この方式でもって遺骨収集事業全体が終了したとみなすことが既定方針になっていったのである。

こうして、海外戦没者の処理問題に対して政府が門を閉ざす一方で、一九六四年に日本人の海外渡航が自由化されたことによって、戦没者の遺族や戦友たちが旧戦場を訪問するということが活発に行われるようになった。
そうしたなか、現地にはまだたくさんの戦没者の遺骨が散乱していることが明らかとなり、その状況はメディアなどを通じてセンセーショナルに国内に伝えられた（図８－１）。海外戦没者の状況が、より衝撃的なかたちで可視化されたのである。こうして、戦没者の遺骨を「野ざらし」にしている、適切に処理していない、という国民からの批判の声が高まったことによって、政府は一九六七年度から「国の責任」による遺骨収集団の派遣を再開することになった。

遺骨収集を再開した日本政府は、これを「国の責任」として行うことを強調したが、そこには、そうせざるを得ない事情があった。というのも、現地を訪れた遺族や戦友たち、すなわち日本の民間人が独自に遺骨収集を始めてしまい、その結果、現地でのトラブルが多発していたのである。そこで、アメリカをはじめ現地政府からの要請を踏まえて、遺骨収集は民間ではなく、あくまで「国の責任」において実施することをあらためて政府間で確認したうえで、遺骨収集団の派遣が再開されたという経緯があった。

5万の遺体、玉砕のまま
21年たったサイパン島
荒れ果て、戦跡に散乱
南太平洋戦没者慰霊団帰る　百体と遺品もって
早く政府の収骨団を
岩も砕けよと泣く
あなたの骨はどれなの！

図8-1　旧戦場に戦没者の遺骨が残されていることを伝える記事（『朝日新聞』1965年8月8日付）

その後、一九六七年度に開始された計画的な遺骨収集事業は、戦後三〇年にあたる一九七五年に終了したが、現地にはまだ多数の遺骨が残されていた。そこでそれ以降は、「補完的遺骨収集」という位置づけにより、確実な遺骨の存在情報が確認され次第、日本政府が遺骨収集団を派遣するというかたちで、事業が続けられることとなった。また政府はこれと並行して、一九七〇年代以降において、政府が遺族たちの旅費の一部を負担する慰霊巡拝事業や、海外の戦場に慰霊碑を建立するなどの事業も進めている。

一九九一年のソ連崩壊後は、シベリア抑留死者を中心に、ロシアやモンゴル地方における遺骨収集や、慰霊碑の建立も開始された。こうした新しい動きもあるなかで、現在も基本的には、「補完的遺骨収集」という考え方の延長線上で事業が行われている。なお、二〇一六年に「遺骨収集推進法」というこの事業に関する法律が初めて成立し、二〇二四年度までを集中実施期間に設定して、予算や人員体制を拡充して集中的に事業に取り組んでいる状況である。

遺骨収集事業の特質と問題点

以上の経緯を踏まえて、遺骨収集事業の特質と問題点は何かを整理したい。

まず挙げられるのは、基本的にこの事業は日本政府のなかでも、旧陸海軍の事務を継承した厚生省（厚生労働省）を主管官庁とし、その援護政策の枠組みのなかで実施されてきたものであり、遺族感情を慰める（「慰藉」する）ことが事業の主たる目的であったという点である。したがって、この事業は、政府が積極的に実施してきたというよりも、むしろ遺族や国民の声に押されるかたちで、受動的かつ消極的に行われてきたといえる。

一方で、「象徴遺骨」という考え方にも示されるように、国家による戦没者の徹底的な捜索や個人識別、遺族への遺骨の返還といったことに対する意識は限定的であった。遺骨のＤＮＡ鑑定は二〇〇三年度から開始されたが、鑑定実施までのハードルが高く、遺族の鑑定希望がかなえられない状況が続いた。また、収容された遺骨がいったい誰の遺骨であるか、という個人を特定する努力が追求されずに、現地で火葬して遺骨を持ち帰ってくるということが事業の当初から慣例として行われていた。

現地で火葬することは、遺族の要望に応える処理方法として行われていたが、収容された遺体や遺骨のなかには現地の人のものが混じっているかもしれず、あるいは別の国籍の人の遺骨である可能性もあった。しかしそのことについて、厳密に科学的手法を用いて識別することなく、一日でも早く遺骨を持ち帰りたいという遺族たちの心情を優先して、この事業は行われてきた。

この点に関しては、二〇一九年にシベリア抑留死者とされる遺骨のなかに日本人以外の遺骨が多数含まれていたということで、大きな問題となった。その結果、二〇二〇年からは、現地で火葬せずにまずＤＮＡ鑑定の検体となる遺骨を持ち帰ることが新たな手順として取り入れられている。また、ＤＮＡ鑑定実施の条件も緩和された。しかし、それ以前の個人特定努力の不十分性によって、遺骨収集の対象として包摂すべき存在や、あるいは除外すべき存在への視点を欠いたまま事業が続けられてきたことにより、千鳥ヶ淵戦没者墓苑には、日本人以外の遺骨が、日本人戦没者として納められている可能性は否定できないといえよう。

もう一つの問題として、遺骨収集事業は、敗戦国、侵略国である日本がかつての戦場に人員を派遣する方式で進められた活動であるが、収集団と現地住民との摩擦やトラブルが頻発していたことが挙げられる。遺骨収集は「内向き」の活動となりやすく、たとえば収集団に参加したかつての戦友たちが旧日本軍の制服と似たようなものを身につけて活動を行い、問題になったこともあった。その意味で遺骨収集は、現地において過去の「戦禍の記憶」を想起させるイベントでもあったといえる。したがって、この事業は政府レベルによる管理が必要であるという認識が強く示されることになり、そうした文脈において「国の責任」が強調されるようになったのである。そして日本政府の管理による遺骨収集と慰霊碑の建立などによって、少なくとも政府レベルでは現地との安定的な関係性の実現を志向していったことが、この事業の特徴として挙げられる。

おわりに

現在も数多くの海外戦没者の遺骨が現地に残されている状況に鑑み、これら戦没者の遺骨をどのように扱っていくべきかは、未完の戦後処理問題として、今後も日本社会が向き合っていかなければならない課題であるといえる。今日、遺骨収集活動の主体になっているのは、戦争とは直接関係のない世代や学生ボランティアなどであるが、戦後生まれの日本人が人口の八五％を占める現状において、遺族たちに対する「慰藉」を超えて、それぞれの立場で、なぜ遺骨収集を行わなければならないのか、という問いに立ち返って考える必要がある。もちろん、戦後七五年以上を経過した今日において、本土から遠く離れた異国の地に眠る海外戦没者について、あらためて国民の関心を集めることは非常に困難な状況である。しかし、たとえば、これまでに政府が蓄積した戦没者に関する位置データ等を地図情報とともにウェブ上で公表するといった最新の技術を駆使した手法で海外戦没者の存在を可視化することによって、なぜそのような場所に多数の日本人戦没者の痕跡が存在しているのかを考えるきっかけを創り出すことは可能であるといえよう。その意味で、過去の遺骨収集事業を見直し、現在の状況を広く共有する試みは、将来的な「戦争の記憶」の継承につながる作業と捉えることができるだろう。

また、遺骨収集事業は今後、日本一国だけの問題ではなく、アメリカや韓国など関係各国とも連携しながら取り組んでいく必要があると考えられる。すでに、ギルバート諸島のタラワでは朝鮮人軍属の遺骨が収容され、そのＤＮＡ鑑定には日本とアメリカ、韓国が関与している。また沖縄では、日本と台湾、韓国などの若者たちの共同作業による遺骨収容の取り組みなども行われている。

その意味では、勝者か敗者かにかかわらず、関係する戦没者を可能な限り適切に処理すべき、という二〇世紀初頭にジュネーヴ条約によって成立した国際規範に立ち返って考えると、遺骨収集、あるいは遺骨のＤＮＡ鑑定といった問題には、国際的な連携を可能にする要素が含まれているように思われる。とくにＤＮＡ鑑定に関して日本の技術は進んでおり、そうした情報を国際的に共有する道を今後積極的に探っていく必要があるといえよう。「はじめに」で触れた米朝会談に限らず、朝鮮戦争やベトナム戦争やボスニア・ヘルツェゴヴィナの内戦などにおいても遺骨の返還やＤＮＡ鑑定の取り組みが行われている。アジア・太平洋戦争にとどまらず、そうした事例を幅広く検討することによって、戦没者の適切な処理といった問題領域には、新たな国際連携に至る基盤の醸成という可能性を見出すことができるといえよう。ウクライナの戦争に象徴されるように、人類社会はなお戦争と向き合っていかなければならない状況であるが、そうしたなかで、戦没者の遺骨処理に関するさまざまな面での国際的な情報共有や連携は、新しい国際協力のかたち、枠組みを生み出し、その存在が将来における戦争の抑止にもつながっていくと考えられるのではないだろうか。

［参考文献］

一ノ瀬俊也『銃後の社会史―戦死者と遺族』吉川弘文館、二〇〇五年。

長志珠絵『占領期・占領空間と戦争の記憶』有志舎、二〇一三年。

キース・L・カマチョ（西村明、町泰樹訳）『戦禍を記念する―グアム・サイパンの歴史と記憶』岩波書店、二〇一六年。

北村毅『死者たちの戦後誌―沖縄戦跡をめぐる人びとの記憶』御茶の水書房、二〇〇九年。

栗原俊雄『遺骨―戦没者三一〇万人の戦後史』岩波新書、二〇一五年。

中野聡「追悼の政治―戦没者慰霊をめぐる第二次世界大戦後の日本・フィリピン関係史」池端雪浦、リディア・N・ユー・ホセ編『近現代日本・フィリピン関係史』岩波書店、二〇〇四年、三六七―四〇八頁。

中山郁「東部ニューギニア地域における遺骨収集と慰霊巡拝の展開」『軍事史学』四七巻三号、二〇一一年、七五―九四頁。

中山郁「陸軍における戦場慰霊と『英霊』観」國學院大學研究開発推進センター編『昭和前期の神道と社会』弘文堂、二〇一六年、五八五―六一一頁。

中山郁「遺骨収集の『再開』と戦友会―東部ニューギニア戦友会の活動を中心として」『戦争社会学研究二―戦争映画の社会

学』みずき書林、二〇一八年、一六一―一八〇頁。

波平恵美子『日本人の死のかたち―伝統儀礼から靖国まで』朝日選書、二〇〇四年。

楢崎修一郎『骨が語る兵士の最期―太平洋戦争・戦没者遺骨収集の真実』筑摩選書、二〇一八年。

西村明「遺骨への想い、戦地への想い―戦死者と生存者たちの戦後」『国立歴史民俗博物館研究報告』一四七集、二〇〇八年、七七―九一頁。

浜井和史『海外戦没者の戦後史―遺骨帰還と慰霊』吉川弘文館、二〇一四年。

浜井和史『戦没者遺骨収集と戦後日本』吉川弘文館、二〇二一年。

原田敬一『兵士はどこへ行った―軍用墓地と国民国家』有志舎、二〇一三年。

福間良明「『社』と『骨』の闘争―靖国神社・千鳥ヶ淵戦没者墓苑と『戦没者のシンボル』の不成立」『京都メディア史研究年報』一号、二〇一五年、一四―四一頁。

増田弘編著『大日本帝国の崩壊と引揚・復員』慶應義塾大学出版会、二〇一二年。

第9章 追悼の形式
——悲劇的な出来事と文化的トラウマ

栗津賢太

はじめに

近代戦争によって発生した大量死に対応するために、国家的な追悼の形式が生み出された。本章ではイギリスと日本の事例をもとに、その歴史的な過程を確認し、国家儀礼として生み出された追悼の形式がいかに特定の地域を越えて定着していったのかについて、社会学的な考察を行う。

マス・デス（大量死）のインパクト

第一次世界大戦は大戦争（the Great War）と呼ばれているように、近代国家としてのイギリスが経験した初めての大戦争であった。徴兵制の導入に踏み切った初の戦争であり[1]、七四万五〇〇〇人のイギリス軍兵士の戦死者を出した[2]。これは全兵士の一〇%に当たり、八五九〇人（五%）の戦死者、七万五〇〇〇人の戦傷者を出したボーア戦争に比べて戦死率は倍増している。

表9－1に示したように、英領を含めた全戦死者は九〇万人を超え、戦傷者は二〇〇万人を超えている[3]。戦争による食糧不足などによって死亡した民間人犠牲者は一〇万九〇〇〇人を超えた。これに加えて一九一八年から一九年にかけてのインフルエンザのパンデミック（いわゆる「スペイン風邪」）による死者も一〇万人を超えており[4]、人口構成体に深刻な影響を及ぼした。歴史考古学者のサラ・ターロウ（Sarah Tarlow）は、全世代の人口が三分の一にまで減少したとすら述べている[5]。スペイン風邪の感染は、最初にアメリカで確認され、その後ヨーロッパ戦線に送り込まれた兵士たちを媒介して瞬く間に地球規模に拡大した。立川昭二はスペイン風邪の流行について「かつての黒死病の惨禍を想起させるような大きな災厄」であったと述べている[6]。世界大戦と相まって、地球規模で膨大な死者が発生したのである。こうした惨禍の後、国家や社会がそれらに対応するため新しい追悼の形式が生み出された。

戦争記念碑（War Memorials）

イギリスでは一一月が近くなると、退役軍人やその家族の福祉のため、全国で募金を呼びかけ、募金をたし

表 9-1　第一次世界大戦におけるイギリス軍戦死者数（文献３）

国籍	戦死者数			戦傷者数			捕虜数		
	将校・士官	兵士	計	将校・士官	兵士	計	将校・士官	兵士	計
ブリテン諸島	37,452	664,958	702,410	79,445	1,583,180	1,662,625	6,482	163,907	170,389
イギリス領インド帝国 イギリス	1,382	1,011	2,393	1,733	592	2,325	172	52	224
イギリス領インド帝国 インド	904	61,152	62,056	1,680	65,209	66,889	258	10,812	11,070
カナダ自治領	2,887	53,752	56,639	6,347	143,385	149,732	236	3,493	3,729
英連邦オーストラリア	2,862	56,468	59,330	6,304	145,867	152,171	173	3,911	4,084
ニュージーランド自治領	735	15,976	16,711	1,724	39,593	41,317	10	488	498
南アフリカ連邦	336	6,785	7,121	569	11,460	12,029	70	1,468	1,538
ニューファウンドランド	54	1,150	1,204	65	2,249	2,314	6	144	150
その他の植民地	91	416	507	158	652	810			
計	46,703	861,668	908,371	98,025	1,992,187	2,090,212	7,407	184,275	191,682

るしに赤いケシの造花（red poppy）を胸につける習慣がある。由来は、第一次世界大戦の激戦地であったフランドル地方にたくさんのケシの花が咲いていたことによる。地中にあったケシの種子が、当時の塹壕戦によって掘り返され、活性化したのである。また赤い色は兵士の血によって染まったとも、若くして命を落とした兵士たちが切り取られた花にたとえられているともいわれている。こうした募金活動や地方における追悼式は、イギリス全土に支所をもつ退役軍人支援機関であるロイヤル・ブリティッシュ・リージョン（The Royal British Legion）が行っている。

現在、戦没兵士追悼式は一一月一一日に最も近い日曜日に行われる。それゆえこの日は「追悼の日曜日（Remembrance Sunday）」とも呼ばれる。この記念日は第一次世界大戦の停戦が発効した日（Armistice Day）を停戦記念日とし戦没者を追悼するための日として出発したが、後に第二次世界大戦以降から現在にいたるすべての戦争の戦没者たちを追悼するものとなった。当日の一一時には全国でいっせいにツー・ミニッツ・サイレンスと呼ばれる二分間の黙祷が行われる。この国家儀礼では、イギリスの中枢であるロンドンのホワイトホール（官公庁街）にあるセノ

Veterans from all Services march past the Cenotaph in London on Remembrance Sunday in 2010. Author: POA(Phot) Mez Merrill. Open Government License. (https://commons.wikimedia.org/wiki/File:Veterans_March_Past_the_Cenotaph_London_During_Remembrance_Sunday_Service_MOD_45152053.jpg)

写真9-1　戦没兵士追悼式の様子とセノタフ（ロンドン）

タフ（the Cenotaph）と呼ばれる戦争記念碑が、中心的な役割を担っている（写真9－1）。記念碑の前に、国王をはじめ首相、国教会主教などの各界指導者が一堂に会し、国王がその記念碑に花束を捧げる儀礼が厳粛に行われる。[7] こうした首都にて行われる儀式と平行して全国の町や村にある地元の犠牲者の記念碑に造花のケシの花を捧げる儀礼が行われる。この儀礼は王室と国家、中央と地方、同胞意識と犠牲者の存在というナショナリズムの重要な特性である同時的連続性を構成する国家儀礼である。[8]

セノタフ（cenotaph）は「空の墓（empty tomb）」を意味するギリシア語 kenotaphion に由来する。別の場所、外国などに葬られた人を記念する墓碑である。cenotaph 自体は記念碑を指す一般語の一つであるが、ロンドンのホワイトホールにあるこれはとくに定冠詞 The をつけ、キャピタライズ（語頭の大文字化）して区別されており、現代イギリスではもっぱらロンドンにある戦争記念碑を指す。[9]

これはエドウィン・ラティンズ（Sir Edwin Lutyens）によって設計され一九二〇年に完成したものである。彼は第一次世界大戦後、帝国戦争墓地委員会のデザイナーとなり、「追悼の石（Stone of Remembrance）」（写真9－2）などを手がけ、一九一八年にナイトの称号を受けた。また、植民地インドの首都デリーの設計等も行っている。[10]

セノタフの意匠（design）、設置位置などは内閣で議論された。それが式典の行進のルート上にあること、キリスト教のシンボルであることを一切表現せず、それでいて死者の冒瀆とはならないような厳格で簡潔な意匠であることなどが周到に考えられていたのである。こうした要求にこたえるものとして、ラティンズの作品が採用された。碑銘には「栄光ある死者（The Glorious Dead）」と刻され、大英帝国のすべての戦没者を一括して記念するものとされた[11]。

イギリスでは地方のどんな小さな町や村に行っても、その中心地、あるいは教会には必ずといってよいほど戦争記念碑が存在する。これらイギリスにおける戦争記念碑は、第一次世界大戦の戦没者を追悼し、後にそれ以降の戦没者が付け加えられる形をとっているものがほとんどである。

地方における戦争記念碑にはさまざまな形態があるが、後述するように遺体や遺骨は安置されていない。そこには名簿が納められているか、あるいは碑の台座や壁面に名前が刻まれているだけである。町や村の中心にあるこうした記念碑を中心にして地方の追悼式は行われる[12]。

Nederlands: Gedenksteen met de inscriptie: Their name liveth for evermore. English: Memorial stone with the inscription: Their name liveth for evermore. This is an image of a war memorial in the Netherlands, number: 722. Date: 24 April 2014, 12:51:00. Author: Gertjan Schutten.（https://commons.wikimedia.org/wiki/File:Gedenksteen_-_Holten_Canadian_War_Cemetery.JPG）

写真 9-2　英連邦戦争墓地における追悼の石

英連邦戦争墓地

イギリスおよび英連邦（the Commonwealth）諸国では戦没者は死亡した地に葬る習慣がある[13]。キリスト教における伝統的な死生観では死後の復活を認めることから葬儀には遺体の埋葬が不可欠であったが、英連邦諸国の場合は母国へ引き揚げずに戦場に遺体を埋葬している。ウェストミンスター寺院にある無名戦士の墓に納められた遺体は象徴的に引き揚げられたものであり、実際には兵士たちの遺体は国外にある墓地に埋葬されている。各戦地にこうした戦争墓地が存在しており、実に一四三ヵ国、二五〇〇ヵ所にのぼる（日本には保土ヶ谷にある）。現在こうした墓地の管理運営は英連邦戦争墓地委員会（The Commonwealth War Grave Committee）が行っている。

遺体を戦地から引き揚げず、戦地での埋葬を永続化するという方針はこの組織の前身である帝国戦争墓地委員会（The Imperial War Grave Committee）が提唱したものであり、それまでのイギリスにはみられなかった死者の扱いであった。すでに一九一五年三月には、大戦時の連合軍最高司令官（headed Allied armies）であったフランス人のジョセフ・ジョッフル元帥（Joseph Jacques Césaire Joffre）により戦時中は遺体発掘が禁止されていた。つまり委員会は特定の戦争墓地を定め、この方針を永続化したのである。

この方針は当時の内閣によっても支持された。それは衛生的および経済的見地からであった。遺体の送還の経済的負担を個人によるものとするならば、富裕層だけが肉親の遺体を取り戻すことができるということになり、必然的に貧富の差が歴然となってしまうからである[14]。また、帝国戦争墓地における象徴的構造物は、死の平等を示すため、いずれも厳密に規格化され、さらに特定の宗教を明示しない簡潔かつ重厚な意匠が意識的に採択されている。

黙祷儀礼[15]

一九一二年四月のタイタニック号沈没事故の犠牲者や、第一次世界大戦の激戦地であったフランス戦線の各地では戦没者たちの追悼のため、小規模に、また宗教的な意味を込めて黙祷が行われていたとされる[16]。しかし、今目的な形の黙祷は第一次世界大戦後のイギリスで始まる。大戦の戦闘が終わったとされる一一月一一日一一時が戦没兵士追悼記念日と定められ、何らかの敬意の表し方が当時の内閣では議論されていた。

一九一九年一〇月一五日にパーシー・フィッツパトリック（Sir Percy Fitzpatrick）からのメモが内閣へ提出された。フィッツパトリックは、戦時中、南アフリカの高等顧問であり、メモは、彼が現地で経験した「三分間の中断（pause）」と呼ばれる儀礼の利用を提案していた。この提案は、同日の同時刻に帝国中の国民が各自で実行できるような単純で簡潔な儀礼であり、兵士たちへの尊敬の念はいかなる言葉によっても表現され尽くせないということからも支持された。そしてイギリスでの独自性が考慮され、「三分では長すぎるし、一分では、すでにアメリカ合衆国のルーズベルト大統領の葬儀に前例がある」ことから、黙祷は二分間とされた。式典直前の一一月七日、すべての新聞紙上で国王からの要請として、この新しい儀礼は発表され、実施された(17)。

近年、南アフリカの地方史家J.C. Abrahams（Tannie Mossie）の研究によって、ツー・ミニッツ・サイレンスのもととなった南アフリカの事例が紹介され、その起源が明らかとなった。フィッツパトリックの提案にあった「三分間の中断」とは、英領南アフリカのケープタウンの市長であったハリー・ハンズ（Sir Harry Hands）の創案によるものである。ハンズはフランス戦線で長男を失っており、息子を含む戦没兵士のための追悼と何らかの敬意の表し方を模索していた。この儀礼の発想のもととなったのはカトリックの伝統である「アンゲルスの祈り（the Angeles prayer）」であった。日本ではお告げの祈りとして知られる日々の活動を中断して行う沈黙の祈りである。ミレーの有名な絵画である「晩鐘」に、そのモチーフは描かれている。教会は「お告げの祈り」のために、午前六時、正午、午後六時に鐘を鳴らし、夕方の鐘を聞いた農夫が祈りを捧げている(18)。

また、ケープタウンでは、植民地時代から正午を告げる時報として「正午の砲声（Noon Gun）」が海軍によって行われていた。これを合図として、交通機関をはじめ、人々はすべての昼間の活動を中断し、三分間の追悼の儀礼を行うことが提案され、実行されたのである。三分間のうちの最初の一分間は生還した兵士たちに感謝を捧げるため、残る二分間は戦死者たちのために祈りを捧げるという意義をもっていた。

一九一八年五月一三日、『ケープ・タイムズ』紙上で翌日の火曜日から実施することが発表された。しかし、実際に行ってみるとやはり三分間は長すぎるということで、翌々日の一五日には二分間にする旨が発表された。この儀礼は一九一九年一月一七日まで毎日続けられた。(19)

もう一つの先例は、一九一九年一月七日にニューヨークで行われたセオドア・ルーズベルト大統領の葬儀である。ニューヨークではルーズベルト大統領への「尊敬の念を示す（mark of respect）」ため葬儀の時間に合わせて一分間の黙祷が行われ、(20)ニューヨーク株式市場も休場した。(21)また、この黙祷は各州で行われ、イリノイ中心部では、一一時四五分から五〇分までの間、すべての列車が五分間停止し、(22)シカゴでは、通りのすべての車も五分間停止した。(23)

日本への導入

イギリスで行われた初めての二分間の黙祷の様子は、「全市死せるが如き光景／休戦記念日の二分時黙祷」と題して日本の新聞でも報じられた。(24)記事では、「轟然たる信号花火の爆声」を合図とし、全市民は「立所に停止し車馬は悉く進行を止めたり」と描写されている。

黙祷の日本への導入は、一九二一年五月に裕仁親王（後の昭和天皇）がイギリス王室を表敬訪問した際、現地の無名戦士の墓や戦争記念碑であるセノタフを訪れたときの経験がもとになっていると考えられる。(25)『昭和天皇実録』には、イギリスに到着した日の午後一時三〇分からバッキンガム宮殿にて催された歓迎の非公式午餐の様子が記されている。この席上、皇太子は訪問の目的の一つに「世界大戦の戦跡弔訪、連合国軍の事績討究、大戦の結果社会各方面に勃興した新趨勢を視察すること」を挙げている。午餐終了後、午後四時過ぎには「ホワイトホールの忠魂碑セノタフ」へ花輪《リース》を捧げ、その後、ウェストミンスター寺院を訪問している[26]。
ヨーロッパ訪問から二年後、一九二三（大正一二）年九月一日、関東大震災が発生し、神奈川および東京を中心に、死者・行方不明者推定一〇万人を超える大量の犠牲者を出した。地震に伴い東京市（東京一五区）では広範囲で火災が発生した。震災の翌年である一九二四（大正一三）年、東京市では多くの死者を出した被服廠跡において一周忌の追悼行事が計画されていた。その機会に天皇皇后によって犠牲者に対して花輪が捧げられ、皇太子は東宮御所（現在の赤坂御苑）で皇室の儀礼としてイギリス式に「二分間」の黙祷を行った。市電をはじめとする交通も停止し、社寺は合図として太鼓や鐘を鳴らして、市民は一分間の黙祷を行った。震災犠牲者に対する、特定の宗教・宗派を明示しない形による弔意の表し方が初めて日本に導入されたのである[27]。

まず午前九時から府市主催罹災死亡者追悼式が行われた。この式は加藤高明内閣総理大臣をはじめ各大臣が出席し、宇佐美勝夫東京府知事、永田秀次郎東京市長などが弔辞を読み上げるだけの無宗教式で行われた。つぎに、午前一〇時より神式一年祭が執り行われた。そして、午後一一時五八分、工場のサイレンや社寺の鐘や太鼓の音とともに「市民黙祷」が実施され、最後に午後一時より仏教各宗派合同による仏式法要が行われた。無宗教式、神式、仏式をそれぞれ立て分け、間に黙祷を挟む形で行われたことが記録されている。黙祷は、それまでの仏式・神式いずれでもない、新しい追悼・弔意の表し方であった。

集合的行為としての「遥拝」

日本の文脈で考えると、黙祷という集団的な行為の形式には先行する事例があった。阪谷東京市長が提唱したといわれる明治天皇大喪における黙祷が「三分間稽《けい》首遥拝[28]」と称されていたことに着目すると、黙祷に先行する形態として遥拝があったと考えられるだろう。

大帝と呼ばれた明治天皇の遥拝式は各地で実施され、それは記録に残されている。国内のみならず、在外日本人のために、台湾、樺太、中国大陸、また船上でも行われた。その他、アメリカやイギリス、オーストラリアでも行われたことが記録されている。(29) また、大正天皇の大葬のときも海外において遥拝式が行われたことが記録されている。(30)

遥拝式とは、皇族の葬儀にあたって、各地に遥拝所を設置し、国民が遠くから拝礼する方式であり、これは英照皇太后(31)の大葬にあたってすでに実施されていた。陸軍では陸軍内に通達されたことが記録に残っている。(32)

こうした集合的な行為としての遥拝はいかなる形式で行われたのであろうか。これを規定していたのは軍隊および学校において定められた礼式であった。天皇および皇室に対する「最敬礼」という形式は一八九一（明治二四）年の文部省通達によって定められていた。これによって最敬礼がいかなる身体動作として行われるべきかの形式が定義されたのである。

昭和期に入ると、黙祷は靖国神社における春秋の例大祭、臨時大祭、あるいは陸海軍記念日において、次第に一般化し、定着していったが、集合的な儀礼としては先行していた遥拝と融合していった。これらの機会には神社境内だけではなく東京市中で市民に対し、あるいは学校で児童に対し、一定の時刻に黙祷に参加するよう呼びかけられていった。

対抗的記憶

前述したように、イギリス政府のとった戦没者の遺体を本国へ引き揚げない方針は遺族たちに動揺を与えていた。(33) その帰結としてナショナルな記憶に回収されない対抗的記憶と呼べるようなものをみることができる。その一つに「戦争祠（War Shrine）」と呼ばれる現象があった。前述したように戦死した兵士の遺体は現地にて仮埋葬される。その埋葬地には木製の十字架が立てられ、氏名や階級が記される。後に、戦争墓地委員会が墓地を整備し、墓石に替えられていったのだが、その際に不要となった当初の木製の十字架を本国へ送還し、遺族のもとへ返すという活動がリージョンによって行われていた。遺族たちはそれを地元の教会へ奉納することが多かったと思われる。そうした木製の十字架のために小さな祠が作られている。これらを戦争祠という。

また、この現地埋葬の方針は戦地巡礼の習慣を生み出した。未亡人や遺族たちはドーバー海峡を越えてベルギーやフランスの戦地へ渡り、戦没者家族の墓に詣でた。当時、海外はおろか、おそらくはその多くがみずからの生まれ育った町や村から出たこともない労働者階級の女性たちが数多く海を渡ったのである。これは戦地巡礼と呼ばれる[34]。

さらに、心霊主義の興隆が挙げられるだろう。交霊術と心霊写真、心霊主義協会の数は急激に増大した。これは日本の心霊主義にも影響を与えている。また、近年の研究によれば心霊主義は政治運動とも深くかかわっている。神智学協会がインド独立運動に深くかかわっていたように、本国では女性の権利の獲得を目指す運動ともかかわっており、セノタフを設計したラティンズの妻子もこの運動に深く関係していた[35]。

平和主義運動についても触れておく必要があるだろう。戦没兵士を象徴する赤いポピーに対して、白いポピーを用いる運動がある（写真9－3）。これは「平和

Artificial poppies left on the Waitati cenotaph on Anzac Day 2009. Most are poppies of the Royal New Zealand returned and Services Association Inc. The white one is promoted by ‘White Poppies for Peace’, a New Zealand peace group. Date: 25 April 2009. Author: Nankai.（https://commons.wikimedia.org/wiki/File:Anzac_poppies.JPG）

写真 9-3　赤いポピーの中の白いポピー

の誓い連盟（Peace Pledge Union）」による反戦平和教育運動で、一九三三年からアピール活動を行っており、戦間期である一九三〇年代にピークを迎えた(36)。英連邦以外のすべての犠牲者の追悼、日常生活におけるミリタリズムに反対を唱える団体である(37)。

むすびにかえて——社会的危機と儀礼

駆け足で戦争が生み出した新しい国家儀礼の展開についてみてきた。それにしても、近代国家はなぜ、多くの資源や労力を費やして国家儀礼を行うのだろうか。

社会学や文化人類学において、宗教や儀礼は、その社会の根本的な存立を支える重要なものとして認識されてきた。通過儀礼のように、葬送儀礼はさまざまな意味や機能をもつが、その核にあるのは共同体のメンバーを失ってしまったこと、亀裂の入った社会を再び縫い合わせるような修復の儀礼であろう。

弔砲や儀仗兵による堵列《とれつ》、国旗によって棺を包むことなど、国家儀礼においては軍隊のプレゼンスが多くみられる。これはナポレオン戦争や王政復古期のイギリスに淵源があるといわれるが(38)、ある意味でそれは国家の本質をなすものである。ナショナリズムには、国家のための死が内包されている。国家儀礼はそのことがあらわになる局面であるともいえるだろう。

儀礼には、それ自体に純粋に科学的な意味はないし効果もない。ただし、その行為に込められた社会的・文化的な意味、あるいは宗教的な意味はある。また、その行為によってもたらされる社会学的・心理学的な効果がある。死者への敬意は何らかの儀礼行為によって、表現され実践される以外にありようがないからである。

儀礼は、単なる過去の残存物ではない点は強調しておくべきであろう(39)。みずからを世俗的な生活を送っていると考えている現代人であっても、クリスマスや結婚記念日、あるいは誕生日を大切にしている人々もあるだろう。

教会の典礼や寺院での供養、神社での祝祭、個人的家庭的な儀礼は人生に意味と色彩を与える。通過儀礼や人生儀礼、あるいは記念日を祝うことなどは、自分たちが人生の段階を踏んでいること、歳月を重ねていることを確認し、その事実性を確定することであろう。家族としてのアイデンティティを確認し、愛情や関係性の永続性を表現するとともに、それを担保しようとする行為である。

きわめて古く見える儀礼であっても、さかのぼれば実際の成立がきわめて新しいものであるということは往々にしてあるが、それでも儀礼には過去からの永続性をもつ独特な雰囲気がある。そこには時間が凝縮されている。記念碑は、過去からの連続性とそれが未来へ受け継がれるものである（あるいはそうあるべきである）という認知的な志向性をもっている。墓碑や記念碑が、多くの場合、石によって作られているのは有機体としての人間よりも永続性をもつものであるからである。それは時間の経過に対して、生物有機体的な個々の人間よりも永続性・持続性をもっている。簡単にいえば、それらが風雪に耐えるものであるからだ。記憶は物質性をもっている。

そしてナショナルな記憶に回収されない対抗的記憶と呼べるようなもの、ここでみたホワイト・ポピーのような対抗的な運動であっても、それは象徴と儀礼を伴った活動として表明されている。

［文献・注］

（1）小関隆『徴兵制と良心的兵役拒否―イギリスの第一次世界大戦経験』人文書院、二〇一〇年。
（2）Wilkinson, A.: Changing English Attitudes to Death in the Two World Wars. In: Jupp, P.C., Howarth, G.（eds.）: *The Changing Face of Death: Historical Accounts of Death and Disposal*. Macmillan, 1997, p.149.
（3）The War Office: Statistics of the Military Effort of the British Empire during the Great War 1914-1920. His Majesty's Stationary Office, 1922.
（4）Dumas, S., Vedel-Petersen, K.O., Westergaard, H.（eds）.: *Losses of Life Caused by War*. Clarendon Press, 1923.
（5）Tarlow, S.: *Bereavement and Commemoration: An Archaeology of Mortality*. Blackwell, 1999, pp.151-154.

（6）立川昭二『病気の社会史―文明に探る病因』日本放送出版協会、一九七一年。

（7）山中弘「イギリスにおける宗教と国家的アイデンティティ」中野毅、飯田剛史、山中弘編『宗教とナショナリズム』世界思想社、一九九七年、五一―七二頁。

（8）粟津賢太『記憶と追悼の宗教社会学―戦没者祭祀の成立と変容』北海道大学出版会、二〇一七年。

（9）'Cenotaph', Encyclopaedia Britannica.

（10）'Sir Edwin Lutyens', Encyclopaedia Britannica.

（11）King, A.: *Memorials of the Great War in Britain: The Symbolism and Politics of Remembrance*. Berg, 1998.

（12）歴史考古学者のジョナサン・トリッグ（Jonathan Trigg）によれば、戦争記念碑はコミュニティにおける記憶を保持する「風景」である。地方コミュニティに建設された戦争記念碑は「墓もなく、墓を訪問することもできない人々にとっては、死を悼むことを可能とするもの」であった。記念碑の建設は「大戦後のコミュニティの紐帯を再創造するもの」であり、碑に刻まれた戦没者の名前のリストは「戦死者を思い起こさせるのみならず、残された家族たちの名前をも想起させるもの」であると述べている。Trigg, J.: Memory and Memorial: A Study of Official and Military Commemoration of the Dead, and Family and Community Memory in Essex and East London. In: Pollard, T., Banks, I.（eds.）: *Scorched Earth: Studies in the Archaeology of Conflict*. Brill, 2007, pp.295-315.

（13）以下の記述についてはLloyd, D.W.: *Battlefield Tourism: Pilgrimage and the Commemoration of the Great War in Britain, Australia and Canada 1919-1939*. Berg, 1998. およびGregory, A.: *The Silence of Memory: Armistice Day 1919-1946*. Berg, 1994. に拠った。英連邦戦争墓地に関しては、Ward, G.K., Gibson, E.: *Courage Remembered*. HMSO, 1995. および同会発行のリーフレット The Commonwealth War Graves Commission. *THE WAR DEAD OF THE COMMONWEALTH: YOKOHAMA WAR CEMETERY YOKOHAMA CREMATION MEMORIAL JAPAN*, 2000. などに拠った。日本語として参照できるものとしては、中村伊作『悼惜之碑―欧州戦没将兵墓地を訪ねて』中央公論事業出版、一九八四年および郷友総合研究所英霊の慰霊顕彰研究委員会「英霊の慰霊顕彰に関する調査報告」郷友総合研究所『日本の安全と平和』社団法人日本郷友連盟、一九九八年が数少ない例である。

（14）この禁止にもかかわらず、社会的に権力をもつ者は肉親の遺体を取り戻していた。たとえばグラッドストーン元首相は孫の遺体を発掘させ、本国へ送還させている。中村、前掲書。

（15）黙祷についての詳細な議論については粟津賢太「なぜ私たちは黙祷するのか？―近代日本における黙祷儀礼の成立と変

容」蘭信三、石原俊、一ノ瀬俊也他編『変容する記憶と追悼（シリーズ戦争と社会五）』岩波書店、二〇二二年、二一五―二三六頁を参照。

（16）Maitland, S.: *A Book of Silence: A Journey in Search of the Pleasures and Powers of Silence.* Granta, 2009.

（17）Gregory, A., op.cit.

（18）ケープタウンにおける近年の研究によってかなりくわしい起源がわかるようになった。Abrahams, J.C.（Tannie Mossie）: Cape Town's WWI Mayor- Sir Harry Hands, 2015.（https://tanniemossie.files.wordpress.com/2015/04/cape-town_s-wwi-mayor-sir-harry-hands.pdf）［access on 9 Nov. 2016.］およびAbrahams, J.C.（Tannie Mossie）: Time from Africa: A Two-Minute Silent Pause to Remember. 11:00 on the 11th day of the 11th month, November. This is devoted booklet（of 44 pages）, Bloemfontein（South Africa）: Oranie Printers, second edition, 2000.

（19）'Pause for Remembrance', South Africa Yesterday, Reader's Digest Association South Africa Limited, 1981, p.299.

（20）Harrisburg Telegraph, 8 Jan 1919, Wed, Page 18.

（21）New-York Tribune, 8 Jan 1919, Wed, Page 4.

（22）The Decatur Daily Review, 8 Jan 1919, Wed, Page 10.

（23）The Bismarck Tribune, 7 Jan 1919, Tue, First Edition, Page 3.

（24）「一一日タイムス社発」『朝日新聞』一九一九年一一月一八日付。

（25）外務省記録「皇太子裕仁親王殿下御渡欧一件」『日本外交文書』大正十年第一冊上巻、一九七四年、五〇八―六五一頁。

（26）宮内庁編『昭和天皇実録　第三』東京書籍、二〇一五年、一二九―一七六頁。

（27）『朝日新聞』一九二四年八月二七日付。

（28）『朝日新聞』一九一二年九月八日付。「阪谷東京市長の提唱による東京市民は来る十三日夜　明治天皇の轜車青山葬場殿に着御式典御開始後鷹司祭官長誄詞奉読の時刻（尚未定追て確定せん）を期し東京全市民は各々其位置に起立し謹んで葬場殿の方向に向つて三分間稽首遥拝の禮を行ふべき事に決定せるが該遥拝の禮を在京一般学生に向つても行はしめては如何と頃日文部省に於ける学校長協議会に於て更に提案され文部省にても之を採用するに決したれば明後十日各学生監督者の決定と共に其旨をも示達さる、筈なりと」

（29）別記「内外遥拝の事」大阪朝日新聞社編『大喪儀記録』朝日新聞合資会社、一九一二年、三四二―三六九頁。

（30）外務大臣官房人事課『大正天皇大喪紀要』一九二七年、一四七頁。

（31）英照皇太后（一八三五―一八九七）：孝明天皇の女御。明治天皇の嫡母。旧名、九条夙子（くじょう　あさこ）。

（32）「英照皇太后大葬場祭」『官報』一八九七年一月二五日。

（33）以下の記述は粟津、前掲書、二〇一七年に依っている。

（34）Lloyd, D.W.: *Battlefield Tourism: Pilgrimage and the Commemoration of the Great War in Britain, Australia and Canada*. Berg, 1998.

（35）粟津、前掲書、二〇一七年。

（36）Gregory, A., op. cit., pp.149-183. 日本ではあまり取り上げられることはないが、中尾知代「ナショナリズムとＢＢＣ―ネーションとナレーション、対日戦争関連番組を軸にして」原麻里子、柴山哲也編『公共放送ＢＢＣの研究』ミネルヴァ書房、二〇一一年、一五二―一八〇頁等を参照。

（37）現在の活動、事業規模などについては団体のウェブサイトで確認することができる（https://www.ppu.org.uk/）［二〇二二年一〇月一四日取得］。

（38）U.S.Army Millitary District of Washington: CUSTOMS OF MILITARY FUNERALS.（https://www.mdwhome.mdw.army.mil/ceremonial-support/military-funerals）［二〇二二年一〇月一四日取得］

（39）Shils, E.: Ritual and Crisis. In: Shils, E.: *Center and Periphery: Essays in Macro-Sociology*. The University of Chicago Press, 1975.

第10章

戦後日本の「喪の不能」と神話的思考
――恥と罪悪感のあいだ

荻本　快

フロイトの「喪の作業」とミッチャーリヒの「喪の不能」

個人にとって大事な人や近親者を亡くしたとき、さまざまな文化や社会で喪の期間が設定されている。フロイトは「悲哀とメランコリー」(1)という論文の中で、喪の期間に故人の近親者や家族は、死者が生前に生きていたからこそ向けていたエネルギーつまりリビドーをその人から引き上げると述べた。有機的な存在であった個人が無に帰した、無機的になったことを受け入れる作業である。精神分析では「喪 mourning」――哀しむこと――と呼ばれている。喪の作業をおこなうために、私たちは遺体や遺骨、灰と対面することを通して、かつては有機的な存在だった愛する人が無機物となったことを確認し、時間をかけてその人の死を受け入れていく。

「喪の作業」に失敗すると、残された人はメランコリー状態になるといわれている。故人となった近親者や大事な人が亡くなったことを受け入れることができず、心の中が空っぽになったように感じられるのだ。人はときにその空虚を埋めようと、いろいろな心の操作をする。

ドイツの精神分析家であるミッチャーリヒ夫妻は、これを戦後ドイツ社会の分析へと応用し『喪の不能』という書籍を一九六七年に発表した[2]。一九五〇年代から六〇年代の西ドイツは経済復興の道を突き進み、復興は成功しつつあるように思われた。しかしミッチャーリヒ夫妻は、戦前から敗戦までの間ドイツ国民にとっての重要な対象であり、最高の権威であったアドルフ・ヒトラーの喪失を哀しむ作業がおこなわれていないことを指摘した。経済活動に躁的に邁進し、喪の作業を始めてもいないことで、西ドイツ国民は大戦中にドイツがヨーロッパでおこなった侵攻やホロコーストといった大量虐殺の罪に向き合うことができないでいると述べたのだ。このような構造は日本でも生じていて、現人神であった天皇が一九四六年一月一日に人間宣言をおこない、それに対する日本人の反応が「空白」であったこと[3]、その後にドイツと同じく日本も経済活動に邁進したことによって、現人神であった天皇を喪失したことを哀しめない「喪の不能」の状態が続いているように思われる[4][5]。

戦後日本の神話的思考——イザナキ・イザナミ神話より

オイゲン・コウ氏[6]は二〇二一年一一月二七日の講演の中で、拙論を引用しながら日本における「喪の不能」の問題を指摘している。拙論は、「喪の不能」によって罪悪感が抑圧されると論じたのだが、コウ氏はオーストラリアにおけるアボリジニのコミュニティが抱える集合的なトラウマの治療に携わった経験を参照しながら、コミュニティにおける喪の不能の背景に「恥」があることを指摘した。コウ氏は恥に着目し、筆者が罪悪感に着目している違いはあるが、恥も罪悪感のどちらも日本において神話化された後述する「イザナキ・イザナミの物語」

にみられる感情体験だと思われる。またコウ氏も筆者も戦後の日本において、喪の作業がおこなわれていないという見方で一致している。

精神分析家の北山修はこれまでも、『日本人の〈原罪〉』といった書籍の中で、日本社会や日本人の心的構造に影響を及ぼす根本的な物語（あるいは大きな物語）があって、それが日本社会や日本人に反復されているという基本仮説に基づき、古事記や物語を分析してきた[7][8]。北山はイザナキ・イザナミ神話のような神話にみられて現代にも続く行動様式を、「神話的思考」と呼んでいる[9]。イザナキ・イザナミ神話は、天皇の祖先とされた神に関する物語であり、その天皇を擁した明治維新以降の日本政府によって、正史として学校教育で教えられていた。全体主義的な政治主体が日本に一定期間続き、第二次世界大戦に与してからというもの、この物語が組み込まれた神話的思考が私たちの「社会的構造」と「精神内的構造」の両方に入り込み、日本人の心の構造に無意識的に大きな影響を与えている可能性がある。そしてまた、天皇を神格化するこの物語を尊ぶ思想へと回帰しようとする政治勢力が現在強い影響力をもっている[10][11]。

以下、北山と橋本[7]による古事記の紹介に基づき、イザナキ・イザナミ神話の概略を記す。

> 日本の国造りをしたのは二人の神である。イザナキという男神と、イザナミという女神で、彼らは兄妹であり夫婦であった。中つ国において、男神と女神は多くの神を生み出したが、最後に女神が火の神を生んだとき、その大火傷がもとで女神は死ぬ。そして根の国（黄泉の国でもある――引用者）に行ってしまう。男神は女神を生き返らせるために根の国に行き、女神に還ってきてくれと懇願する。女神は「御殿の中にいらっしゃる根の国の神と相談しますから待っていてください。ただし御殿の中を決して見ないでくださいね」と告げ、御殿の中に入っていく。しかし男神は禁を破って中を見てしまう。すると中にいたのは腐乱死体となっている女神であった。男神は「見畏み」、恐怖を感じて逃げ出す。女神は「よくも私を辱めましたね」と

怒って追いかけるが、男神は中つ国に逃げ帰る。そして中つ国と根の国のあいだに巨岩を置く。こうして死の国と生の国が分けられた。男神は「なんと恐ろしいものを見たのだろう」と言って、負った穢れを落とすために、川の流れに入り、穢れを水に流す禊をおこなう(9)。

恥と罪悪感――「見畏み」に向けて

イザナキはみずからの妹であり妻であるイザナミを失ったことを受け入れられず、死の国である根の国から呼び戻そうとしている。対象喪失の否認、ここに悲劇の根源があると言っていいだろう。イザナキはイザナミを甦らせようとして、根の国に出向く。これは戦後の占領期に現人神から人間となってしまった天皇を再び神格化しようとする現在の動きにも重なる。根の国に来たイザナキに対して、死の国で生活していたイザナミは「待っていてください、死の国の神と話してきます」と言い、イザナキを追い返さず、還れるとも還れないとも言わないような曖昧な態度をとる。そこにはイザナミの、みずからが死んでいて生を失ったことの否認があるだろう。そしてイザナキに対して、自分が死の国の神と相談している間に御殿の中を「見ないでくださいね」と禁止する。「見るなの禁止」だ(8)。この禁を破って中を見てしまったイザナキは、そのまなざしの先に、腐っておぞましい姿となったイザナミを発見する。ここでイザナキは「見畏む」のだが、恐ろしさに耐えきれず逃げ出す。やはりここでもイザナキは以前の姿を失ったイザナミを受け入れることができていない。ましてや自分との生殖活動の結果として命を落としてしまったイザナミに対する自分の責任や罪意識を感じていないのだ。北山は、「男神(イザナキ)は自分が禁を破って御殿の中を覗き、女神(イザナミ)を辱めた罪を、日本人は原罪としてもつ」と指摘している。神話の中で、男神であるイザナキは、自分が御殿を覗いたことや女神を辱めたことにかかわる「罪悪感」を語らない。これらすべてを否認してイザナキは生の国に向かって逃げる。

オイゲン・コウ氏は筆者との私信の中で、御殿を覗いたイザナキがイザナミを見る「まなざし」を次のように分析している。

このまなざしが、現実との究極の対峙をもたらしたのだと思います。それまでイザナキは、自分にはイザナミを「生の国」に連れ戻す力があると信じていた。その全能感が、自分の中の現実で起こっていた躁的な防衛に見えてくるのです。(Koh, 2022 私信)

イザナキがイザナミの死を受け入れられず死の国まで来てしまったことや、彼女に対して一緒に生の国に来てくれと乞うのもイザナキの躁的な防衛であり、自分はイザナミを生き返らせることができると信じる全能感の表れである。これらの躁的防衛は、御殿の中を見ることで突如として崩れる。イザナキは腐っていくイザナミを見るだけでなく、自分の全能性の「崩壊」をも経験している。これは他者からのまなざしの中で「恥」となる。一方でイザナミも、イザナキに御殿の中を覗かれた視線、まなざしによって自分が生の国の住人であるイザナキとは決して生活できないことに気づかされたかのように、「あなたは私を辱めましたね」と怒っている。イザナミはイザナキに覗かれ、恐れおののく彼を見て初めて、自分の死を認識したように思われる。

イザナミもまた、自分は死に逆らうことができると思って否認していました。彼女もまた、自分の内的現実の中で生きており、躁的な否認の中にいたのだと思います。視線は二人に自己愛的な傷を与え、自分の無力さを露呈させ、それゆえ恥辱と屈辱を与えたのでしょう(Koh, 2022 私信)。

イザナミは、自分を覗くイザナキにまなざしを向け、そこに愛する人が自分に対して恐れおののいているのを発見する。このときにイザナミも、イザナキが自分を生の国に連れて帰ってくれるだろうという全能感の崩壊、急激な自分の死の認識、みずからもイザナキを失っていたことに直面している。その圧倒的体験は、相手であるイザナキによって引き起こされたのだと、「あなたは私を辱めた」「恥ずかしい」とイザナキをなじり、全能感の崩壊と現実認識の圧倒感を相手へと投げつけている。

さて、黄泉の国から逃げ戻ったイザナキは「なんと恐ろしいものを見てしまったのだろう。禊をおこなわなければ」と言って、自分の身体を洗う。ここに、罪悪感の否認と儀式的行為による〈打ち消し〉の機制を見ることができよう。私たちが罪悪感を「汚れ」として水に流せば流すほど、罪悪感は深層に落ちていってしまい、私たちの無意識の罪悪感はより深くなっていく。それは反復強迫を準備する。イザナキは禊をした後に一人で神の子どもたちを生み出すようになるが、これは戦後に情緒的つながりを失い経済活動へと邁進した日本人ビジネスマンを彷彿とさせる。

この神話では最後に、イザナキが禁を破ってイザナミを辱めた自分の過ちや罪は否認され、「恐ろしいものを見た」という被害の体験へと転化している。戦後の天皇の第二次世界大戦における戦争責任に対する態度は、男神に似て現実の否認が基盤となっている。天皇の戦争責任は極東裁判の直前の人間宣言によって免除される。戦争は軍部が暴走したことによって生じたのであり、天皇は被害者なのだという物語が浸透していく。これを小森[12]は「天皇の被害者神話」と呼んでいる。イザナキ・イザナミ神話は戦後の「天皇の被害者神話」が形成される原型となり、天皇が戦後、被害者の立場にとどまる物語を日本社会に維持する象徴として機能し続けているように思われる[5]。第二次世界大戦後の日本社会への影響を考えていく際に、象徴として社会的にも心理的にも機能している天皇の在り様を無視することはできない[10][11]。

しかし、他者からのまなざしは被害者の位置から日本人を引きずり下ろし、恥の感覚を回帰させる。

ある意味で、このイザナキとイザナミの両者の恥は、日本兵の罪悪感に例えられるイザナキだけの罪よりも大きなインパクトがあります。両者の恥は、日本の男女の恥に関係するのかもしれません。しかし、多くの日本人は、まなざしの前の瞬間までイザナキとイザナミの神話に揺さぶられ、否定されながら、その全能感を信じて生きてきたと言えるでしょう。まなざしに脅かされ、恥を晒すことになった人々は、破綻した全能感に対抗するために躁的な活動を強めていかざるを得ません。このまなざしは、他者、他国の人々、韓国人、中国人などが日本に謝罪を求めるとさらに脅威として感じられます。この過程で他者から向けられた「まなざし」の強度は増し、それに応じて人々が感じる恥の感覚が増すのでしょう（Koh, 2022 私信）。

日本人に恥を思い出させるこのまなざしは隣国との関係において回帰する。国文学者の橋本雅之[7]は北山との共著の中で次のように述べている。「男神が示した、罪悪感を持たず罪を水に流すという態度は、他国には理解できないものであろう。そして、男神は自分の罪を禊によって水に流すべきではなかった。男神は根の国に留まり、女神の死を心から弔うべきであった」。橋本が言うように、腐乱死体となった女神を見たときに男神が「見畏む」まではよかった。彼はそこから逃げずに「見畏み」続ける必要があったのだ。

「畏む」という言葉には、「恐れ多いと思う」とか「敬って慎む」という意味が含まれる。脅威と感じて逃げるわけでもない、あるいは脅威を否認するわけではなく、自分の中に恐れの感情が湧き上がっていて、心を占めようとしていること、目の前で起きていることに圧倒されていることを認識し、省みる経験のことである。そうすれば彼はみずからが想像した女神を生き返らせるという願いは不可能であり誇大的であったことに気づくことができたかもしれない。そしてコウ氏の指摘を踏まえると、「見畏み」は女神にも起きたはずだ。女神も、みずからの腐乱した姿におののく男神を発見したときに、「あなたは私を辱めた」とみずからの恥を相手に投影する前に、「見畏み」続ける必要があった。そうすれば、女神は自分がすでに死んでおり、男神に愛された自分の身体は傷ついていて失われていることを受け入れることができたかもしれない。「見畏む」ことを私たちは続けられるだろうか。

そもそもイザナキもイザナミも、最愛のパートナー、最愛の対象を互いに失っている。そしてその喪失に対する喪の作業がなされていない。ここに悲劇の根源があるのだ。イザナキはイザナミの死を、イザナミは自身の死とイザナキとの別れを哀しむことができないことで、これだけの否認、これだけの躁的な防衛を生じさせる。その全能性はいつしか崩壊し、悲劇が繰り返される。戦後日本の「喪の不能」による心の操作は、天皇の人間宣言という喪失に対する空白の反応、感情の硬直化、そして経済活動による躁的防衛というかたちで反復しているように思われるのだ[5]。

結論

イザナキ・イザナミ神話に根源的に示されているように、問題の根底にあるのは、最愛の対象を失った喪の作業がなされていないことである。戦後に日本が失ったのは現人神としての天皇でありその権威だ。この喪の作業をおこなっていないことが、日本がみずからの起こした残虐行為を受け止められないことや近隣諸国との関係に影響しているのではないか。

佐々木央氏は、戦中に同盟通信社（共同通信社）が、昭和天皇と同じようにGHQのスピーカーとなることで戦争責任を免罪されたことを指摘している。戦後のメディアを構成する一組織が占領期に免罪されたことによって、組織の内部が固定化し、終戦までそのメディアが広めた思考様式が前後に継続する可能性を示唆した。栗津賢太氏による「黙祷」に焦点を当てた研究は、集合的に沈黙する儀式が、どのように社会的に共有され、制度的に使用されていたかを検討している。戦後に社会的に共有された儀式が神話的思考を継続する装置としてどのように機能しているのか関心がわく。一ノ瀬俊也氏による傷痍軍人の不可視化の歴史学的研究は、見えなくされた傷ついた軍人という物語だけでなく、加害者としての軍人における体制による抑圧という、加害と被害の両面を同時に私たちに示す[13]。中村江里氏も指摘するこの被害者と加害者の両価性は無視することのできない構造だ。「遺骨が見つからない」という浜井和史氏によって指摘された問題は、有機物であった愛する人が無機物になったことに直面し、喪の作業を開始するために遺骨が必要であることを示していると考える。ここにも日本の戦後の「喪の不能」の原因を見つけることができる。私たちはまだ遺骨や灰を見つけていないので、喪の作業を開始できないのだ。

コウ氏が指摘したように、男神が「見るなの禁止」を破って女神を見たことは男神と女神の双方に全能感の破綻、あるいは全能感の強い傷つきをもたらし、それは恥として体験されたといえる。私たちは、経済活動による躁的防衛ではなく、日本人における全能感の傷つきの感覚、すなわち恥そのものを感じ続け、話していく必要がある。これは終わることのない罪悪感に至る路へと私たちを導くだろう。

付記：本章はオイゲン・コウ氏との私信に多くを拠っています。記して感謝します。「喪の不能」のプロジェクトに共同で取り組んでくれているトマス・プランカース氏に御礼の言葉をお伝えします。また「見るなの禁止」と神話的思考について、いつもディスカッションに応じてくださる北山修先生に御礼申し上げます。

〔文　献〕

（1）フロイト（井村恒郎、小此木啓吾他訳）「悲哀とメランコリー」『フロイト著作集六　自我論・不安本能論』人文書院、一九七〇年、一三七—一四九頁。
（2）A・ミッチャーリヒ、M・ミッチャーリヒ（林峻一郎、馬場謙一訳）『喪われた悲哀—ファシズムの精神構造』河出書房新社、一九八四年（原題は Die Unfähigkeit zu trauern　本章では『喪の不能』と訳す）。
（3）加藤典洋『九条入門』創元社、二〇一九年。

（4）Ogimoto, K., Plaenkers, T.: The Inability to Mourn（A. and M. Mitscherlich）and Nationalism in Japan after 1945. Submitted Manuscript, 2022.

（5）荻本快『哀しむことができない―社会と深層のダイナミクス』木立の文庫、二〇二二年。

（6）Koh, E., Takeshima, T.: The Long-Term Effects of Japan's Traumatic Experience in the Second World War and Its Implications for Peace in Northeast Asia. *N Engl J Public Policy* 32（2）, Article 5, 2020.

（7）北山修、橋本雅之『日本人の〈原罪〉』講談社現代新書、二〇〇九年。

（8）北山修『見るなの禁止―日本語臨床の深層』岩崎学術出版社、二〇一七年。

（9）北山修、荻本快「コロナと日本人の心―神話的思考をこえて」『精神療法』四七巻二号、二〇二一年、一五〇―一五五頁。

（10）磯前順一「出雲神話論―神話化する現代」原武史、菅孝行、磯前順一他『これからの天皇制―令和からその先へ』春秋社、二〇二〇年、七三―一〇九頁。

（11）島薗進「国家神道と神聖天皇崇敬」原武史、菅孝行、磯前順一他『これからの天皇制―令和からその先へ』春秋社、二〇二〇年、一一一―一五七頁。

（12）小森陽一『ポストコロニアル』岩波書店、二〇〇一年。

（13）シンポジウム発表ではこの主題が扱われたが、本書の一ノ瀬論文（第7章）には含まれていない。

第III部

トラウマとポジショナリティ

戦争の被害者・加害者としての日本

第Ⅲ部は、「トラウマとポジショナリティ――戦争の被害者・加害者としての日本」を主題に、第Ⅱ部で扱われた戦争によって個人が被ることになった「死」「外傷」「疾病」への国家の対応の歴史と実態を受け、戦争の被害者であり加害者でもある日本のトラウマに関する論考が収録されている。当事者が置かれた状況やポジショナリティによって戦争がどのようなトラウマを生み出してきたか、またそれらのトラウマが戦後社会において政治的・社会的・医学的にいかに焦点化されてきたかが共通テーマとなっている。

第11章の岡檀論文では、岡氏がかつてアジア諸国の戦争被害者を対象とした聞き取り調査を行った経験から得られた気づきが報告されている。一九九〇年代後半、被害者らの尊厳回復を求める各国の活動団体が連携して日本に対し賠償を求めるなか、被害当事者である女性たちは政治的・思想的対立の最前線に立たされていた。被害者を支援する団体の活動は、慰安所に連れて行かれたという女性を「被害者の定義」に当てはめることだった。支援者は女性の言い間違いや記憶違いを細かく修正し、重要な点をより強調し、他の点は省いて整えた。なぜなら、彼女たちの話に少しでも事実と整合しない点が見つかろうものなら、その女性は偽りの証言をしたとして反対派から激しく糾弾されたからである。結果として、被害女性らの語る内容は似通ったものとなった。本来は言い間違いや記憶違いも含めて彼女たち自身のストーリーであるのにもかかわらず、彼女たちが「私」を語ることを手放させることにもつながっていった。研究対象をカテゴライズすることの危うさへの気づきが、現在の研究者としての活動の根幹を成していることが述べられている。

第12章の蟻塚亮二論文では、日本の明治政府が明治時代初期に琉球王国を清国の冊封体制から切り離し、沖縄県として自国領に編入したいわゆる琉球処分（琉球併合）について述べられた。一八七九年には、琉球王国は崩壊し、日本の一つの地方政府となり、中央政府は強制的な同化政策をとった。第二次世界大戦末期の沖縄戦は、本土防衛の捨て石として住民（非戦闘員）を盾とした持久戦であり、兵士よりも住民の犠牲が多かった。沖縄島の住人一二万人、島民の四人に一人が亡くなった。また、日本兵士は沖縄の住民の言葉を理解できなかったので、彼らの地方語を禁止し、それを話したものを敵のスパイだとして虐殺した。このため住民は、米軍に殺される恐怖と日本兵によって殺される恐怖との二重の恐怖を体験した。このような沖縄戦の体験は、戦後の米軍基地の負担や重圧ともあいまって、沖縄県民に深い、世代を超えて語り継がれる歴史的なトラウマを与えた。蟻塚氏は戦後六五年以上経過した日々に、高齢者に発症したPTSDのケースを多数見出して治療した。近年の沖縄の県民たちは、米兵によるレイプなどの事件に対し、大規模な集会を開いて抗議を繰り返している。つらいトラウマと向き合って乗り越えようとする精神風土が、沖縄社会の多数派になってきた。これは「命どう宝」という、生きることを何よりも大切にする沖縄の伝統的な文化が生み出したものである。

第13章の中村江里論文では、「普通の」兵士たちによる戦争犯罪という議論の流れが確認され、日本軍を事例として兵士の加害行為やそれによるトラウマの語りにくさが論じられた。一九八〇年代以降の日本の歴史学研究では、満洲事変から敗戦に至るまでの間、さまざまな戦争犯罪が行われたことが明らかにされてきた。また、加害行為を行ったのは、ごく一部の「特殊な」人々ではなく、平時であれば一市民として家庭生活や社会生活を営む「普通の」人々であった。なぜ多くの兵士たちが戦時下の加害行為を行うことができ、戦後も一見すると何の問題もなく市民生活に再適応できたのか、その際どのような合理化・正当化が行われたのかということは、現在に至るまで重要なテーマである。しかし、加害行為が個々の兵士の精神に及ぼした影響はまだ十分に分析されておらず、合理化に失敗してトラウマ化したケースは見落とされてきたといえる。近年、トラウマ理論においても、被害者だけでなく加害者にまで対象を拡大した研究が増えつつある。中村論文ではこれらの研究動向を参照しながら、アジア・太平洋の諸地域で、略奪や非戦闘員の虐殺・レイプ等の加害行為に関与した日本軍兵士を事例に、「加害者のトラウマ」概念のもつ有用性と問題点が考察された。「加害者の被害者性」を過度に強調することは、個人および国家の戦争責任の否認にもつながりかねないが、戦場における加害の構造の複雑さを理解し暴力を抑止するうえで、「加害者のトラウマ」について考察することは重要である。

第14章の根本雅也論文では、「原爆によって長く苦しんできたのは、国ではなく、一人ひとりの人間である」という視点から、原爆によるさまざまな被害、トラウマ、そして被害者たちの意味の追求が検討される。一九四五年八月に広島と長崎に投下された原爆は都市を破壊し、多くの命を奪った。ナショナルな観点から戦争の被害を加害と対置させて捉えることは、ときにその「被害」が孕む多様性と複雑さを単純化し、被害者たちの心の動きを見落とすことにつながる。根本論文ではまず原爆被害の概要が紹介され、次にインタビュー調査をもとに、被害者たちはしばしば他の犠牲者に何もできなかったことに苦しんでいること、その罪意識が検討された。最後に、一九八五年に日本原水爆被害者団体協議会が実施した大規模な被爆者調査をもとに、原爆はその被害が重く深いほど被害者たちに生きる意欲を喪失させる一方で、未来においてそれを繰り返させないという態度と行動をもたらすことを指摘している。被害が重く深いほど、生きる意欲が失われる。それゆえに、なぜ苦しまなければならないのか、その責任（原因）を明確にし、その災禍を繰り返させないこと、そこに意味が見出されていた。被害者たちが責任（原因）を追及することは、死と苦しみの意味、生きる意味を追求することでもあったのである。

そして第15章の川野健治論文では、上記の四つの論考を整理し、論点が提示された。まず、それぞれの報告のなかで語られたポジショナリティを明らかにした。次に、論点として、苦しみの度合いは、被害の甚大さだけではなく、帰っていったコミュニティの規範や価値観の違いが影響しており、同胞に受け入れられるかどうかが重要であるという岡の指摘や、沖縄における近所づきあいが心の外側の見えない被膜として人々を守ってくれるものであるという蟻塚の指摘を受け、被害者にとってレジリエンスともなりうる①社会・コミュニティの力、同時にあまりに緊密になりすぎるコミュニティでは自殺の危険性が高まることが指摘された。そして、加害者のトラウマ概念の限界と課題を指摘し、「加害」概念のなかに多様な経験が混在しており、加害者のトラウマを理解することと被害者を尊重することとは矛盾しないとする中村の論考や、被爆者たちが被害者であるにもかかわらず、他の被害者を救えなかったことに対する後悔の念や罪悪感をもち、死者を背負って生きてきたことを明らかにした根本の論考から、②道徳・罪悪感の複雑性・重層性が指摘された。

（粟津賢太）

第11章

［実践報告］慰安婦被害者の聞き取り調査という体験から気づかされたこと

岡 檀

戦争被害者のオーラルヒストリー

私は社会学領域の研究者で、コミュニティの特性が住民の心身の健康にどのような影響を与えるのかという点に関心をもって、研究を行っている。博士論文の題名は「日本の自殺希少地域における自殺予防因子の研究」であり、現在もこのテーマのもとにフィールド調査やデータ解析を続けている。つまり、本章のテーマである戦争やトラウマを直接対象とした研究や調査を行っているわけではないのだが、私の前職とは関係があり、そこでの経験は現在の私の研究の一角を成しているとも思っている。これから書くのはあくまで私個人の体験談であり、その体験に基づく気づきや問題提起であることをあらかじめお断りしておきたい。

現在の学術の世界に入る前は、私はある公益法人で戦争被害者からの聞き取り調査を行っており、とくに、韓国、フィリピン、台湾、インドネシアなどの慰安婦被害者たちから話を聞く機会が多かった。一九九〇年代後半、被害者らの尊厳回復を求める各国の活動団体が連携して日本に対し賠償を求めるなか、被害当事者である女性たちは政治的・思想的対立の最前線に立たされていた。そのような最中、私たちは各国の被害者に接触し、彼女たちのオーラルヒストリーを記録に残すという作業を重ねていた。一度のインタビューでは不十分であることが多く、繰り返し会いにいった。なかには交流が一五年以上続いた人たちもいる。

〝被害〟とは何か――ある慰安婦被害者の語りから

私が現在の研究テーマについて考えるようになったのにはいくつかの理由があるが、その始まりはある慰安婦被害者との出会いだった。その被害女性に会ったのは戦後六〇年を過ぎた二〇〇〇年代の初め、八〇代の韓国人女性で、彼女の代理人であるという弁護士が同行してきた。調査を行う日本人メンバーは二名で、日本の政府関係者も同席していた。

聞き取り調査ではいつもそうなのだが、この女性も最初のうちは非常に緊張した様子で顔を強張らせ、私たち日本人と目を合わせようとしなかった。だが一緒に食事をとりながら言葉を交わすうち、少しずつ彼女の表情が和らいできて、話題は現在の暮らしのことに及んだ。

韓国の慰安婦被害者は生涯独身であるケースが多く、面談したこの高齢女性もまた独身で独居だったが、幸いなことに近所に妹一家が住んでいて交流があるとのことだった。その家に住む姪の話になると女性の表情は別人のように明るくなった。その姪がどれほど賢く、しかも心優しいかを言葉を尽くして語り、頻繁に自分の家を訪ねてきては面白い話をして笑わせてくれるのだと、楽し気に声をはずませた。彼女にとってはその姪はただ一人の〝わが子〟なのであり、目のなかに入れても痛くないほど愛していることがよく伝わってきた。聞いていた私たちまでが楽しい気分になり、私は彼女に「おばあさん、そんな素晴らしい姪御さんをおもちとはお幸せですね」と言った。思い返せば不適切な言葉だったと後悔しているが、そのときは女性と姪の愛情に満ちた関係に感じ入り、つい言葉にしてしまったのだった。

しかし女性は私の言葉を聞くなり顔をゆがめ、「でも私、その姪の結婚式に呼んでもらえなかったの!」と叫んで、声を上げて泣き始めた。女性のあまりに急な変化に私たちは呆然として二の句が継げなかったのであるが、同席の弁護士の助けを借りながら話をよく聞いてみると、こういうことだった——姪の結婚式について親戚が集まって相談をした結果、その女性は出席させないことを決めた。人生の門出という日に、〝汚れた〟過去、つまりかつて慰安婦であったという過去をもつ者が参加するのは大変縁起が悪い、だから出席しないでくれと親戚から言われたのだという。

わが子同然に溺愛している姪の晴れの日を、その女性がどれほど楽しみにしていたことか、想像に難くない。親戚一同から拒絶された女性が、結婚式の当日、その日一日を一人でどんな思いで過ごしたかと想像すると、私たちはかける言葉も見つからず、結局その部屋にいた全員が彼女と一緒に泣いた。

慰安婦被害者の願いは何か

戦後、被害女性たちが味わった苦しみはもちろん理解していたつもりだったが、戦後六〇年経ってもこれほど生々しい二次被害があることは衝撃だった。この日は、私たちの聞き取り調査のあり方や被害者支援というものを根本的に見直す転換期ともなった。

前述した通り、慰安婦被害者を支援する各国の団体は、被害者の尊厳を回復するために日本政府の公式謝罪と賠償を求めて活動を展開していた。公式謝罪と賠償、それが被害者にとってどれだけ大きな意味をもつか、私たちはよく理解しているつもりだったが、戦後の彼女たちにとって何より必要だったのは、同胞に受け入れられることではなかったかと思い至った。周囲から白い目で見られたり排除されたりすることなく、人並みに結婚して夫や子どもと一緒に穏やかに暮らすこと、彼女たちの多くは何よりもそれを願い続けてきたと思う。しかし実際には、被害者への支援活動において思想的な対立や政治的な駆け引きには膨大なエネルギーが投じられていた一方で、被害者が同胞から受ける差別の状況は六〇年間変わっていない。あの日、被害女性が姪の結婚式に出席できなかったという話を聞き、その現実を突きつけられた思いだった。

戦後も続く被害者の苦しみを強めたもの、和らげたもの

この調査の仕事にかかわるようになってから、私のなかにはずっと一つの問いがあった。インタビューした被害者のなかには、加害者に対する激しい憎しみで頭がどうかなりそうだという人や、フラッシュバックに悩まされて長いうつ状態に陥っている人もいた。しかしその一方で、気持ちを切り替えて明るく逞しく生きている人たちも少なからずいて、同じ慰安婦被害に遭っていてもこれだけの違いがあるのはどういうことなのだろうと、長い間考えてきた。

姪の結婚式に出席することを禁じられた先述の女性の話を聞いた後に、その問いに対する一つの仮説を得たような感覚を抱いた。それは、戦後の被害者たちの苦しみの度合いは、被害がいかに甚大だったか深刻だったかということはもちろん関係しているものの、それ以上に、彼女たちが帰っていったコミュニティの規範や価値観によって強められたりあるいは和らげられたりする、という仮説である。「コミュニティ」あるいは「世間」といってもよいかもしれないが、周囲の人々が、慰安所から戻った彼女たちをどういう態度で受け入れたかによって、

彼女たちの戦後は大きく違っていることを知った。

現在の研究テーマへのつながり

このときの経験が、現在私が取り組んでいる研究のテーマにつながっている。冒頭で書いた通り、私は自殺予防因子に関する研究を行っている。自殺が極めて多い地域と極めて少ない地域を四年間かけて比較調査したところ、二つの地域のコミュニティ特性に大きな違いがあることがわかった。それは、住民が共有する規範や価値観の違いだった。

その一つが、多様性の重視である。自殺が少ない地域では異質な者に対する偏見が小さく、むやみに排除せずに包摂しようとするコミュニティが形成されていた。また、たとえ大きな失敗や挫折があっても、それだけで残りの人生にレッテルを貼られることはない、人生はやり直しがきくという考えが共有されていて、周囲もその挽回のプロセスを見守ろうとする態度があった。

つまり、ある人が心の健康を損なうような状況に陥り、うつや自殺のリスクを抱えた場合にも、その人がどういったコミュニティに属しているかによってリスクの悪化の度合いが違ってくることがわかったのである。私が慰安婦被害者たちと接しながら抱いていた問い、同じ被害に遭っても戦後の心の健康状態にこれほど差があるのはなぜなのかという問いに対して、一つの答えを得たと思っている。

何を聞き、どのように記録に残すのか

韓国人女性と姪の話を聞いた後、私たちのそれまでの聞き取り調査の内容がいかに偏っていたかについても反

省した。それまで私たちは、彼女たちが慰安所に連れていかれた経緯、現地で体験したこと、戦後はどのように解放されたかといった事柄、つまり戦時中に起きた事柄にフォーカスして聞き取りを行っていた。しかし、慰安婦被害とは何であったのかということを記録に残し後世に伝えていくためには、それだけではまったく不十分なのだと気づかされた。

同時に、一問一答形式のインタビューの限界も痛感した。事柄が事柄だけに、たいていの被害者はとても緊張していて、私たちが質問すると答えてはくれるが、それ以上に話が膨らむことはめったにない。つまり、こちらが用意した質問の内容を超えて新たな話に展開していく可能性が非常に低い。これに対し、複数の人たちでリラックスしておしゃべりをしていると本筋から脱線したりして、思いもよらない新事実を聞かせてもらえる瞬間があった。実際、この韓国人女性の話も、インタビュー自体は一通り終わって食事をとりながら会話していたときに飛び出てきた。その女性にしても最初からこのことを話そうと思ってインタビューに臨んだわけではなかったであろうが、この出来事は私たちの活動にとって重要な転機となった。

〝事実〟だけが〝真実〟ではない

少し視点を変えて、報告集会で登壇する被害者の発言や、マスコミで取り上げられた被害者の証言などについて、第三者の立場から私が感じたことを述べてみたい。

日本国内を含めアジア諸国には、慰安婦被害者を支援する大小の団体がある。一九九〇年代半ばから後半にかけて次々と連携してより大きな力をもつようになり、国際的なプレゼンスを高めていた。これに対し、「慰安婦被害は捏造である」と訴える集団や活動団体もあり、慰安所の存在そのものを否定したり、女性たちは金儲けのためにみずから望んで慰安婦になったのだといった持論を声高に展開したりしていた。

そのような対立のなかで、被害者を支援する団体が最も神経を使ったことの一つは、慰安所に連れていかれたという女性を被害者の〝定義〟に当てはめることだったと思う。女性たちが語る話に少しでも事実と整合しない点が見つかろうものなら、その女性は偽りの証言をしたとして「慰安婦捏造説」派から厳しく糾弾されたからである。支援者らが――あくまで被害女性を守ることが目的であるが――彼女たちの言い間違いや記憶違いを細かく修正し、重要な点をより強調し、本筋から逸れる箇所は省いて話を整えていったことは想像に難くない。誤解なきよう言い添えておくが、これはある種の添削、推敲であって、決して偽りの話を作り上げたわけではない。

しかし、そのことによって何が起きたか。そうこうするうち、被害女性たちの語る内容は少しずつ似通ってきた。もちろんすべてではないのだが、女性たちの証言に同じ言葉遣いが繰り返し現れるようになった。支援者たちは女性を被害者という〝定義〟に正しく当てはめることによって、彼女たちを守ろうと腐心していたわけであるが、しかしその一方で、彼女たちが「私」を語ることを手放させることにもつながったと思っている。

被害女性らの証言の微妙な〝変化〟を眺めながら、当時の私は、オーラルヒストリーはこのようであってはならないと批判的に考えていた。言い間違いや記憶違いも含めて彼女自身のストーリーなのだし、さらにいえば、たとえ嘘をついたとしてもそれも本人の一部と捉えるべきなのであって、修正を加えてはいけないのだと。とっさに小さな嘘をつくことなど、誰にでもあり得る。だから彼女たちの矛盾をつくよりも、なぜそこで嘘をついたのかという、彼女たちが置かれた状況や心理状態に思いを馳せることを大事にしたいと思っていた。オーラルヒストリーのことを考えるときは常に、「〝事実〟だけが〝真実〟ではない」というフレーズが頭のなかに浮かぶ。

現在の私は、オーラルヒストリーというものをさらに重層的に捉えるようになっている。思想的対立、政治的対立の最前線に立たされていた彼女たちの証言が徐々に〝変化〟していったことや、やがて彼女たちが似通った言葉遣いをするようになった別バージョンの証言もまた歴史的事実として記録にとどめていくべきなのだと、そのように考えている。

経験の浅いインタビュアーが陥りやすい過ち

再び、被害者と私自身の交流の話に戻る。その女性は当時八八歳くらいだったと記憶している。戦時中に日本の統治下にあった韓国と台湾では高齢者のほとんどが流ちょうな日本語を話すので、その日も日本語でおしゃべりしていた。私は彼女に会うときはいつもささやかな手土産を渡していたのであるが、あるときその返礼にと言って彼女が手編みのセーターをくれたことがあった。それが単なるセーターではなく、大変手の込んだ複雑な編み方のセーターだったので、私はとても驚いた。編み物をどこで習ったのか彼女に尋ねたところ、小学校の授業で習ったという。八〇年前のこと、そこで習ったきりだというので私は感心し、「素晴らしい記憶力ですね、とても頭がいいんですね」とほめちぎった。

すると彼女もちょっと得意顔になり、「いつもクラスで一番だったよ」といつになく自慢話が始まった。勉強が大好きだった、裁縫も得意だった、いつもクラスで一番で先生からほめられていた。ただ自分の家はたいそう貧しかったので、小学校を卒業しても上の学校には進学できないだろうと諦めていた――そんな思い出語りをしてくれた。そして、突然すっと声を落とし、「小学校を卒業した日に、私は売られたの」とつぶやき、涙ぐんだ。小さな旅館に連れていかれ、今日からおまえはここの使用人だよと言い渡され、それっきり生まれ育った家に戻ることはなかったという。

いつも明るくて活発なその女性とは一五年以上の付き合いだったが、後にも先にも彼女の涙を見たのはそのときだけだった。同席していたジャーナリストの男性が「おばあさんの人生でそれが一番つらかった出来事だった?」と尋ねたところ、彼女は目に涙をためたままうなずいた。さらに私が「慰安所に連れていかれたときよりも?」と聞くと、彼女はもう一度こっくりうなずいた。このことがあって、私は聞き取り調査を行う際の自分の偏りについて考えるようになった。

当時の私は、彼女が自分の意思に反して慰安所に連れていかれたこととそこで受けた仕打ちを、人生においてこれ以上悲惨なことがあるだろうかと、そのように思っていた。慰安婦問題についての調査であるという枠組みにとらわれて、枠のなかだけで解釈し、彼女の人生を俯瞰できていなかった。これは当時の私のような経験の浅いインタビュアーが陥りやすい過ちの一つではなかったかと思っている。

その後自分で研究を行うようになったときも、この点は肝に銘じていた。自殺が少ない町でのフィールド調査では大勢の住民や関係者から話を聞いたが、「自殺」という言葉はあえて使わないように気をつけ、日常生活や子ども時代の思い出などを語ってもらうことが多かった。その町がどういう特徴をもつコミュニティであるかを理解することが目的であり、思い込みや先入観を可能な限り排除したかったからだ。

以前から、自殺予防においては人と人との絆が極めて重要であるといわれ、それは定説となっていたが、こうした調査を積み重ねていった結果、濃密な人間関係はむしろ自殺多発地域の特徴であって、自殺の少ない町では、つながってはいるけれど縛られないというゆるやかな人間関係が維持されていることが明らかとなった。またその町では多様性と包摂性が際立っており、過去の失態や不祥事をスティグマとして当人に負わせる態度が希薄であることもわかった。

むすびにかえて

ある台湾人被害者との別れ際に、「今日一番楽しかったことは、日本語をたくさん話せたこと」と言われ、虚を突かれたような思いを味わったことがある。彼女が、自分を苦しめた加害者のことは憎んでも憎み切れないと訴える一方で、その加害者の国の言葉——幼い頃から親しんだ言葉——を懐かしむという、そうしたアンビバレントな感情があっても不思議ではないということに、私はその日まで思いが及んでいなかった。慰安婦問題が世界中から注目されるようになってからは、「加害者を糾弾する女性たち」というイメージが先行し、「日本語を話すことが楽しい」などとは表立って言えないという雰囲気があった。被害者支援とはどうあるべきかと、今でもよく考える。たとえ善意の支援であっても、相手の言動を抑制したり枠にはめたりする行為につながっている可能性を、私たちは常に心に留めておくべきと思う。

私がかかわっていた慰安婦被害者からの聞き取り調査は、敵対する活動団体の存在という障害があったことで計画通りに進めることが極めて難しく、また、被害者の真意を聞き取れているのか自信がもてずにもどかしい思いをすることも多かった。しかし、極めて本質的なことに気づかせてもらったと感じる瞬間も少なからずあり、この経験は一生大切にしたい財産であると思っている。

本章を終えるにあたり、長らくしまいこんでいたこの体験を伝える機会を与えてもらったことに、心からの謝意を表したい。

第12章

「いけにえの島」における住民と兵士の相克、そして沖縄戦ＰＴＳＤの発見

蟻塚亮二

「ヨソモノ」だから見えることもある

私は福井県の戦後開拓の村に生まれ育ち、福井の言葉と風習を身につけた。小学六年のときに家族は離農した。母方の実家のあった青森県弘前市に移り住み、そこで大学を終えて精神科医として働き始めた。おかげで難解な津軽弁を自在に使えるようになり、青森の風土が好きになった。ところが五七歳にして、琉球大学助教授の某先生から、沖縄の地域精神医療を応援してほしいと頼まれ、沖縄に移住することになった。精神障害リハビリテーションの分野で、欧州や世界の会議で活動していた経験を活かしてほしいということだったのだろう。しかし福井弁や津軽弁と違い、私は琉球語を聞くことも話すこともできなかった。気の優しい沖縄の同僚たちが、「ヤマ

トンチュ」でもわかるような「ウチナーヤマトグチ」で語りかけてくれるのでやっと意思疎通ができた。

二〇〇四年に沖縄に移住したとき、「ここはすっかり外国だ」と思った。言葉がまったく違うのは青森に移り住んだときもそうだったが、沖縄の人々が生きている「時間のゆっくりさ」は日本で感じたことのないものだった。「あんたどこの人ね？　日本ね？　ヤマトね？」とよく聞かれた。食べ物も飲み物も風習もみな違っていて、やはり沖縄は外国だと思った。しかし沖縄体験は貴重だった。それまで日本で当たり前だと考えていた事柄のウソが、沖縄にいると影絵のようによく見えた。

ちなみに二〇〇八年、市民的・政治的権利に関する国連人権委員会は、日本政府に対し、「アイヌ民族および琉球民族を先住民族と公式に認め、文化遺産や伝統生活様式の保護促進を講じること」と勧告した。まったくその通りだと思ったが、日本政府は今もこの国連勧告を拒否している。

私が沖縄戦のＰＴＳＤに気がついたのは、私が沖縄で「ヨソモノ」だったからかもしれない[1]。二〇一〇年に「うつ病の気分を伴わない、うつ病型の不眠」に立て続けに出会うことがあり、これが沖縄戦から六十数年たってから発症したＰＴＳＤであることがわかった[2]。那覇市の精神科医の集まりでは、「自分たちの親戚には必ず沖縄戦の犠牲者がいる。だから子どもの頃から家庭内で沖縄戦の話をするのはタブーだった。『ヤマトンチュ』である蟻塚だからＰＴＳＤの存在に気がついたのだろう」と言われた。

私は二〇一三年から福島県相馬市の診療所で求められて働いているが、この土地においても私は「ヨソモノ」である。

琉球処分――琉球王国の植民地化

一八六九年、明治政府がスタートしたが、南の国境が画定しなかったので、一八七九年に大久保利通が沖縄

（琉球王国）に日本軍を駐留させたいと申し入れた。しかし琉球王国はそれを断った。その結果、明治政府は熊本の軍隊を率いて首里城に乗り込み、琉球王を追放して沖縄県を設置した。これが琉球処分であり、琉球王国の植民地化である。

前述のように、沖縄のほとんどの人たちは私が日本から来たとわかるから、NHKのドラマ『ちゅらさん』でも使われていたウチナーヤマトグチ、つまり日本人がわかるような言葉で語ってくれる。そのおかげで会話ができる。ところが、宮古島から来られた、長く入院していたある患者さんの言葉は、一年間付き合うなかで一言もわからなかった。現地の同僚たちが彼らだけで話すのを聞くときも同じで、私には何を話しているのかまったくわからなかった。日本から来た私に気を遣って、ウチナーヤマトグチを使ってくれるときにのみ、私は会話に参加できた。

琉球語の廃絶、同化と差別

明治政府がまず行ったのは、沖縄のローカルな言葉、すなわち琉球語の廃止運動だった。学校では「方言札」という木の札を用意して、琉球語を話した子どもは首にそれをかけ、廊下に立たされた。また、沖縄にはもともと存在しなかった神社をあちこちに建て、天皇陛下を崇めるように人々を指導した。しかし、たとえばサイパン島にあった南洋興発という国策の製糖会社では、「内地」人は職員になることができたが、沖縄人や朝鮮人は作業員にしかなれなかった。当時「一等国民日本人、二等国民琉球人、三等国民朝鮮人」という言葉が普通に使われていた。

自分たちの言葉を禁止されることは、単にコミュニケーションの道具が変わることではない。方言を否定されることによって、自分たちが子どもの頃からずっと慣れ親しんできた琉球の音楽や文化、友だち・家族の間での情緒的な（言葉で言い表せない）記憶が否定されるのである。方言はそのような深層記憶と結びついている。だから、子どもたちにしてみると、木の札をかけられて立たされ叱られた出来事は、自分たちの文化を否定された悲しい体験でもあったと思われる。

時間稼ぎのための沖縄戦

日米の戦争は、一九四四年七月にサイパン島が米軍の手に落ちたことで、米軍にとっては、日本本土のどこの都市でも爆撃可能となった。この絶対国防圏の崩壊という事態に直面した時点で、日本は戦争をやめるべきだったと指摘する人は多い。しかし大本営は敗北必至と知りつつも、特攻隊による攻撃と沖縄戦による出血消耗の戦いの二つをあえて行うことによって、停戦時の条件を有利にしようと考えた。つまり、特攻も沖縄戦も勝つための作戦ではなく、米国の犠牲を大きくし、講和条約を日本にとって少しでも有利なものにするための方法でしかなかった。沖縄戦は最初から時間稼ぎの捨て石だったのである。九州や四国ではなく沖縄を捨て石としたのは、地政学的な側面だけでなく沖縄人に対する差別にもよる。

そのため、沖縄戦では兵士よりも住民の被害のほうが多い。トータルの兵士数を比較するならば、日本軍が九万人（うち二万人は子どもや老人を含む郷土防衛隊）、これに対して米軍は艦艇要員を入れて五五万人。このような戦力差の下で一二万人の沖縄住民が亡くなった。

沖縄に駐在していた日本陸軍の第三二軍は、最初から時間稼ぎと米兵を消耗させることが目的だったので、致命的な戦闘を避け、むしろ米軍の上陸を許して撤退する作戦をとった。一九四五年四月一日に沖縄に上陸した米軍は、日本軍の攻撃を受けながらも前進し続け、五月二七日には首里城地下にあった第三二軍司令部は南部への撤退を開始した。

しかし撤退先である沖縄南部には二〇万人（三〇万人ともいわれる）の住民たちが、家と故郷を失い、水と食べ物を失いながらさまよっていた。大量の非戦闘員のなかに撤退すれば無関係な住民を戦闘に巻き込むこととなる。このため沖縄駐留の海軍は南部への撤退を拒み、自決して果てた。陸軍と異なり住民を「人間の盾」とすることに反対したのである。ともあれ県民の四人に一人が亡くなった。

他方、米軍の支配地域が拡大するにつれ、住民たちは戦争捕虜として収容所に入れられた。ときには全人口の八割に当たる三二万人が収容され、約五五〇〇人がマラリアや餓えで亡くなった。一九四五年末から一九四六年にかけて住民は解放されたが、故郷に戻ったら、そこは米軍基地になっていた。

集団自決

日本政府は琉球処分以来、沖縄で言語的な同化政策をとってきたが、それでも地元民の間で交わされる琉球語をほとんど理解できなかった。そこで日本軍は、琉球語を使った者をスパイだとして射殺した。

そのため、沖縄住民からすれば日本軍は恐怖の対象であった。もちろん米軍も恐怖であり、奇妙な「二重の恐怖」のなかで戦時下を生きなければならなかった。この結果が渡嘉敷島で繰り広げられた集団自決である。

一九四五年三月二七日に沖縄の渡嘉敷島に米軍が上陸した。「鬼畜米英」、捕虜になれば女は強姦され、男は股裂きにされるといわれていたので、住民の米軍に対する恐怖心は高まっていた。しかし他方では「生きて虜囚の辱めを受けず」という戦陣訓が住民にも浸透しており、もしも米軍の捕虜になるならば、日本軍に殺されるという恐怖もあった。実際、禁じられた琉球語を使って日本兵に射殺された事例を見ていたので、「友軍」とはいえ、前から上陸してくる米軍と、後ろにいる日本軍の双方が怖かった。住民は米軍と日本軍による「恐怖の板挟み状態」にあったのだ。渡嘉敷島の集団自決の場におられた金城重明氏は講演で、「生きることが怖かった」と語った。

こうして、村長の「天皇陛下バンザイ」という叫びを合図に、住民にあらかじめ渡された手りゅう弾があちこちで爆発した。手りゅう弾が不発のときには、父が母を、兄が妹を石や木の枝で殴り殺した。このような惨劇が集団自決であり、それを可能ならしめたのは、米軍と日本軍双方に対する恐怖であった。

晩発性PTSD

二〇一〇年一二月のことであった。那覇市の病院で、高齢者の「奇妙な不眠」に立て続けに出会った。「奇妙な不眠」と感じたのは、うつ病型の中途覚醒を呈しながら、必ずしもうつ病のサインが認められなかったからだ。この「奇妙な不眠」は、同じ時期に読んでいたアウシュビッツからの生還者の精神症状に関する論文の記載と酷似していた[1]。そこでその患者さんに、「沖縄戦のときにはどこにおられましたか」と尋ねた。すると、彼らが子どもの頃に戦場を逃げ回った経験をもっていることがわかった。彼らには「奇妙な不眠」のみならず、幼い頃に体験した戦時記憶の増大や、不安発作、パニック発作、解離性もうろうなどの症状が認められた。かくして「奇妙な不眠」が、沖縄戦のトラウマの後遺症であり、なかんずく晩年に発症した心的外傷後ストレス障害（PTSD）のサインだと知った。

最近、米国退役軍人省のホームページでは、五〇年前のベトナム戦争に従軍した兵士が老年期になって発症するPTSD症状を晩発性ストレス症候群（Late-Onset Stress Syndrome）と呼んで警告しており、戦時体験から何十年もの潜伏期間をおいて晩年に発症した沖縄戦体験者と同様の症状が、ベトナム帰還兵に発生していることを認めている[3]。

以下に、私の見つけたPTSD症状群の事例を紹介する[1]。

晩発性ＰＴＳＤ

七六歳、男性。同業者に先駆けて北海道から沖縄に牛を導入して酪農を拡大し、農業委員も務めた。仕事を息子に譲り、母や妹の入る立派な墓を作った。その後から、入眠困難と夜間の頻回な覚醒、運転中にどこにいるかわからなくなるという解離性せん妄、沖縄戦のときに亡くなった妹の苦しむ場面や日本兵が住民を斬殺する場面などのフラッシュバックが生じた。子どもの頃のトラウマ記憶が壮年期には現れず、仕事を息子に譲って一安心した後に、晩発性ＰＴＳＤとして発症した。

記念日反応型うつ状態

七〇歳台、女性。戦後、戦争孤児として苦労しながら生きてきたが、結婚し娘をもうけた。時々、病院の待合室のソファで娘や孫たちとにぎやかに待っているのを見かける。その彼女が、「毎年沖縄戦の慰霊祭の六月二三日が近づいてくると、不眠とうつが一ヵ月くらい続く」と訴えた。戦時中の、あるいは孤児としてのつらい記憶が、毎年の戦争慰霊祭の頃になるとよみがえる記念日反応（anniversary reaction）である。

においの記憶のフラッシュバック

七五歳、男性。一〇歳の頃フィリピンで、敗走する日本軍と一緒に銃弾の下を逃げた。その後沖縄に帰って結婚し生活は安定していた。晩年になってから、毎年お盆の頃に一ヵ月間、夜に死体のにおいを感じ強烈な不眠を呈するようになった。フィリピン戦場におけるトラウマ体験が原因だとわかった。

足が柔らかい死体にめり込み、その足を持ち上げると腐敗した肉がべっとりとくっついてくる感覚を、彼は語ってくれた。その後の治療によって、このにおいの記憶から解放された。

パニック発作と三〇歳台からの心気的愁訴

七〇歳台、女性。不眠を訴える彼女は、実は三〇歳台の頃から動悸、不安などのパニック発作に苦しんでいた。少しストレスがかかると、すぐ動悸や不安などを訴えるので、「弱虫母さん」と子どもたちから呼ばれていた。晩年になって、トラウマ後にみられる過覚醒型不眠を呈して受診したので、「戦争のときにはどこにおられましたか」と尋ねると、家族とともに摩文仁の丘を逃げたということであった。

この女性は戦時記憶がトラウマとなり、三〇歳台の頃から不安やパニック発作などのトラウマ反応を呈していたが、晩年に過覚醒不眠も生じた。このようにトラウマ反応の発症年齢が早いケースもある。

身体表現性障害

七八歳、女性。「本土」で働いていた息子の訃報を受け取った途端、不眠、抑うつ症状を呈し、足に力が入らなくなり、車椅子の生活となった。夜にはかつて戦場を逃げたときの死体のにおいがする。夜中に誰かが「自分の足を触る」。幻聴さえ聞こえた。それから八年後に筆者の外来を受診し、戦争トラウマによる後遺症と診断した。一年後に軽快し、同時に八年ぶりに車椅子を卒業して歩けるようになった。

破局的体験後の持続的人格変化および精神病エピソード

七〇歳台、女性。肺炎で入院したが、「急に興奮したり怒ったりする、不眠、独語、幻聴、家族を叩く、無断で病院から出ていく」などの行動があり、内科医の依頼によって診察した。やや粗雑な感情反応を示すが、決して感情が鈍麻しているわけではなく、統合失調症ではない。沖縄戦で親を失い、小学三年のときから弟妹たちを育てるために自分のことはそっちのけで頑張って生きてきた。しかし言動が男のように荒っぽいので、周囲はそのような彼女に距離をおいて接してきた。

一〇年前に息子が死んでから夢を見て眠れなくなり、外出できなくなった。自室にいると、頭のなかでさまざまな嫌な記憶がフラッシュバックし、手が震えて動悸がし、涙が出て、死んだほうがましだと思う日々が続いた。そしてたまたま肺炎で入院した。入院後、それまでなかった幻聴が出現し、不眠、独り言の世界に没入するようになった。周囲が敵に見えたので娘たちに暴力を振るい、病院を脱走した。

彼女が男のように荒っぽい言動を示したのは、戦争トラウマによる人格変化かもしれない。そして、晩年に息子の死に衝撃を受けて、戦場体験がフラッシュバックし自宅で泣いて暮らすようになった。さらに入院という環境変化のなかで、幻聴や不眠、被害妄想が生じ、精神病的な言動を呈した。しかし抗精神病薬の内服治療によって、彼女の精神病エピソードは速やかに消失した。

認知症に現れる戦争記憶

九八歳、女性。背中におもちゃの赤ん坊を背負って外来に来られた。娘の話では、三ヵ月になる「背中の赤ん坊」にミルクをあげなければいけないと言って、老人施設から脱走しようとする。話を聞くと、五人いた子どものうち、今日ついてきた娘以外の四人を戦場で亡くしたという。若いときは家族のために頑張って生活してきたが、九八歳になり、認知症で老人施設に入ってからこのような奇異な言動を見せるようになった。

認知症は過去の記憶の欠落が主たる症状の疾患であるが、戦争トラウマのように痛みを伴った記憶は、むしろ突出し、先鋭化してくる。だから、痛みを伴う記憶に限っては認知症になることによって「記憶がよくなる」のである。

沖縄に対する差別と沖縄戦が今も与える影響

沖縄の新聞の社説や読者投稿欄を見ると、沖縄の基地負担の大きさに対する怨嗟や、琉球処分や沖縄戦に対する異論を述べる人は今でも少なくない。今日、明治時代の廃藩置県を問題とする県は日本本土にはない。琉球処分のときに首里城を追われた琉球国王は、他の旧藩主同様に、明治政府のなかで諮問機関としての左院に迎えられるはずであったが、「琉球国王は琉球の人類にして、国内の人類と同一には混淆すべからず」という意見があった。[4] また人類館事件（一九〇三）においては、アイヌ人、台湾人、朝鮮人、インド人、ジャワ人、ベンガル人、トルコ人、アフリカ人など合計三二ヵ国の人々の一員として琉球人が民族衣装姿で見世物にされた。琉球人は土人扱いされた。教育機関としては師範学校が最高で、医学専門学校、旧制高校などは作られなかった。琉球人を「天皇の子」に育て上げるために必要な教員養成学校さえあればよい、それ以上の高等教育はいらないというのである。

最近では二〇一六年一〇月、沖縄県東村高江地区の米軍ヘリパッド建設現場付近で、大阪府警の機動隊員の一人がフェンス越しに、建設に反対する市民たちに「どこつかんどるんじゃボケ、土人が」と暴言を吐いた。この土人発言事件は、日本人のむき出しの差別感情の存在を再確認させた。

沖縄に日本国内の米軍専用施設の七割が集中していることについては、七四％の人が沖縄に対する差別だと考えている（『琉球新報』二〇一四年一月二九日付）。現代の沖縄人は、これらの差別された記憶を忘れてはいない。とりわけ大きいのは沖縄戦の記憶である。

沖縄のローカル二紙に、米兵の事件事故の記事が載らない日はない。そのつど高齢者たちは戦争の日々に引き戻される。沖縄戦から現在の米兵犯罪まで地続きの沖縄では、沖縄戦の記憶の消える暇がない。

故郷の山や景色は自分の一部

そこが自分たちの生活の場であった沖縄の住民にとって、戦場とは、故郷であり心の一部である。これに対し、沖縄人の言葉がわからない日本兵や米兵にとって、山や断崖や松の木は、単なる風景でしかない。私はいま原発事故で故郷を失い、近所付き合いや夏祭りを失った人々の話を多く聞いているが、故郷の山や川や青い空は、たしかに自分の心の一部だったという。

沖縄には濃厚な近所付き合いや、たちまち一緒に踊るカチャーシーに代表される地域の文化がある。これがいかに沖縄戦のトラウマから住民を守ってくれただろうかと思うと同時に、こうした環境または文化的なレジリアンスを戦場で剝ぎ取られた住民たちのトラウマの大きさを思うのである。同じ戦場にいて沖縄住民にとっては故郷の山や川という「心の被膜」による安心感、あるいはその喪失による虚無感があり、しかし県外から来た日本兵や米兵にとって、山も木も何の意味ももたなかった。

だから、沖縄の住民と日本から来た兵隊のPTSDは違うだろうと思われる。日本から来た兵隊にしてみると、他人の土地だから、山が壊れようが人が死のうがあまり関係ない。しかし沖縄の人にしてみると、山が壊れるということは自分の心が壊れることである。住民が目の前で死ぬということは、自分が壊れることである。日本兵と沖縄の住民とでは、戦場での崩壊感覚がまったく違う。

沖縄の人は悲しむことができる

二〇一六年、二〇歳の女性のレイプ殺人事件があった。このとき県民大会が開かれ六万五〇〇〇人が集まり、私も参加した。そこでは、六万五〇〇〇人がみなうつむいて悲しんでいた。

私は福島にいるが、福島では「頑張ろう福島」としか言わない。これは躁的防衛でしかない。今の福島であのときの体験を共有して「悲しもう」と言うと、「まだそういうことを言うのか、風評加害だ」と叱られる。福島では大震災や原発事故避難のときの痛みや悲しみを、いまだ共有することができない。

沖縄では、トラウマや悲しいことをみなで悲しむ文化があることに、私はとても驚いた。特攻隊のように死を美化する文化に比較して、沖縄では「命どぅ宝」、生きていることこそが宝なのだ、死んだら駄目なのだと考える、その違いをまざまざと感じた。

こうした沖縄の文化があるからこそ、トラウマに向き合うことが可能になるのだと思う。辺野古の座り込みに行くバスに乗ると、人々は口々に自分にとっての沖縄戦体験を語る。これは新しい文化だと思う。

［文　献］

（1）蟻塚亮二『沖縄戦と心の傷—トラウマ診療の現場から』大月書店、二〇一四年。

（2）Rosen, J., Reynolds, C.F., Yeager, A.L. et al.: Sleep Disturbances in Survivors of the Nazi Holocaust. *Am J Psychiatry* 148(1): 62-66, 1991.

（3）U.S. Department of Veterans Affairs: Aging Veterans and Posttraumatic Stress Symptoms. (https://www.ptsd.va.gov/understand/what/aging_veterans.asp#:~:text=Many%20older%20Veterans%20find%20they,loss%20of%20interest%20in%20activities.)

（4）遠山茂樹『遠山茂樹著作集第四巻　日本近代史論』岩波書店、一九九二年。

第13章 日本軍兵士と「加害者のトラウマ」

中村江里

はじめに

一九三一年の満洲事変から足かけ一五年にわたる長期の戦争では、多くの男性たちが兵士として徴集・召集され、天皇制国家への絶対服従と死を賭した戦いを強いられた。戦友の死の目撃や爆撃の恐怖、上官からの厳しいいじめやしごきを伴う「私的制裁」によって、戦争神経症[1]をはじめとする精神疾患を発症した人々も存在した。これらは戦争や軍隊生活における被害の経験とかかわっている。一方、第2章の伊香論文でも論じられているように、日本軍兵士たちは侵略戦争においてさまざまな戦争犯罪にかかわったのであり、そうした加害行為がどのような精神的影響を及ぼしてきたのかということも重要な問題である。

しかし、加害や戦争の問題は、臨床心理学や精神医学のトラウマ研究においてもこれまであまり取り上げられてこなかったようである。[2] 欧米でトラウマや心的外傷後ストレス障害（ＰＴＳＤ）に対する認知が進んだのはベトナム戦争の影響が大きいが、日本の場合は、戦争ではなく自然災害（一九九五年の阪神・淡路大震災）がきっかけとなっており、このこと自体が加害国として戦争と向き合うことの難しさを示していると言えるだろう。

本章では、まず「加害者」を論じる際の前提として、戦争の歴史やジェノサイド研究で議論されてきた、「普通の」兵士たちによる戦争犯罪という議論について確認する。次に、筆者がこれまで研究してきた日本軍を事例に、加害行為やそれによるトラウマの語りにくさということについて論じる。そして最後に、近年国際的にも注目が集まりつつある「加害者のトラウマ」という概念について紹介し、その意義と限界について整理したい。

「普通の」兵士たちによる戦争犯罪

日本では、一九八〇年代以降、戦争犯罪研究が進展し、元兵士たちによる加害証言も行われるようになった。それによって、民間人も含めた虐殺、略奪、レイプ、拷問、人体実験の実態が明らかとなったが、こうしたあまりにも残酷な戦争犯罪は、ごく一部のサディスティックな、「特殊な」人々が行ったのかということも論点となった。

たとえば、小田実『「難死」の思想』[3] では、日本軍のＢＣ級戦犯の戦争犯罪を分析した作田啓一の論文「われらの内なる戦争犯罪者」[4] で最も残虐な事例として論じられる「石垣島ケース」に言及し、戦争犯罪は「日本人」の特殊性ゆえに起きたものではなく、ある条件下において、人間なら誰でも起こしうるものだ、と指摘している。

なお、戦時中陸軍の依頼で中国に派遣されて、戦場心理の研究を行った軍医の早尾乕雄《とらお》も、内地では「善良」だった人が加害行為に加わっていたことを指摘している。

多くの将兵の中であるから如此不良性の者が混じて居つた結果と言ふべきだろうか。勿論それもあるが実際内地にあつても善良な人であり実際に面接しても犯罪をなすとは考へられぬ人に尚意外の行為がある。是等は確かに「戦場だから」「勝利者なんだから」「第一線なんだから」等の考が強く誘惑に打ち勝つ力が麻痺して了つたと考へるのが至当である。(5)

また、日本と同じく第二次世界大戦の加害国であったドイツにおいても、これは大きな論点になってきた。クリストファー・ブラウニング『普通の人びと』(6)は、ユダヤ人の大量殺戮にかかわったナチ・ドイツの警察予備大隊の兵士たちは、狂信的反ユダヤ主義から殺戮を行ったわけではなく、良き夫・父であった「普通の」人々が大量殺戮者となっていったと指摘している。

戦争がなければ、良き夫であり、良き父であったかもしれない多くの「普通の」男性たちは、なぜ大量虐殺の加害者になり得たのか。加害者になるプロセスに、加害者とは一見結びつかないように思われるトラウマはどのようにかかわっているのか。以下ではそのような問題について考えてみたい。

加害行為とそれによるトラウマの語りにくさ

トラウマはそもそも言語化が困難であるが、共犯性や加害者性、犯罪性を帯びるものは、共感を得られにくく、叱責・非難のおそれのある出来事であるため、とくに「語りにくいトラウマ」の一つとされている。(7) そもそも加害行為自体が語られない構造がある。戦時中は戦地での加害行為が銃後の人々に知られないよう軍事郵便には検閲が加えられ、報道統制が行われた。(8) 戦後は、加害行為について語ることは戦争犯罪人として裁かれることにつながるおそれから、沈黙していた人々も多いだろう。また、中国帰還者連絡会など加害証言を行った人々に対しては、戦友会からの圧力や「反共」バッシングが行われた[9]。

戦場で加害行為にかかわった日本軍兵士たちは、そのとき何を感じ、戦後みずからの行いとどのように向き合ってきたのか。野田正彰『戦争と罪責』[10]は、あまり語られてこなかったこの問題に鋭く切り込んだ。野田が聞き取りを行った軍医・兵士・将校・憲兵たちは、中国戦線でみずからが行ったことを事細かに覚えていたにもかかわらず、加害行為を行った相手の顔を思い浮かべ、そのとき相手がどう感じたかに思いをめぐらせることができなかった。野田は、精神的に傷つきにくく、感情が鈍麻した状態と「悲しむ心」の欠如は、「日本人の社会的性格」なのではないか、と指摘している。多くの男性たちが戦場での暴力に加担し、戦後はとくに大きな問題もなく市民社会へと戻っていった（ように見える）ことを考えると、野田の聞き取りと考察は、戦時中のみならず戦後の日本にも引き継がれた社会病理を鋭く抉り出したものと言えるだろう。

ただし、旧日本軍兵士が他国の兵士と比べても精神的に傷つくことがあまりに少ないとする根拠として挙げているデータに関しては、検討の余地があると思われる[11]。野田は、戦時中、精神神経疾患の治療を行っていた国府台陸軍病院の入院患者八〇〇二名の病床日誌（カルテ）のうち、「虐殺の罪におびえる記述」は「わずか二件」だったとしている。この点に関しては筆者も部分的な調査を二回行ったことがあるため、以下にその概要を示す。全体のなかでごく少数であることは確かだが、ここで挙げた以外にも該当するケースはあると考えられ、なお精査の必要があるだろう。

第一回の調査では、中国（主に日本軍による「治安戦」が展開された北部）で発病し、国府台陸軍病院に入院した戦争神経症の患者二七一名の病床日誌を分析した結果、以下のように四名に加害行為に関する記述（うち一名は友軍に対する加害）がみられた[12]。

〈事例①〉

江蘇省で発病した一等兵。原職は大工。一九三八年六月一七日の日誌では、軍医との間で以下のような問答が行われた。「支那兵殺したのが怖しいのか―あれが怖いです」「何でやった―銃剣です。殺したらにらんでました」

〈事例②〉

浙江省で発病した一等兵。原職は農業。一九三九年七月一四日の日誌では、部隊に所属していた中国人通訳が中隊長のものを盗んだので「半殺しにした」ことや、そのため通訳の「変な目付」が忘れられず、中国人がみな自分を襲ってくるような感じがしてならなかったと語っている。

〈事例③〉

河北省で発病した一等兵。原職は大工。一九三九年一一月二七日、国府台に送られてくる前に入院していた広島陸軍病院の日誌では、「支那に於て六人ばかりの支那人を殺したがその中十二才の子供をつき殺し可愛相だなと思つたこと、いつまでも頭にこびりつき、病変の起る前には何だかそれが出て来る様な感がする」と語っている。

〈事例④〉

山西省で発病した一等兵。原職は生命保険会社社員。一九四〇年九月一五日の中国の患者療養所の日誌では、山西省での戦闘中、自分の発した小銃弾で友軍に害を加えたと信じ、「加害妄想絶えず」と記されている。

これ以外に、具体的な加害行為については触れられていないが、「戦争が道徳上疑問に考へらる」ようになり、何度か自殺しようとしたというケースや、「人には云はぬが心の中で色んな誤をして来た様な気がする」など、近年米軍などで問題化している「モラル・インジャリー[13]」に該当するようなケースも二件あった。

第二回の調査では、一九三九年度および一九四三年度に国府台陸軍病院を退院した「精神分裂病（現在の病名は統合失調症）」の患者五八三名の日誌を分析したところ、少なくとも三名に加害行為に関する記述がみられた[14]。

〈事例⑤〉

「中支」で発病した一等兵。原職は農業。一九三八年二月一九日広島陸軍病院の日誌では、「常熟で『エレキ』の作用により銃剣もて支那人二名を殺した」「どうも人殺をしたのでこれ以上の罪はないと思ひます。今も憲兵隊から電話がかゝつて来て、自分に出頭して来いと言ひますから、今から行つて来ませうか。判決があつたら自殺の覚悟は充分にあります。心配は要りません」「周囲の人が自分の悪口を言ひます。〇〇（患者の氏名）は一番多数の支那人女と交接したと。それも『エレキ』の作用だと思ひます。七、八人とやりました。もう内地へ帰つたらそんな事はしません」と語っており、数ヵ月前に中国人二名をピストルで銃殺してから幻聴が聞こえるようになったという。

〈事例⑥〉

「中支」で発病した一等兵。原職は農業。一九三八年七月一六日の日誌によると、南京から上海へ後送される途中、蘇州に近づくとクリークの中へ車中から飛びこんだ。幸い浅かったのでそのまま岸にあがって身を隠したが、直ちに捕えられ、憲兵隊に留置された。隠れたのは、「支那人に見らるゝを恥ぢんため」であるという。翌八月六日の広島陸軍病院の日誌では、「俺が斯る病気になつたのは支那人を二人殺したからだ」と語っている。

〈事例⑦〉

河北省で発病した一等兵。原職は会社員。一九四三年二月六日の日誌では、「入院直前迄のことを覚えてをるだけ話してみよ」と軍医に言われ、「討伐に行つて支那兵がボーボー燃やされるのが気の毒であつた」と答えている。しかし、「それで非常に驚いたのか」と問われても、表情をほとんど動かすことなく「びっくりしませんでした」と応答している。

これらの事例ではそこまで明示的に加害行為への罪の意識は語られていないが、上述のように戦時中は加害行為について語ることそのものが厳しく制限されていたことや、多くの病床日誌は軍医将校による下級兵士の患者への問診に基づいて記されたものであったことを考えると、患者が戦場での加害行為に対する疑問を呈することは難しかったと考えられる。以上の点をふまえたうえで、これらの患者たちは、上官の命令や「敵」の非人間化などのさまざまな合理化を行ったとしても、加害行為が精神的な負荷を伴うものであり、それに対処し切れなかった事例と言えるだろう[15]。

また、ここで分析されているのは戦時中のカルテのみで、戦後長期にわたる精神的後遺症となった事例については考慮されていないことにも注意が必要である。以前筆者が行った、精神科医の五十嵐善雄への聞き取りによると、戦後五〇年以上、慢性の統合失調症として幻聴に苦しめられていた男性は、ある日、上官の命令で中国の市民を殺してしまったと泣きながら語った。五十嵐は、彼の「幻聴」は殺された人々の声のフラッシュバックであり、現在の診断基準ではPTSDに該当するのではないかと考えるようになったという[16]。上記の事例⑤も含めて、統合失調症の症状とされてきた「幻聴」や「妄想」にも同様に解釈できるものが存在するかもしれない。

兵士たちのトラウマ――加害と被害の二重性から考える

トラウマは戦争だけではなく、自然災害やレイプ、虐待の経験によっても生じる。兵士の場合に複雑なのは、暴力の客体（被害者）となるだけでなく、暴力の主体（加害者）にもなるということである。加害者にもトラウマは生じるのか。そうだとすれば、それはどのようなものなのだろうか。

マクグロスリン[17]によれば、近代以降のトラウマ理論において、加害者の存在は常に「亡霊」のように現れるという。初期のトラウマ理論において、フロイトが示すトラウマ化の事例は、被害者だけでなく加害者も含んでいた。フロイトのトラウマ理論の影響を受けたキャシー・カルースの『モーセと一神教』に対しては、イスラエル人によるモーセ殺害を、「ユダヤ人の生存の歴史」に変換したことによって、加害者にもトラウマが生じうるという「ありえないこと」を暗示しているという批判があった。このことは、トラウマ概念が道徳性や被害者性と強く結びついていることを示しているだろう。

また、代表的なトラウマ反応であるPTSDも、恐怖という感情を中核とするモデルであり、被害者性と結びついている。ベトナム帰還兵の半数が敵の戦闘員の命を奪ったと報告し、三分の一弱が虐待的な暴力を目撃したと報告しているにもかかわらず、PTSDの定義は、加害行為によって生じる道徳的葛藤、恥、罪悪感ではなく、被害経験とその影響が主軸となった。

このように、トラウマやPTSDは被害者性と強く結びつけられているため、「加害者のトラウマ」はほとんど考察の対象になってこなかった[18]。これは心理学や精神医学だけでなく、戦争とトラウマの歴史研究でも同様である。Web of Science で"perpetrator trauma"というキーワードで検索してヒットするのは一四件のみであり、いずれも二〇〇〇年代の論文である。二〇〇〇年代以降、「加害誘発性外傷性ストレス（perpetration-induced traumatic stress：PITS）」を提起したマクネアー[19]を筆頭に、加害者のトラウマに関する理論、表象、歴史研究が増えつつある。

それでは、加害行為に伴うトラウマはどのように生じ、どのような症状が生じるのだろうか。以下では主に、マクグロスリン[17]に即して整理する。大規模な暴力行為に参加した人々は、それまで自分が抱いてきた道徳規範や自己アイデンティティ、自己の心理的統合性に対して破壊的な脅威がもたらされ、自己の行為と自己イメージの間で認知的不協和と精神的な不快感が生じる。日本の戦争文学を素材として、「兵士になる」とはどういうことかを分析した神子島[20]は、これを「『兵士としての自己』と『兵士でない自己』の葛藤」と簡潔に表現している。

とくに最初の加害行為は突然の衝撃をもたらし、「人間の経験の新たな次元に入る」ような経験であり、殺人行為は、「一度越えてしまうと二度と戻ることのできない、根本的な経験上の閾値を超えてしまうこと」である。中国戦線で初年兵に対して行われた「実的刺突」という悪名高い訓練は、彼らにとって「初めて人を殺す」[21]経験であり、先に紹介した五十嵐への聞き取りのなかでも出てきたように、ほとんど語られない加害行為のなかでも、外傷性記憶を伴う出来事として語られることが多いように思われる。おそらくそれは、「兵士でない自己」の感覚がまだ残っているときに行使される暴力だからであり、この一線を踏み越えてしまうと、暴力に対する痛覚が麻痺してしまうからではないだろうか。逆に、「兵士」から「市民」に戻った後に、自分が戦時中行ったことと向き合うなかで、「痛み」の感覚を取り戻すこともあるだろう[22]。

このように、トラウマを生じさせる要因は加害者と被害者で大きく異なるが、症状（不安・パニック・抑うつ・苛立ち・身体的不定愁訴など）はよく似ている。加害者のトラウマの場合に多い症状としては、悪夢やフラッシュバックなどの侵入的なイメージや、トラウマを思い出す苦痛を回避するための、中和（neutralization）や合理化などのコーピング・メカニズムが挙げられる。こうした加害者のトラウマに対処するための方法は、当事者のケアにとって必要なものであると同時に、加害行為やその記憶、責任の否定につながるという倫理的問題もやはりあるように思われる。

また、加害行為に誘発されたトラウマの場合は、「脱人格化」や「脱現実化」といった解離症状を示すことがある。「脱人格化」は、自分が殺人を行っている主体ではなく、あたかも観察者であるかのように外から見ているという状態である。野戦郵便の分析を通じて、「普通の」ドイツ兵の加害の構造を分析した小野寺[23]は、「兵士としての自分」を「民間人としての自分」から切り離し、自己を「二重化」させることで加害行為に伴う葛藤に対処しようとした兵士の例を紹介している。

一方、「脱現実化」は、行為に関する深い非現実感（精神的麻痺・感情の抑圧）として現れる。マクグロスリン[17]は、一見すると否定や無関心、感情の欠如に見えるかもしれない反応が、実際にはトラウマの表れである可能性があることを指摘している。先に紹介した野田[10]は、加害行為にかかわった日本兵の日記では、虐殺を行った翌日も不安や悲しみを記すこともなく、何事もなかったかのように食欲旺盛であることに「唖然とした」と述べている。筆者もそのあまりのギャップが信じられないという心情は理解できるが、多くの日本兵にみられる感情が鈍麻した状態は、むしろトラウマに対処するための反応と考えることができるのではないだろうか。

この点に関しては、一九九九年に、軍「慰安所」での体験や強姦の体験について日本兵への聞き取りを行ったフェミニストカウンセラーの井上摩耶子が、やはり野田の考察に批判的に言及しながら、以下のように指摘している。

もともと人が人を殺すことを目的とする戦争に、感情を鈍麻させることなく、豊かな感受性をもって参加することは無理というものではないか。相手の苦しむ顔を直視して、相手に共感し、感情移入しながら殺すこと、強姦することはできないだろう。（中略）むしろ、私にとって問題だと思うことは、彼らには、安全な場で、繰り返し繰り返し外傷体験を語ることが保証されていたのかということである。[24]

筆者はこれまで、戦時中のトラウマ体験によって精神疾患を発症した兵士に対する日本軍や日本社会の対応について研究してきたが、戦時中には彼らの加害体験はおろか、被害体験によるトラウマも、安全に語れる環境はほとんどなかったと考えている。[25] 井上の指摘は、そうした状況が戦後も続いており、そのことによって、被害も加害も含めた戦争体験を率直に語り、社会がそれと向き合うことを難しくさせていたことをうかがわせるものである。

重要なのは、相手の痛みを感じることなく加害行為を行うことができる「兵士」が作られていくプロセスの初めの段階で、彼らは徹底的な服従をたたきこまれ、みずからの痛みを感じることが許されなかったことだろう。日中戦争に従軍していた詩人・井上俊夫のエッセイ『初めて人を殺す』には、暴力が「順送り」されていく軍隊の構図が生々しく描かれている。

自分たちが年次の古い兵士から加えられてきた陰湿な私的制裁も、今度はそっくりそのまま私たち初年兵に加えることによって、この一年間たまりにたまった鬱憤を、ここぞとばかりに晴らすことができるのである。つまり、軍隊はなんでも順送りになっているのだ。先輩から痛めつけられた腹いせは、後輩に向かって思う存分やればよいという、陰険きわまりない仕組みになっているのだった。(21)

そして兵士たちの「痛めつけられた腹いせ」は、まわりまわって最終的には中国の人々にぶつけられた。

いつも上官にいびられ、小さくなって暮らしている私たちであるが、中国人に接する時だけは、なんの遠慮会釈もいらなかった。私たち初年兵が威張れる相手は中国人だけしかいなかった。(21)

このように、兵士たちの加害行為やそれに伴うトラウマは、「もっともひどく虐げられている者が最もよく虐げる」(26)という軍隊のもつ暴力の連鎖の仕組みのなかで理解する必要があるのではないだろうか。

おわりに――加害者のトラウマ概念の提起する問題と課題

日本社会は、多くの当事者が世を去ってしまってからようやく兵士のトラウマ（加害・被害経験ともに）の問題に向き合うことになった。元兵士たちが、ＰＴＳＤからの回復の三段階[27]のうち、第一段階（安全の確立）、第二段階（想起と服喪追悼）の過程を飛ばして、いきなり第三段階（通常の生活との再結合）に「企業戦士」として投げ込まれたことの歪みが、現在の社会にも影響を与えているのではないだろうか。

加害者のトラウマとケアは、移行期正義（組織的な暴力や人権侵害の過去と向き合い、社会のトラウマを克服して和解を目指すための具体的な法的及び政治的メカニズム）の枠組みで重視されており[18]、加害者をモンスターではなく人間であると認めることで、彼らが行った暴力の選択や動機をより深く検討できると考えられている[28]。兵士たちが加害者になっていくプロセスで封じられてきた感情や痛みは、加害の構造を理解し、暴力の抑止につなげていくうえで重要な鍵を握っているのである[29]。

一方で、加害者のトラウマ概念にはさまざまな限界や課題もある。第一に、「加害」概念のなかには、集団／個人、自主的／強制的、直接的／間接的、法的／道義的／社会的責任など多様な経験が混在していることである。

第二に、加害者のトラウマ反応に過剰に道徳的性格を付与することには慎重であったほうがよいかもしれない。マクグロスリン[17]は、ナチ親衛隊（ＳＳ）の指導者であったハインリヒ・ヒムラーのように、大量殺戮の責任的な立場にある者であっても、銃乱射事件を目撃したときに苦痛を感じることがあったことに触れながら、そうした嫌悪反応に道徳的な性格を付与することには慎重になるべきだと注意を促している。また、冒頭で紹介したブラウニング[6]が分析したドイツの警察予備大隊のうち八〇～九〇％の隊員が、自分たちの行っていることに恐怖を感じ、嫌悪感を催したにもかかわらず、殺戮を遂行した。こうした事例からも、暴力に対する反応と、それを支持・遂行したことの責任は別問題と考えたほうがよいのではないだろうか。

最後に、加害者のトラウマを理解することが、彼らを安易に「被害者」のポジションに置いたり、加害行為そのものを否認することにつながらないよう注意が必要である。[30]日本軍の侵略による犠牲者たちは、その視線や声を兵士たちの身体に刻みつけはしたが、言葉を残すこともなく命を奪われていった。この関係性においては、日本兵と彼らを戦地に送り出した指導者および国民は圧倒的な暴力を行使した加害者である。第23章のキャリー・チェン氏の参加記にもあるように、この事実は戦争の被害国の人々に、世代を超えて痛みを呼び起こすことを、議論の前提として踏まえておく必要がある。加害者が苦しんでいるという認識によって、彼らの行った犯罪の道義的・法的責任に対する見方を変えるべきではない[17]という指摘は、戦争責任に対する否定論が根強くある日本ではとくに強く意識すべきだろう。

［文献・注］

（1）総力戦とともに各国の軍隊で問題化した心因性の神経症の総称。現在の心的外傷後ストレス障害（PTSD）に該当する例も含まれていたと考えられている。

（2）筆者は二〇一八年のトラウマティック・ストレス学会で、「海外派遣自衛官と家族の健康を考える会」のメンバーとともに「戦争とトラウマについて考える」というテーマのシンポジウムに登壇したが、戦争についてはそれまで同学会でもあまり関心がもたれてこなかったということが話題になった。翌年の二〇一九年の同学会では、本書の執筆者でもある森、竹島、村本らとともに、「兵士の加害体験」をテーマとしたシンポジウムに登壇した。

（3）小田実『「難死」の思想（同時代ライブラリー）』岩波書店、一九九一年。

（4）作田啓一「われらの内なる戦争犯罪者―石垣島ケースをめぐって（ドキュメント）」『展望』八〇号、一九六五年、七〇―八七頁。

（5）早尾乕雄「戦場神経症竝ニ犯罪ニ就テ」高崎隆治編・解説『軍医官の戦場報告意見集（十五年戦争重要文献シリーズ第一集）』不二出版、一九九〇年、一―五二頁（原著は一九三八年）。

(6) クリストファー・R・ブラウニング（谷喬夫訳）『増補 普通の人びと―ホロコーストと第一〇一警察予備大隊』ちくま学芸文庫、二〇一九年。

(7) 宮地尚子『トラウマ』岩波新書、二〇一三年。

(8) 吉田裕『天皇の軍隊と南京事件―もうひとつの日中戦争史』青木書店、一九八六年。

(9) 星徹『私たちが中国でしたこと―中国帰還者連絡会の人びと』緑風出版、二〇〇二年。

(10) 野田正彰『戦争と罪責』岩波書店、一九九八年。

(11) 清水寛編著『日本帝国陸軍と精神障害兵士』（不二出版、二〇〇六年）もやはりこのデータには疑問を呈しており、戦争神経症患者の抑うつ状態のうち「『罪責感』に関わる症状が三一件もあった点は注目される」と指摘しているが、この「罪責感」には加害によるものだけでなく、発病したことそのものへの「罪責感」や、軍隊生活や軍務における自己の過失に対する「罪責感」も含まれる可能性があると考えられる。

(12) 第一回の調査は、清水寛編『十五年戦争極秘資料集 補巻二八―資料集成 戦争と障害者〔第一期〕』第五・第六冊、二〇〇七年、第七冊、二〇〇八年、不二出版の分析を行った。

(13) それまでの道徳的信念を揺るがすような戦闘体験をした際に引き起こされる苦悩のこと。Shay, J.: *Achilles in Vietnam: Combat Trauma and the Undoing of Character*. Simon and Schuster, 1994. は、モラル・インジャリーを、単に兵士がみずからの道徳的信念に反する行為を犯した結果だけではなく、軍隊や社会などの他者による道徳的裏切り体験の結果としても整理しているが、後者については別稿で論じたい。

(14) 第二回調査は、国府台陸軍病院の診療録（原本）の分析を行った。

(15) 軍事心理学者のデーヴ・グロスマンは、『戦争における「人殺し」の心理学』（ちくま学芸文庫、二〇〇四年）のなかで、人間には本来殺人への抵抗感があるが、権威者の要求、集団免責、犠牲者との物理的・心理的距離などの合理的プロセスを経て殺人が可能になると指摘している。

(16) 中村江里『戦争とトラウマ―不可視化された日本兵の戦争神経症』吉川弘文館、二〇一八年。

(17) McGlothlin, E.: Perpetrator Trauma. In: Davis, C., Meretoja, H. (eds.): *The Routledge Companion to Literature and Trauma*. Routledge, 2020, pp.99–109.

(18) Anderson, K.: *Perpetrating Genocide: A Criminological Account*. Routledge, 2018.

(19) MacNair, R.M.: *Perpetration-Induced Traumatic Stress: The Psychological Consequences of Killing*. Praeger, 2002.

(20) 神子島健『戦場へ征く、戦場から還る—火野葦平、石川達三、榊山潤の描いた兵士たち』新曜社、二〇一二年。

(21) 井上俊夫『初めて人を殺す—老日本兵の戦争論』岩波現代文庫、二〇〇五年。

(22) 第1章の東野論文で取り上げられている元兵士の山本武さんの事例は、家族という回路を通じて被害者の痛みを感じるようになったケースである。

(23) 小野寺拓也『野戦郵便から読み解く「ふつうのドイツ兵」—第二次世界大戦末期におけるイデオロギーと「主体性」』山川出版社、二〇一二年。

(24) 井上摩耶子「旧日本軍兵士の加害意識—慰安所体験・強姦体験への聞き取り調査から」VAWW-NET Japan 編『加害の精神構造と戦後責任—日本軍性奴隷制を裁く 二〇〇〇年女性国際戦犯法廷の記録 第二巻』緑風出版、二〇〇〇年、九九—一二四頁。

(25) 中村江里「戦争が日本兵と家族にもたらした心の傷」海外派遣自衛官と家族の健康を考える会編『自衛官と家族の心をまもる—海外派遣によるトラウマ』あけび書房、二〇二一年、五一—七三頁。

(26) 彦坂諦「男性神話からみた兵士の精神構造」VAWW-NET Japan 編、前掲書、四四—七二頁。

(27) ジュディス・L・ハーマン（中井久夫訳）『心的外傷と回復〈増補版〉』みすず書房、一九九九年。

(28) Mohamed, S.: Of Monsters and Men: Perpetrator Trauma and Mass Atrocity. *Columbia Law Review* 115 (5): 1157–1216, 2015.

(29) 坂上香（『プリズン・サークル』岩波書店、二〇二二年）が取材した刑務所内の治療共同体（ＴＣ）でも、さまざまな感情を感じ取り、理解し、表現する能力である「エモーショナル・リテラシー」の習得が重視されている。

(30) 本稿では「加害者のトラウマ」概念を用いたが、被害者性や道徳性を帯びたトラウマ概念を用いることで、倫理的葛藤と倫理的責任の問題が混同されてしまうという問題があるように思われる。モラル・インジャリーも含めて、今後はこの点を明確に分けて論じられるような概念整理が必要だろう。

第14章

なぜこんな目に遭わなくてはならなかったのか

――原爆被害者の苦しみとその意味の追求

根本雅也

はじめに

一九四五年八月、アジア・太平洋戦争の末期、広島と長崎に原子爆弾が投下された。広島では一四（±一）万人、長崎では約七万人が、一九四五年一二月末までに亡くなったとされている[1]。

本書の第Ⅲ部は「トラウマとポジショナリティ―戦争の被害者・加害者としての日本」と題されている。日本がアジア・太平洋戦争において被害と加害の側面を有しているとするならば、広島と長崎に投下された原子爆弾の災禍は、日本という国の被害を象徴するものだろう。だが、「国の被害」として眺めるとき、何か見落とされるものはないだろうか。国の被害として、その規模に目が向けられる一方で、被害の質や多様性、複雑さ、そしてその只中にある人々の微細な心の動きは等閑視されてしまうように思う。

原爆によって長く苦しんできたのは、国ではなく、一人ひとりの人間である。この視点から、本章では、原爆被害者たちが抱える被害に焦点を当て[2]、そのありようとともに、被害者の立場を探る。原爆は人々に何をもたらしたのか。何に苦しんできたのか。そして、その苦しみはどのような影響を与えたのか。これらの問いを念頭に置いて、原爆がもたらしたさまざまな被害、「トラウマ」(心の傷)、そして被爆者たちによる死と苦しみの意味の追求について検討してみたい。その作業を通じて、本章は原爆被害者の「ポジショナリティ」――〈立場〉――について考える[3]。

原爆がもたらしたさまざまな被害

原爆は人々にどのような被害を与えたのか。原爆被害に関する調査研究にはかなりの蓄積があり[4]、本来ならば、多くの説明を要する。しかし、ここでは被爆者の心の傷と意味の追求により力点を置くため、簡単な説明にとどめたい。

アメリカによって投下された原子爆弾は、熱線、爆風、放射線という三つのエネルギーを出した[5]。熱線と爆風は人々に外傷を与えた。とくに熱線による火傷は、その後、皮膚が盛り上がってケロイドと呼ばれる瘢痕を形成することもあった。ケロイドは皮膚のひきつれであり、身体の動きに支障をもたらし、痛みやかゆみを引き起こす。また、外見の変化によって、被爆者は周囲から奇異の目で見られたり、遠ざけられたりもした。その結果、ときに被爆者はみずからの性格まで変えることとなった[6]。

原爆から放たれた放射線は、人々に短期的にも長期的にも影響を及ぼした[7]。短期的には、脱毛や高熱などを引き起こし、しばしば被災者の命を奪った。長期的には、放射線は、各種のガンなどを引き起こしてきた。こうした影響は、戦後、被爆者と非被爆者の集団を比べる疫学調査を通じて解明されてきたものである。つまり、原爆の放射線によってどのような影響があるのかは、被爆者たちが戦後を生きるなかで同時代史的に明らかにされてきた。言い換えれば、被爆者たちは自分の身に何が起こるのか、わからないままに戦後を生きてきたということになる。

被爆者が現在も悩むことの一つに、放射線による遺伝的影響の可能性がある[8]。現時点では、被爆者からその子どもへの遺伝的影響はみられないとされている。しかし、一〇代で被爆した人々が結婚・出産を迎える時期、一九五〇年代後半には遺伝的影響への言及が頻繁になされていた。そのため、結婚や出産を諦めたり、自分が被爆者であることを隠したりしていた者もいた。

原爆は被爆者の「からだ」に爪痕を残しただけではない。それは被爆者の「くらし」にも影響を与えた。たとえば、原爆によって財産を喪失した者、また父親や夫など家計を支える者の喪失は、戦後の生活に大きな影響を及ぼした。放射線影響による体調の不良や病気は、被爆者の就職を困難にさせたり、失業に追い込んだりもした[9]。被爆者に対する差別もあった。とくに、結婚は被爆者が直面した大きな問題の一つだった。遺伝的影響が懸念され、結婚相手の対象から外されたり、相手は受け入れていてもその親から反対されたりした。

原爆の被害の一つひとつは、相互に関連し合う。ある被爆した女性は、原爆で母親ときょうだいを亡くした。戦後、父親は放射線の影響によって体調を崩して働けなくなり、亡くなってしまう。生活するために、この被爆者は、自分自身もケロイドや体調不良で苦しんでいたにもかかわらず、必死で仕事を探した。だが、ケロイドをもつ彼女はなかなか仕事を見つけることができなかった。ようやく接客業の仕事を見つけた際にも、客とかかわる仕事は許されなかった。それでも、ようやく見つけた仕事であったため、一生懸命に働いた。しかし、職場で吐血し、入院することになってしまう。このように、ケロイドという外傷、放射線による体調不良、経済的な苦境、差別といった要素は相互に結びつき、被爆者の戦後の生活に深く影響を与えてきたのである[10]。

心の傷——被害のなかにある〈加害〉の意識

原爆による被害の一つに心の傷がある。「被害者」と「加害者」というカテゴリーを考えると、被爆者は紛れもなく原爆による被害者であろう。だが、心の傷、とくに罪意識を抱える被爆者にとっては、彼らは「被害者」でありながらも、どこかで「加害」の意識をもってもいる。何かを求められたにもかかわらず、何もできなかった。そうした後悔、罪の意識を抱えて生きる被爆者がいる。ここでは、筆者が聞き取りをした被爆者を例に、被爆者の心の傷について検討することにしたい(11)。なお、以下で取り上げる被爆者の名前はすべて仮名である。

浅野和也は一九四五年八月当時、一五歳で、故郷の山口県から、所属する陸軍幼年学校（市内から別の場所に疎開していた）に戻るなかで、広島で間接的に被爆した。彼は、八月六日の夜から翌朝にかけて、広島市内を歩いた。その途中、「幽霊」のようなか細い声で水を求められた。しかし、彼は、水をあげることも、近寄ることも、視線を向けることもせずに通り過ぎた。

この水を求める「幽霊」の声は、戦後も浅野の耳にこびりついて離れない。彼が書いた手記には次のように記されている。

> 被爆者の水を求める声は、六十二年たった今でも私の耳朶から離れることはない。いや離れるどころか加齢とともにその声は増幅され、その声に私は苦しむ。水を渇望する被爆者は、われわれの靴音をいったい何時間待ったことだろうか。そして遠ざかる「俺達の軍靴」の音をどんなに恨めしく聞いたことだろう。

戦後、浅野は当時の状況を調べ、それをもとに、自身に水を求めた人々は亡くなったと考えている。どうせ亡くなるのだったら、なぜ自分は水筒の水を飲ませてやらなかったのか、と自分を責めるようになった。この「幽霊」の声については、どれだけ年月を経ても、その場面を思い出し話そうとすると、涙が出てうまく話せないという。人前で体験を語るときには、この場面については語らないか、極めて冷静に、他人事のように語る。というのも、涙が出て話せなくなるからである。水をあげずに通り過ぎたことによって、そのときに聞いた声が今も耳から離れず、そのために苦しみ続けているのである。

梶田節子の事例は、「生き残る」こと自体が罪意識をもたらしうることを示している。梶田は、当時、女学校の一年生であった。八月六日は、体調を崩して欠席し、建物疎開作業に出ず、自宅で被爆した。当日、建物疎開作業に出ていた同級生は「全滅」だった。

なぜ自分が生き残り、他の同級生が亡くなったのか。梶田は、自分が生き残ったことについて思い悩んできた。次のように述べる。

> その時代、その時代にね、自分が生き残ったことをどう評価していいかわからなかったですね。どう考えていいのかね。手放しで「生きてよかった」と思っていいのか。でも、(その考えは)あの人たちが死んで、私が生きる方に回ってよかったっていうことでしょ。そういうこと分からなかったですね。

「生き残ってよかった」という考え方は、「同級生が亡くなって自分だけが生きてよかった」ことの裏返しだと梶田は捉える。そのため、自分が生き残ったことに意味を与えることができない。

戦後、梶田は生きるなかで亡くなった同級生のことを背負ってきた。誰しも生きるなかで、何か新しいことを体験することがある。そのときに喜びを感じたりするだろう。しかし、梶田の場合には、すぐさま同級生のことを思い出す。たとえば、初めてクラシック音楽に触れたとき、「これが芸術なんだ」と感動したという。一方で、自分が初めて聞いたということは、同級生は聞かずに亡くなったということだと考え、梶田はあらためて「むごいなあ」と感じる。

高校・大学へと進学し、就職、結婚、そして出産を経験し、そのときどきに喜びや苦しみがある。だが、梶田は、その背後には常に「寂しさ」があり、「生き残り」として生きるつらさがあったという。

生きていくことは寂しいことでしたよ。色んな意味の裏側にはみんな寂しいことが背中合わせにあって、生きているんですよね。私も「生き残り」としてじゃなくて生きたかったですよね。生きた者も寂しいし、死んだ者もむごいし。（中略）だけど、その寂しさだって知りたかったよって、死んだ子は言いますよね。どんなに生きたかったでしょう。

最後の事例として橋本弘を取り上げたい。彼は、ある犠牲者に対して負い目をもってきた。一方で、その負い目ゆえに、自分の体験を語らなくてはならないとも思っている。

橋本は当時一九歳で、爆心に近いビルで働いていた。被爆時には地下室にいたものの、爆発音を聞いて自分の職場である四階に上がった。どこからともなく女性の声が聞こえた。「橋本さん、助けてくれ」と自分の名前が呼ばれた。崩れた壁の下から女性の右手だけが外に出て、動いている。自分一人ではどうすることもできず、「人を呼んでくる」とその女性に声をかけ、名前を聞くことなく、他の階に移動した。他の階で救助活動にあたるなかで、橋本はこの女性の存在を忘れてしまった。翌日、建物内の遺体を片づけた。四階に上がり、自分に声をかけた、右手の女性のところに行くと、そこから、きれいな白骨が出てきた。名前を聞かなかったため、その女性が誰だったのかがわからない。それが、橋本にとって戦後長く続く後悔となった。

戦後、この女性の右手が夢に現れる。しかし、誰だかはわからない。橋本は自分が「生涯背負っていく荷物」

と考えている。彼は、戦後六〇年を過ぎてから、体験を人前で語り始めた。「若い人にこういうつらい思いをさせたくない」という思いもあり、語ることが「生きている者の義務」だと考えるようになった。しかし、語ることで「癒される」わけではない。あるとき、体験を語り伝える活動の場で、「体験を語ることで癒されているのか」と問われ、橋本は次のように答えている。

私の場合は、癒されておるかもしれないですけど、癒されてるって認識したことはないですね。義務的に、これだけは言っておかなければならないということの気持ちの方が大きいように思う。（中略）さっき言った、手を出している女性の、ねえ、名前も聞かずに焼き殺したというようなものは、話しても、この（胸の）つかえは治らんわね。（中略）私の場合は、今でも、（その女性が）夢枕に立って「あれは私だったんよ」と言って出てこないかなというのがあるんですから。だから、話して癒されるというのは、私はないような気がする。まあ、幾分はあるかもわからんけれども。難しいですね。私の場合は。

上記の通り、被爆者は、他の犠牲者に何かをしなかったこと、あるいはしたことを後悔し、みずからを責めることがある。また、梶田の事例のように、生き残ったこと自体が罪意識となることもある。それは、自分の生と他者の死がコインの裏表のように感じられたからである。自分が生き残ったことが、他の人々の死の上にあると感じられるとき、自分が生き残ったことの意味をどのように考えればよいのか。それもまた被爆者にとっての苦悩となる。そうした苦悩から、被爆者はときに償いや贖いの行動に出る。本節の事例では、橋本が体験を語ることに自分の「義務」を見出していた。それは「義務」であって、それをしたからといって彼の罪の意識がなくなるわけではない。それでも、彼にとっては、そうせざるをえなかったのである。自分の苦しみの意味、亡くなっていった者たちの死の意味を、被爆者はどう考えるのか。次節では、過去の原爆被害者調査をもとに被爆者たちの立場を検討する。

死や苦しみに意味はあるのか――一九八五年の原爆被害者調査の検討

全身にケロイドを負ったある男性の被爆者は筆者に次のように語ったことがある。

何もかも原爆のせいにするわけじゃないけど、原爆に自分がどれだけ潰されてきとるかね。（中略）心が原爆ということになるととざされてくるんかね。つらい面が多かったから。原爆でお礼せにゃいけんいうようなことはひとつもない。憎まにゃしゃあない。(12)

被爆者に聞き取りを行うなかで、心に秘める彼らの怒りを感じることがある。その「怒り」を言葉にするならば、「なぜこんな目に遭わなければならなかったのか」という問いで表せるかもしれない。自分が抱えている苦しみに意味はあるのか。自分が生き残ったこと、そしてその裏側で彼・彼女らが亡くなったことに意味はあるのか。そうした意味の追求という課題を、原爆被害者たちは抱えてきたように思われる。

本節では、原爆被害者団体である、日本原水爆被害者団体協議会（日本被団協）が一九八五年に行ったアンケート調査をもとに、原爆の被害は人々に何をもたらしたのか、そして被害に対して人々はどのような意味を見出すのかを考えてみたい。(13)

一九八五年に行われた調査の背景には、日本政府の原爆被爆者対策が関係していた。日本政府は原爆被爆者に対して医療や手当を給付してきたが、これらは社会保障の枠組みで行われていた。つまり、被爆者に対する施策は、戦争によって原爆の被害を受けたことへの補償というわけではなかった。この根底には、戦争による犠牲は

表14-1　総括表

被害	総数	「つらかったこと」1人当たり件数	生きる意欲の喪失体験のある者	国の責任を問うている者	類型Ａ・Ｂ	類型Ｅ・Ｆ
Ⅶ	200=100	11.7	141(70.5%)	163(81.5%)	174(87.0%)	11(5.5%)
Ⅵ	502=100	9.1	290(57.8)	352(70.1)	408(81.3)	50(10.0)
Ⅴ	832=100	7.3	376(45.2)	484(58.2)	597(71.8)	129(15.5)
Ⅳ	1223=100	5.6	428(35.0)	551(45.1)	749(61.2)	295(24.1)
小計	2757=100	7.2	1235(44.8)	1550(56.2)	1928(69.9)	485(17.6)
Ⅲ	1304=100	4.2	297(22.8)	482(37.0)	629(48.2)	449(34.4)
Ⅱ	1117=100	2.8	190(17.0)	353(31.6)	451(40.4)	499(44.7)
Ⅰ	889=100	1.7	100(11.2)	220(24.7)	238(26.8)	511(57.5)
0	677=100	0.4	29(4.3)	128(18.9)	143(21.1)	430(63.5)
小計	3987=100	2.6	616(15.5)	1183(29.7)	1461(36.6)	1889(47.4)
計	6744=100	4.5	1851(27.4)	2733(40.5)	3389(50.3)	2374(35.2)

「すべての国民がひとしく受忍しなければならない」という政府の考え方がある（受忍論と呼ばれる）[14]。戦争による一般市民の犠牲は「受忍」、すなわち、がまんしなければいけないということである。一九八〇年に出された政府の受忍論に対抗するため、日本被団協は一九八四年に「原爆被害者の基本要求」を出し、一九八五年に全国調査を実施した。この調査の中心にあった問いは「原爆とは人間にとって受忍しうるのか」であった[15]。

調査の分析の中心的な担い手の一人であった石田忠は、有効回答から六七四四名の調査票を選び出し、総括表（表14－1）を作成している[16]。

石田はまず原爆被害の層化を行う。これは原爆被害を被害の重さ・深さに応じた0～Ⅶの八つの層に分けるもので、Ⅶが最も被害が重いものとなる[17]。

表14－1からわかるように、被害が重くなればなるほど、被爆によるつらかったことの件数が増加する。そして、被害の層が大きくなるほど、生きる意欲を失った経験をもつ者の割合が大きくなる。同様に、被害の層が大きくなるほど、国の戦争責任を明確にすることを求める者の割合が大きくなる。類型Ａ・Ｂも同様に大きくなっ

ている。
類型A・Bとは、調査の設問【問二〇】〈生きる支え〉に対する回答に基づいた分類である。〈生きる支え〉に対する回答として、「被爆の証人として語り継ぐこと」「援護法制定の日まで生きぬくこと」「核兵器をこの地上からなくすために生きること」の三つすべて（類型A）、あるいはそのいずれかを回答した者（類型B）である。簡単にいえば、〈生きる支え〉に、体験の語り継ぎ、国家補償に基づく援護法、核兵器廃絶を挙げた者である。解釈を加えるならば、これらの被爆者たちは、自分たちの受けた被害を繰り返させまいとする態度と行動をとる人々だといえるだろう。(18)

類型E・Fは、類型A・Bとは逆に、体験の語り継ぎ、援護法、核兵器廃絶のいずれも〈生きる支え〉に含めていない被爆者になる。

総括表は何を示しているのか。まず、被害が重く深いほど、被爆者は「つらかったこと」が増え、生きる意欲を喪失した経験をもつということだ。つまり、原爆の被害は人々の生きる意欲を失わせるといえる。

次に、被害が重く深いほど、〈生きる支え〉に、体験の語り継ぎ、国家補償の援護法制定、核兵器廃絶を挙げている。このことは、被害が重ければ重いほど、原爆の災禍を繰り返さないことを求め、行動するということである。それは、自分の苦しみや原爆死の意味を、「原爆の災禍を繰り返さないこと」に見出すということになる。これは「なぜこんな目に遭わなければならなかったのか」という問いに対するみずからの回答――自分の苦しみの意味、そして生きる意味――であるように思われる。

さらに、被害が重く深いほど、国の責任を明確にすることを求めるということがある。これは、原爆が戦争の被害であり、戦争は国によって行われたと捉え、その責任を追及する態度である。言い換えれば「なぜこんな目に遭わなければならなかったのか」の原因を突き止める態度でもあるように思う。

総括表は、被爆者が原爆による死・苦しみの意味の追求をしていることを示している。その被害が重く深いほど、その意味を追求する。被害がなぜ起こったのか、なぜ苦しまなければならないのか。その責任を明確にし、その災禍を繰り返させないこと。そこに原爆被害者は自分たちの苦しみの意味、そして生きる意味を見出してきたのではないだろうか。

おわりに

原爆はさまざまな被害をもたらす。ときにそれは相互に関連しながら、今も終わらない被害としてあり続ける。被爆者の抱える心の傷はその一つであろう。彼・彼女らは自分たちがほかの犠牲者に対して何もできなかったことに苦しみ、彼・彼女らの死と自分たちの生の意味を考える。「なぜこんな目に遭わなくてはならなかったのか」。この問いに対して、原爆被害者はその原因（責任）を追及し、死と苦しみの意味／生きる意味の追求をしていた。この問いとそこに向き合う、向き合わざるを得ない姿勢こそ、被害に苦しむ原爆被害者の〈立場〉を映し出しているように思われる。

[文献・注]

（1）広島における死者数については広島市のウェブサイト（https://www.city.hiroshima.lg.jp/site/faq/15511.html）に回答がある。長崎については長崎原爆資料館作成の『長崎原爆資料館学習ハンドブック』（https://nagasakipeace.jp/content/newconts/2021/07/R305gakusyuhandbook.pdf）五頁に記載されている（いずれも二〇二二年六月一日閲覧）。

（2）本論は原爆被害者の被害に焦点を当てるが、原爆の災禍は戦後の日本社会にさまざまな影響を与えてきた。たとえば、核兵器による被害の経験は、ナショナル・アイデンティティの一つともなり、特有のナショナリズムを展開させてきた。それは日本の被害者意識を強調し、植民地支配や軍国主義の忘却を促してきたともいわれる。原爆の被災と日本社会のかかわりを批判的に捉え直す研究として次のものがある。直野章子『原爆体験と戦後日本──記憶の形成と継承』岩波書店、二〇一五年。Yoneyama,

L.: *Hiroshima Traces: Time, Space, and the Dialectics of Memory*. University of California Press, 1999.（小沢弘明、小澤祥子、小田島勝浩訳『広島記憶のポリティクス』岩波書店、二〇〇五年）

（3）本稿の目的は、原爆被害者の組織である日本原水爆被害者団体協議会の活動や、石田忠や濱谷正晴、栗原淑江といった一橋大学社会調査室が被爆者とともに取り組んできた原爆被害者調査をモチーフとしている。本稿は、こうした先達の研究に学びながら、自身のこれまでの調査・経験を踏まえて論じるものである。

（4）なかでも、濱谷正晴による著書は一橋大学社会調査室が取り組んできた原爆被害者調査の大きな成果だといえるだろう。濱谷正晴『原爆体験―六七四四人・死と生の証言』岩波書店、二〇〇五年。

（5）広島平和記念資料館『広島原爆被害の概要』二〇〇五年、一一頁。

（6）拙著の第6章を参照してほしい。根本雅也『ヒロシマ・パラドクス―戦後日本の反核と人道意識』勉誠出版、二〇一八年。

（7）原爆放射線の影響についての説明は複雑なものが多いが、鎌田七男による文献は専門外の人々に向けて書かれており、わかりやすい。鎌田七男『広島のおばあちゃん―過去　現在　未来―中・高校生、社会人向け』鎌田七男シフトプロジェクト、二〇〇五年。

（8）鎌田、前掲書、九四―九五頁。

（9）たとえば、日本原水爆被害者団体協議会編『原爆被害の実相と被害者の苦しみ』一九五九年。

（10）こうした被害の一つひとつの連関は、原爆被害者の調査研究のなかでたびたび図示されてきた。

（11）本節の事例は、拙著（根本、前掲書）第8章でとりあげている。

（12）根本、前掲書、二〇三頁。

（13）この調査の目的や概要は、日本被団協から出された以下の報告書を参照されたい。日本原水爆被害者団体協議会『日本被団協「原爆被害者調査」第一次報告―解説版』一九八六年。日本原水爆被害者団体協議会『被爆者は原爆を「受忍」しない―二つの調査をふまえた「大運動」の成功のために』一九八七年。

（14）この考え方は、厚生大臣の私的諮問機関として設置された原爆被爆者対策基本問題懇談会によって明確に表明された。原爆被爆者対策基本問題懇談会「原爆被爆者対策の基本理念及び基本的在り方について」一九八〇年（https://www.mhlw.go.jp/content/10901000/000694125.pdf）（二〇二一年六月一日閲覧）。

（15）日本原水爆被害者団体協議会、一九八七年、前掲書。

（16）ここでは石田忠の著作から以下のものをとくに参照している。「原爆死をどう考えるか」『季刊科学と思想』八六号、一九九二年、九八―一〇九頁。「原爆体験の思想化―『被団協調査』・分析」『被爆五〇年国際シンポジウム報告集』被爆五〇年国際シンポジウム日本準備委員会、一九九六年a。「原爆体験の思想化―『被団協調査』・分析」『原爆がもたらした〈地獄〉と〈惨苦〉に関する実証的研究』（平成六年度科学研究費補助金一般研究（B）研究成果報告書）一九九六年b。表14－1は石田、一九九六年bをもとに筆者作成。

（17）被害の層化は、該当する回答（①～⑧）を選んだ数によってなされる。たとえば七つ選んでいる場合には「Ⅶ」となり、いずれも選んでいない場合は「0」の層となる。【問六－四】「あなたは、これまで……死の恐怖を感じたことがありますか」【補問】「それを感じたのは、どんなときですか」「ハ、被爆当時の、ひとびとの死のありさまを思いだしたとき」①「ホ、新聞やテレビなどで、原爆や核兵器のことを見聞きしたとき」②【問一七】「被爆者であるために不安なことがありますか」「一、大いに不安がある」③あるいは「すこし不安がある」④【問一八】「被爆したために、つらかったことはどんなことですか」「五、病気がちになったこと」⑤「八、自分の健康にいつも不安を抱くようになったこと」⑥「一五、子供をうむことや、うまれた子供の健康・将来のことに不安をいだいてきたこと」⑦「一七、あの日のできごとが、深く、心の傷あとになって残ったこと」⑧。総括表は、調査に協力した者のみならず、被爆者全体がいずれかの層に位置することを示唆する。

（18）石田忠は類型A・Bを「生きる目的のなかに〈反原爆〉を含めている人たち」としている。石田、一九九六年b、一一二頁。

第15章 コミュニティ心理学からみたトラウマ

——四つの論考から考える

川野健治

私はコミュニティに関心を向け、自殺予防について取り組んできた心理学者である。本書のもととなったシンポジウムのテーマに含まれているキーワードのうち、トラウマも、戦争におけるポジショナリティも私の専門ではない。畑違いの研究者ではあるが、四つの論考から思い浮かべたポイントが二つあった。一つは罪悪感、もう一つはコミュニティレジリエンスである。順に述べていきたい。

罪悪感と応答するポジション

罪悪感について思い浮かべた背景には、かつて私が取り組んだ自死遺族の語りの研究がある。遺族は身近な人の自殺を止められなかったことについての無念を語っていたが、それは罪悪感とは重なりながらも少し違うものだった。そこには、「私が防ぐべきだった」という遺族が故人に対して果たしたかった責任、あるいは「故人は今、どんな思いなのか知りたい」という、デリダの言う応答への期待が存在していた。つまり故人への「思慕」を抜きに語れない。これをディスコースの観点から表現し直すなら、焦点は遺族の語りの揺れにあったということもできる。自死遺族の語りは、家族の自殺を防ぐべきであったこと、また故人を忘れてはならないと思うことなどの社会規範にも矛盾のない考えと、「許されるのなら」つらさは「自然に」消えてほしいという苦痛の回避の夢想との間で揺れ動いていた。その堂々巡りをするナラティブの背景に見出される葛藤は、「あなたは十分に家族としての務めを果たしたのだから、苦しまなくていいよ」という故人からの言葉を聞くことでしか解消することができないのかもしれない。そして、それは叶わない。それゆえに、「つらい思いを一生抱えていく」と語られることがある。

感情心理学において、罪悪感の喚起要因は自己基準であり、たとえば羞恥感が周囲の他者の反応で喚起することとは対照的である。そして罪悪感の喚起後は、行為の原因を自己に（内的に）帰属させ、自己を修正するために、謝罪や補償を行おうとする。[1]これらの特徴は、みずからの不注意や努力不足のために、親しい人の自殺を防ぐことができず、許されないと語る自死遺族の思いと重なるようにみえる。文献によっては、生存者罪悪感（survivor guilt）という概念を用いて、遺された自死遺族の心情を説明することもある。しかし、自死遺族の心情はあくまで直接的な対人関係を前提として理解すべきであろう。つまり、自死遺族の語りから感じられる故人への責任は、基準が自己でも他者でもなく、いわば二人称的な心理である。それまで歩んできた過程において培われた個人的な関係性が前提にあり、上記のような二人の関係性の間で感じる責任は、第一義的には両者のやりとりのなかで確定させるしかないのである。

これに対して、第14章の根本の論考は、原爆被害者の心の傷（トラウマ）を罪意識であると指摘したものであった。彼らは紛れもなく被害者でありながら、どこかで加害者としての意識、つまり、誰かに求められたのに何もできなかったという思いと共に生きているという。その誰かとは、見ず知らずの人や、同級生、瓦礫の下から自分を呼んだ人など多様である。そして、原爆による死と苦しみに意味はあるのかと問い、たとえば被爆の証人として活動することを選んでいる点などは、上記の罪悪感の構造と合致していた。

そして、ここまでの議論を他の三つの論考と合わせてみるなら、戦争におけるトラウマをめぐる関係性は多様であり、社会文化的背景に彩られていることに気づかされる。第11章で岡は、慰安婦被害者が支援者や研究者など聞き手によって異なるオーラルヒストリーを語るという重層性に触れながら、先入観を排除するインタビューの大切さを示した。そして、研究者もまた、固定された枠組みのなかで協力者とかかわり、さらにその枷から解放される可能性を示唆していた。蟻塚は第12章で、みずからの患者が多様な関係性のなかで沖縄戦を経験しトラウマとなっていたことに触れ、自分が「ヤマトンチュ」の医者だからPTSDの調査ができたのだという那覇の精神科医の見解を紹介した。一方で、それとは裏腹に、「ウチナーヤマトグチ」でしか聞き取れない、深い感情体験を伴う戦争の記憶があることがシンポジウムでは述べられた。そして第13章で中村が分析した日本軍兵士の経験は、被害者と加害者という二項構造の不均衡さについて理解する必要を迫るものであった。加害者のトラウマは語りにくく、さらに研究の対象からも外されてきたという。それは罪の意識や経験の多様性、道徳性といった個人の認識に影響されており、同時にトラウマに向き合うことをしてこなかった日本社会のあり方にも関係していた。とくに、加害者のトラウマを考えるために、トラウマと道徳性を切り離すことの重要性を述べている。

こうして比較すると、自死で遺された人が主に故人との関係のなかで主体性を立ち上げているのに対して、戦争のトラウマを体験した人々は、多様に入り組んだ諸要素の一部として、特有の主体性を表出しているかのように思えた。そしてこの地点からシンポジウムのテーマを振り返ると、あらためて被害者／加害者であるというポジションは、どのような経緯で当事者に与えられ維持されるのかという問いが重要であるように思えた。

シンポジウムの当日、指定討論者であった筆者がこれを登壇者に投げかけたところ、中村は歴史学者としての観点から、歴史的な経緯とポジショナリティをめぐる社会の分断があることを提示した。そして国際的にみれば、サンフランシスコ講和条約を踏まえて、日本が加害国であることは疑い得ないことを指摘した。一方、根本は三つの層からの説明を提示した。一つ目は、被爆者自身が苦しんでいるところを研究者や第三者がみて被害者として捉えるということ、二つ目は、国から認定され手当を受け取ることをもって、自分の病気は原爆による被害であると考えるということ、そして三つ目は、「被爆してすみません」という言葉が示すように、被爆者自身も苦しみのなかにいるときには被害として考えることができず、何かがきっかけで被害として「くくる」プロセスがあるとする。このような変化について、「漂流と抵抗」という喩えも紹介された。また、参加者であったオイゲン・コウは、加害者／被害者を単純な思考で決めてしまうことについて、一定の留保が必要であり、歴史やより広い視点から検討する必要があることを指摘した。さらにフロアからは、日本の加害者とアジアの被害者の交流の長きにわたる途絶が、日本での戦争についての語りを歪めたのではないかという指摘があった。

私たちはポジショナリティという論点を設定することで、誰と何を成し遂げていくべきなのだろうか。そしてfactsとして、どの時点で何を共有するべきなのだろうか。

中村が指摘したように、私たちの社会においては、第二次世界大戦の被害者／加害者についての合意があることが前提だろう。私たちはこの歴史的に共有している事実を重視していかなければならない。それはおそらく、根本が述べたように個別の状況において吟味され、多層構造のなかで維持されているものともいえるだろう。ポジショナリティは常に維持・更新され続けているとみることもできるだろうか。そして、加害者であることが、直ちにその人が不道徳な特性をもっているとする、「心理主義」をとることもできない。実際には、モラルライセンシング、つまり、それまで道徳的な行為を重ねてきた人は多少の不道徳な行為をしても自己に影響しない、すなわち罪悪感をもたないというような自己制御モデルが道徳心理学において提案されているように、心理学はそのような単純な結論を支持する領域ではない。

持続するコミュニティの力

次に、コミュニティレジリエンスの観点から議論したい。これは、コミュニティのネットワーク化された適応能力（経済発展、情報通信、社会関係資本、コミュニティコンピテンス）が、大きな災害などの逆境後の適応につながるプロセスのことである。[2] 第二次世界大戦のドイツへの戦略爆撃が与えた影響についての研究[3]では、第二次世界大戦の爆撃仮説とは逆に、戦略爆撃が地域の特徴的な抑うつ状態や精神的健康問題に負の効果を及ぼすことがわかった。つまり、コミュニティレジリエンスが発揮されたというのである。この知見は、多くの経済的要因や社会構造をコントロールしても頑健であったこと、また、レジリエンスとストレス要因の相互作用もみられたことが報告されている。すなわち、かつてより深刻な爆撃を経験した都市ほど、現在の大きなストレス要因である経済的困難に直面して高いレジリエンスを示し、住民の神経症的特徴や精神的健康問題のレベルが低かったというのである。

個人の心の傷についての議論は、個人の心のプロセスを論じるものであるが、その傷つきと回復の舞台となるコミュニティの力が重要であることは、シンポジウムではとくに、岡と蟻塚が報告していた。そこで筆者はあらためて、コミュニティは第二次世界大戦によって何らかの変化を示し、そしてそれは個人に対して影響を与えたといえるのかという問いを登壇者に投げかけた。もっと端的にいうなら、戦争はコミュニティレジリエンスの資源になっているのだろうか、ということである。

これに対して、岡は、コミュニティの規範・価値観は、歴史的に長い年月をかけて培われてきたものだから、戦争によっても変わらない状態で維持されたという仮説をもっていると述べた。そして、慰安所からフィリピンのコミュニティへ戻ってきた女性が、家族に囲まれてその過酷な人生経験を話したところ、孫が一緒に泣いてくれたのだという聞き取り事例を紹介し、韓国のコミュニティでの事例と比較した。つまり、同様の経験をした慰安婦被害者であっても、どのようなコミュニティに帰っていったかによって異なる人生を送ることになると指摘したのである。一方、蟻塚は沖縄のコミュニティの特性を、個と個のバウンダリーの低さとしたうえで、その機能の両面性を述べた。つまり、親族の女性の日常的な関与が嫁のストレスになるという沖縄北部の事例に対置して、このバウンダリーの低さが戦争後のつらい時期にはよい方向に働いたことを指摘したのである。彼もまた、コミュニティ特性は状況を超えて一貫しており、ただし、状況によって異なる機能をもつという意見である。

コミュニティの本質は容易には変わらない。それはしたたかに、時代の変化を潜り抜けていく。コミュニティレジリエンスとはそのような力であると指摘された。ただし、蟻塚はさらに興味深い事例を挙げた。沖縄では、マスコミ上や日常でも沖縄戦を語る者がマジョリティで、受け止めてもらえるという文化がある。それが、一九九五年の沖縄米兵少女暴行事件をはじめとする戦争の傷跡に対して、沖縄の人々が向かい合う源になっていたというのである。こうしてみると、コミュニティに歴史的に大きな出来事が刻み込まれたことによって、その特性は消し難く刻み込まれるにしても、時間をかけてそれまでの歴史と融合していくとはいえるのではないだろうか。このように、いわばトラウマを負ったコミュニティだからこそ、ときに新たな文脈でコミュニティメンバーを支えることもある。

トラウマが語られるところ

最後に、本書の直接の主題ではないが、言葉について考えておきたい。ポジショナリティについて、国際間の条約や国による被爆者の認定など、いわば「公の言葉」が担う役割があることが先に確認された。そこに影響される個人は、その言葉（たとえば、被爆者）でもって、過去の、ときに受け入れ難い出来事をも一つにくくり、さらに未来についての一定の展望をもつことになる。そのような秩序の回復のために、共有可能な表現をめぐって、多様な専門家の貢献がなされてきただろう。この公の、あるいは専門性の高い言葉が、その出来事とのかかわりの薄い人々、たとえば戦争を経験していない世代との間でいかに共有できるのかは、重要なテーマである。

他方で、個人のトラウマをめぐる言葉についても、医療や心理、あるいは社会や歴史の専門家が用いる用語を「公の言葉」として位置づけることができるかもしれない。しかしこの喩えを続けるなら、第Ⅲ部の四名の執筆者は、「私の言葉」「素人の言葉」との間に立つ通訳者、あるいは翻訳者であったことを指摘しておきたい。慰安婦、ウチナンチュ、加害者、被爆者が戦争において負った「トラウマ」について、インタビューし、彼ら／彼女らをいかなる言葉で表現し得るか、あるいは表現するべきではないかについて、それに触れたことのない我々を接続し、豊かな示唆を与えていただいた。

ただしそれは、彼ら／彼女らが、「私の言葉」で語ることを、さらにそれを「公の言葉」と交差させることを無条件で良しとすることではないだろう。もう少し乱暴にいえば、トラウマとその背景のポジショナリティは、「告解室」で打ち明ける罪とは異なるのである。何らかの言葉で切り取り、対峙することは有効である場合もあるだろうが、同時に、言葉の土壌としてコミュニティがあることを大切にしたい。そのローカルな力に注意を払い、ときに言葉を手放してでも、コミュニティにある豊かな経験を吟味し、資源として引き出すことを考えていくことが重要ではないだろうか。

第Ⅲ部のテーマであったトラウマとポジショナリティは、ミクロ、すなわち個人の問題として焦点化することもできるが、よりマクロに、さらに複眼的に捉えることが重要であった。さらに、それらを生きる生活者とコミュニティの全体性を把握する視点も探りたい。たとえば文化はどのようにかかわるのか。さらに学際的なアプローチが重要である。

［文　献］

（1）隈香央里、三浦麻子「恥・罪悪感の喚起要因と喚起後の行動に関する実験的研究―囚人のジレンマを用いて」『関西学院大学心理科学研究』四〇巻、二〇一四年、七―一八頁。

（2）Norris, F.H., Stevens, S.P., Pfefferbaum, B. et al.: Community Resilience as a Metaphor, Theory, Set of Capacities, and Strategy for Disaster Readiness. *Am J Community Psychol* 41（1-2）: 127-150, 2008.

（3）Obschonka, M., Stuetzer, M., Rentfrow, P.J. et al.: Did Strategic Bombing in the Second World War Lead to 'German Angst'? A Large - Scale Empirical Test across 89 German Cities. *Eur J Pers* 31（3）: 234-257, 2017.

第IV部

第二次世界大戦の長期的影響

第Ⅳ部は、「第二次世界大戦の長期的影響」を主題とし、第Ⅰ部から第Ⅲ部を受けて、過去から現在へとつながる影響を捉え、また状況を改善しようとする論考で構成されている。

この第Ⅳ部は、他のどの部よりもリアルになっているはずである。なぜなら、長期的影響は現在により近い時点で観察されるために、影響についての正確な記録が残りやすく、なかには報告者が直接経験した、あるいは見聞した内容が含まれるからである。そして、長期間を経てなお影響するのだから、原因となる出来事のインパクトは大きく顕著であり、多くの記録や論考が社会的に共有されやすいとも考えられる。

しかし言うまでもなく、第二次世界大戦の長期的影響についての記録には、そのような単純な構造を確認することはできない。インパクトの大きさは、社会と個人に深い傷を残し、それゆえに長い時間のなかではむしろ複雑な過程を経て形を成し、あるいは支援者の介入のもとで初めて光が当たる。単にインパクトの大きさだけでは説明できない多様な長期的影響の表現型が、さまざまな要因と結びつきながら提示されていく。

第16章の村本邦子論文では、アルマンド・ヴォルカスによるＨＷＨ（Healing the Wounds of History）を、日中の戦後世代とともに行った実践が報告される。この取り組みに至るまでには、臨床心理士として出会ってきたケースのなかに、戦争だけではなく、性被害、あるいは震災といったテーマがあることへの気づきがあるという。臨床心理士として歴史のトラウマに対して何ができるのかという問題意識が、現代のミクロな日常的暴力をマクロな歴史的暴力とのつながりにおいて捉え直すＨＷＨへとつながっている。二〇〇八年から二〇一三年にかけて開催したというこの複合的な構成のワークショップについては、すでに複数の研究論文で報告されているが、その内容、参加者の様子と気づき、そして成果と課題について、村本論文ではそのエッセンスをコンパクトに知ることができる。日中をまたいで、また世代間で伝達されていく「関係性の破壊」としての歴史のトラウマと向き合うことの困難さについての考察としても、さらに、それを解消することを目指す実践としても興味深い内容である。

第17章の竹島正論文では、自殺をメンタルヘルスの社会的側面として捉え、その長期的動向とそれに関する言説について、その概観が報告される。採用された方法は、第二次世界大戦後の自殺死亡の急増について、マクロ統計と対応させつつ、国立精神衛生研究所（当時）の精神衛生資料や当時刊行された出版物の言説を検討するものである。また、日本の自殺死亡率は第二次世界大戦前から継続して高いことが明らかになったことから、それに関する言説も併せて検討されている。資料がデジタルコレクションとして残されているからこそ可能となる、丹念な作業に基づく研究報告である。長期の歴史的経過を学ぶことの重要性をあらためて感じることができ、現在の自殺対策について手がかりとなるような仮説が提示されることも興味深い。

第18章の蘭信三論文では、父親の戦場体験と、復員兵としての父と息子であるみずからが共有した戦後体験、そして蘭氏の研究の経緯と今思うこと、すなわち自身のポストメモリーが報告される。社会学者として帝国をめぐる人の移動研究に取り組んできた一方で、それと深くかかわる戦争自体は研究の中心に据えてこなかった。そこに、「復員兵の子」というみずからのアイデンティティが研究の方向性に影響を与えた可能性を指摘する。そして、自身も認識する半当事者性がゆえに、体験を容易に社会と共有する形が見出せないこと、研究者としてさえ（だからこそ）、書く・語ることの難しさがあることを省察する。復員兵の戦後家族の体験は、多くの場合トラウマ概念を介して反戦・平和活動に結びつくために扱いやすいが、それはときとして、聞き手の過剰なパターン検出（アポフェニア）になる可能性を孕む。本論文は、語り手の私的な物語を共有する場をつくることの難しさに気づかせるものでもある。

第19章の森茂起論文では、トラウマの心理学という立脚点を明らかにしつつ、なぜ日本人は戦争体験をオープンに話し、経験をたどることができないかについて論じている。トラウマについて基本を確認することから始まり、臨床心理学のなかでの実践を通して、ＮＥＴ（ナラティヴ・エクスポージャー・セラピー）というユニークなセラピーが紹介される。ＮＥＴの「花と石」ワークは、紐、花、石などを空間上に配置するもので、人生史での体験と資源を系列として把握するものである。また、トラウマの事後性についてここで言及される。なおシンポジウムでは、ITT（統合証言療法）という手紙による心理療法も紹介され、事例紹介とともにトラウマを安全に語ることの難しさが示され、「相互配慮のカーテン」というキーワードが提示された。そしてトラウマ後の支援には安全感を獲得することが重要であること、それは日本において治療場面に限らず、多様な空間、場面において必要であったことが、冒頭の問いへの答えとして提示された。なお、ここで取り上げられた「安全感」は、翌年（二〇二二年）の企画テーマへとつながっている点でも重要である。

最後の第20章では、文化人類学と民俗学を専門とする北村毅氏が、上記の四つの論考を踏まえ、ヤエル・ダニエリが一九八四年に示した「沈黙の共謀」を、このシンポジウムを見通す観点として提示している。戦争が社会や個人に与えた長期的な影響について個人、家族、コミュニティのレベルで調査研究してきたこと、とくに沖縄を重要なフィールドとしてきたなかで、精神保健の専門家もまた戦争に関する記述について「沈黙の共謀」をなしていたという指摘に驚かされる。また、四つの論考について、コミュニティや民俗、特定の集団といった集合的なレベルにおけるトラウマをどう捉えるのかという問題意識が通底していることを指摘している。さらにシンポジウムにおいては、ジェンダー的な観点が提示され、「戦争をする男性」という主体を構築した近代日本の社会制度が家父長制によって下支えされているとしたら、そこに女性に対する社会的抑圧を強化した戦時体制や戦争の影響をみることができるのではないか、という問いも投げかけられた。

それぞれの論考を通して、おそらくこれまで可視化できなかった、あるいは意識化できなかったいくつかの「現在」とそこに至る道筋の複雑さに気づくことができる。シンポジウム当日の討論では、「水に流す」という日本で共有されている考え方についての反省的な指摘もあった。あらためて、歴史のなかで、私たちの社会が何を記録と記憶に残し、どのように向かい合うべきなのかについて検討することの重要性が、浮上するのではないだろうか。

（川野健治）

第16章

［実践報告］

日中戦争によるトラウマの世代間連鎖と修復の試み

村本邦子

はじめに

私は一九九〇年から臨床心理士として虐待やＤＶ、性暴力という問題に携わってきた。そのなかで、トラウマが世代間連鎖していく「家族の闇」とでもいうべきものを感じてきた。たとえば、日常的に暴力のある家庭で性的虐待を受けて育ったサバイバーの話を聞いていると、そこに加害者である祖父や父が引きずっていた戦争の傷跡が垣間見えることがある。トラウマを抱えて相談に来る人々の心理療法を行うだけでは不十分なのではないか、このような連鎖を断ち切るために何かすべきではないかという問題意識をもっていたが、何をすればよいのかわからないでいた。戦争と平和にかかわる集会に参加してみたりもしたが、何かが欠けているような気がした。それは感情を扱う臨床心理学的視点だった。

そうしたなかでＨＷＨ（Healing the Wounds of History）という手法に出会い、日中戦争をテーマにした四日間のワークショップを南京で開催するに至った。本章ではその経過と取り組みを紹介し、今後の課題を提示したい。なお、ここでトラウマという言葉は、加害、被害にかかわらず使っている。トラウマとは、「統合されないまま潜在意識にあり続け、否定的インパクトを与え続ける棘のようなもの」(1)（"Oxford English Dictionary" による）「外部から来て、保護膜を突破するほど強力な刺激であり、有機体のエネルギーの運営に大規模な障碍を引き起こす」(2)という意味であり、加害の責任をうやむやにしようとする意図はない。

世代間連鎖する帰還兵のトラウマ

トラウマの世代間連鎖は、ホロコースト生存者の子どもたちの問題から注目されるようになり、ベトナム帰還兵や文化剝奪、大量虐殺などに対しても指摘されるようになっていったが(3)、一九九〇年代、日本における戦争帰還兵のトラウマの世代間連鎖について書かれた文献はなかった。戦地から帰ってきた父たちが毎晩悪夢にうなされていた、家で暴力を振るっていたというエピソードを漏れ聞き、本多勝一『南京への道』(4)に、一九四五年に起きた連続強盗殺人事件の調書に「上海事変当時、強姦のちょっとすごいことをやりました」という言葉が紹介されているのを見つけ、これらは再体験／再演ではないかと思った。一九九六年、薬害エイズのスキャンダルで明らかにされた七三一部隊との関連も同様である。

他方で、当時、家族と情緒的絆を結べない「不在の父」が話題になっていた。父親は仕事に人生を捧げ家にお金を運ぶ人であり、「過労死」がそのまま英語になるほどだった。帰還兵の証言のなかに、「結婚して子どもができたら、あのこと（戦地で子どもを殺した経験）がチラついて子どもの目を見られなかった。孫があの子と同い年ぐらいになると、またあのシーンが出てきた」というものがあった。家族との親密な関係から逃れるように、感覚を麻痺させて死ぬほど働き続けるという回避／麻痺ではないかと思った。戦地で非人間的な経験を重ねて帰ってきて、慌ただしく結婚し、ベビーブームで次々と子どもが生まれた男性たちに、いったいどのような家族をつくることができたのだろう。帰還兵たちは、後ろを振り返らないようにして、焼野原となった日本を立て直し、世界でもトップレベルの高度経済成長を成し遂げた。

帰還兵の世代間トラウマを明らかにしたいとインタビューを行ったことがある。[5] Xさんの父は、一九四五年、関東軍の将校としてソ連軍侵攻を迎えたが、日本の居留民を置き去りにして帰国し、一九四七年にXさんが生まれた。Xさんは、父の暴力と母の精神障害、頽廃的な家族環境のなかで育ち、高校卒業後、逃げるように家を出て演劇の道に入った。二八歳で結婚したが、妻への暴力が一〇年以上続いた。その間、父はがんで亡くなり、母は自死した。一九八九年、Xさんは「残留婦人」と出会う。闇を直視するようになって、子ども時代から続いていた自傷行為が消えた。一九九一年、妻とともに中国東北部を訪れ、笑う日本人将校の足元に中国人の青年たちの生首が写っている写真を見た。父は毎晩うなされていた。自分の家族生活は、この若者たちの怨み、哀しみ、怒り、苦しみに覆われ、それこそが自分につきまとう不安、怯え、おそれの根幹だったと悟った。それからは、中国残留婦人をテーマにした演劇『再会』や『地獄の December ―哀しみの南京』を書き、世界中で上演して回った。「日本人の精神構造は刹那と頽廃。その場その場の享楽を求めて、過去を忘れる。戦後生まれの人たちも無自覚なだけで、それを引き継いでいる。どういう精神構造がつくられてきたのか、そこと向き合っていかない限り答えは出ないだろう」とXさんは語った。

その後、私はナチスドイツの加害者の心理をテーマにしたリフトンの“The Nazi Doctors”[6]や、第二世代を扱ったバルオンの『沈黙という名の遺産』[7]に出会い、日本の帰還兵と後に続く世代のことを重ねた。

ＨＷＨとの出会い

二〇〇七年、ユダヤ系アメリカ人アルマンド・ヴォルカスによるＨＷＨのプレイバックシアター「戦後世代が受け継ぐアジアの戦争」が京都で開催され、参加した。始まるや否や、フロアから「アメリカ人はアメリカへ帰れ、日本こそ被害者だ！」と大きな罵声が上がった。会場は一瞬にして凍りついたが、ヴォルカスは、冷静かつ真摯にこれを受け、その声はプレイバッカーたちによって演じられた。このような声の奥底にある深い哀しみと傷つきがストンと胸に落ちた。シアターは、静かに次のエピソードへと進んでいった。すべての声はきちんと耳を傾けられれば変容する。心理療法の基本である。自分のなかの一部の声を殺すところから殺人は始まるのかもしれないと思った。

会場で、「二〇〇七年一二月、南京虐殺七〇周年記念国際会議に参加しませんか？」と書かれたチラシを受け取り、参加を即決した。緊張しながら南京へ行ったが、南京の人々は私たちを温かく迎え入れてくれた。ミュージアムで、女性の裸体の山を前に晴れやかに笑っている三人の若い日本兵の写真に釘づけになった。こういう場面で人は晴れやかな笑顔ができるということに衝撃を受けた。そして、こうした経験をして帰ってきた人たちは紛れもなく私たちの先祖であり、その人たちによって耕された日本の土壌に私は生まれ育ったのだと思った。幼い頃から母に聞かされて育った戦争はどこか遠い世界の出来事だったが、それが自分の存在と結びついた瞬間だった。

南京での濃密な体験と人々との温かい交流を経て、帰り際、南京師範大学の学生たちから「日本の若者と交流したい。次はぜひ学生たちを連れてきて」と言われた。戦争についてほとんど何も知らない若者たちを連れてきて交流ができるのだろうか。南京の若者たちは、「話せばきっとわかり合える」と言った。もう一つの気がかりは二次受傷（secondary traumatization）だった。南京で幸存者（サバイバー、中国では生存者のことをこう呼ぶ）の話を聞き、博物館で数々の残虐な写真を見て、日本人メンバーには、頭痛、吐き気、発熱、体の痛みなどの身体症状が現れていた。いろいろ考えた末、ヴォルカスを招き、南京でＨＷＨをすることを思いついた。

ＨＷＨとはHealing the Wounds of History（歴史の傷を癒す）の略であり、ホロコースト二世のドラマセラピストであるヴォルカスによるクリエイティブ・アーツの手法を使ったワークショップである。ユダヤ人とドイツ人のグループから始められ、パレスチナ人とイスラエル人ほか葛藤するさまざまな集団に応用されてきたという。①集合的トラウマは集団によって共有され、社会全体に大きな影響を与える可能性がある、②親世代が意識せず、表現されなかった悲哀というトラウマは、世代間連鎖によって次世代に引き継がれる、③歴史のトラウマは、文化的・国家的アイデンティティと自己評価に否定的影響を与える、④人は誰もが、潜在的に加害者となる可能性をもち、一定の条件下にあれば、非人間的で残虐な存在になり得る、⑤私たちが人間存在のなかにある欲求、情動、無意識的衝動を理解し、考慮できるようになるまで、国際紛争の永続的な政治的解決はない、という五つの前提のもと、①文化的・国家的アイデンティティを認識し解体すること、②国際的な葛藤解決とコミュニケーションの仕方を学ぶこと、③個人的、集合的悲哀と服喪を経ること、④共感の文化を創造すること、⑤苦しみから意味を創造することを目指し、①タブーや沈黙を破る、②互いを集団としてではなく、一人ひとりが独自の物語と顔をもつ人間として見る、③自分のなかの加害者になる可能性に気づく、④深い悲哀の体験、⑤パフォーマンス、儀式、追悼などの統合・表現と共同作業、⑥社会的奉仕や創造的活動への変換という六つのステップを踏む(8)。

試みに、二〇〇八年七月、京都で二日間のＨＷＨ、二〇〇九年三月、サンフランシスコで一日のＨＷＨを経て、二〇〇九年一〇月、南京師範大学にて四日間のＨＷＨを開催した。

日中戦争をテーマにしたHWHの取り組み

南京では、二〇〇九年、二〇一一年、二〇一三年と、隔年三回にわたって四日間のワークショップを開催した。(9) 参加メンバーは二〇人から四〇人。通訳を入れ、日中英三ヵ国語が飛び交うなかで、ドラマセラピーやアートセラピーを採り入れたインテンシブなワークショップである。毎回、ウォームアップ・エクササイズを用いながら、少しずつテーマに近づいていき（写真16－1）、「タブーや沈黙を破」り、参加者の物語を共有するなかで、「互いを集団としてではなく、一人ひとりが独自の物語と顔をもつ人間として見」るようになり、ドラマで役割を演じることを通して「自分のなかの加害者になる可能性に気づ」き、「深い悲哀の体験」をするというように、プロセスは進んでいった。

紙幅の関係上、詳細は省略するが、一つ印象深いエピソードを紹介する。中国の二〇代の女性の話に基づくサイコドラマ（参加者が経験したエピソードをみなで短いドラマにして演じた後、体験を語り合うワーク）である。彼女は南京近辺の小さな村の出身で、村には南京レイプの被害者だと噂されていたおばあさんがいた。おばあさんは誰にも心を開かず、孤独で、彼女は幼いながらに気になって、いつかおばあさんに近づきたいと思っていた。ワークショップが始まる一週間ほど前、電話でおばあさんが亡くなったことを聞いた。政府が家を調べるために入ってきたことにショックを受け、全身真っ青になって亡くなったのだという。事実関係はわからないものの、彼女は、南京レイプのトラウマの影響ではないかと感じていた。これをサイコドラマにした。幼い女の子が近づきたかったのに、近づくことができないまま亡くなってしまったおばあさん（写真16－2）。二人の間には壁が置かれたが、言葉を交わすなかで、おばあさんは、自分に近づけば女の子を傷つけてしまうと思い、心を閉ざしていたことがわかる。最後に二人が抱き合うところでサイコドラマを終えた。日本人が遠い昔のことだと思いがちな日中戦争は、中国人にとっては現在であった。
毎回幸存者を招き、話を聞く機会をもった。このような場で証言してくれる幸存者は寛大であり、みな、生々しい体験を語った後、「あなたたちは何も悪くないんだよ。しっかり勉強して、平和な善い社会をつくってください」という励ましのメッセージをくれる。恐ろしい体験を生き延びた人々が今なお苦しみながら生きていて、十分な謝罪のないままであることは、今を生きる私たちに責任があることではないかと痛感させられた。これらの体験の後には、必ず身体やアートを使った体験の共有や語り合いのワークを行った。

「パフォーマンス、儀式、追悼などの統合・表現と共同作業」「社会的奉仕や創造的活動への変換」というプロセスに向け、二〇一一年には、香港と日本からプロのプレイバッカーが参加し、公開のプレイバックシアターを行った（写真16－3）。HWHに参加していない市民にも場を開き、どんなことが行われているかをコミュニティに共有する場である。また、毎回、最終日には虐殺の地である揚子江のほとりにある燕子磯公園を訪れ、追悼式を行った（写真16－4）。これは参加者にとって思い思いに体験を表現し、統合する儀式であると同時に、公園は南京の市民の憩いの

写真 16-1　ウォームアップ・エクササイズ

写真 16-2　サイコドラマの１シーン

写真 16-3　プレイバックシアター

写真 16-4　燕子磯公園での追悼式

場であることから、偶然通りかかり好奇心でもって近づいてくる人々との会話も生まれた。

HWHの参加メンバーは重なりつつ変化していったが、ヴォルカスによれば、リピーターが感情のリーダーシップを取っていくことで、回を重ねるごとに内容は深化していくという。ドラマのテーマからは、年を重ねることに世代交代が行われていることを感じることになった。若い世代は留学し、国境にかかわらず恋愛するが、ときに歴史に引き裂かれる経験をする。日本のことは嫌いだが、気づいたら日常生活は日本製の電気製品でいっぱいだったといったエピソードが共有された。

南京でのワークショップのほか、二〇一〇年にトロント、二〇一一年に蘇州、二〇一三年に台北でデモンストレーションとしてのHWHを行い、二〇一二年、二〇一三年には京都で四日間のHWHを実践した(10)。

成果と課題

二〇一五年に参加者へのインタビューを行った。HWHの六つのステップのどこまで行ったかには個人差があるが、「タブーや沈黙を破る」については、参加を決意した時点で、最初の一歩を踏み出していた。行きつ戻りつしながらも、中国人と日本人とではプロセスに違いがあった。中国人のタブーは、幼い頃から肌身で感じてきた重みゆえに回避しようとするものだったのに対し、日本人では、ほとんど何も知らない状態から知的レベルの理解に進むが、感情レベルで自分が加害者側にあることに直面する困難があり、過去に対して責任を負うという決意とともに向き合うことができるようになっていった[11]。

「互いを集団としてではなく、一人ひとりが独自の物語と顔をもつ人間として見る」については、小グループに分かれてのストーリーの共有やアートを使った表現によって、それぞれの感じ方の違いと理解に結びついていた。中国人にとっては、過去に向き合おうとしている日本人がいるという事実から、集団として一括りにできないことが語られた。また、ワークショップの表舞台だけでなく、夜、一緒に街に出かけて飲食を共にしたり、池の畔でギターに合わせて一緒に歌ったりといった時間もそのプロセスに貢献していた。これまで日本人と多く親しい関係を結んできたという中国人が「たった四日間の交流だったのに、ここまで深い関係を結べたことはなかった」と言ったが、タブーを抱えたままでの交流では不十分なのかもしれない。

「自分のなかの加害者になる可能性に気づく」については、日本人側にのみみられた。日本人男性は最も加害兵に同一化しやすい立場にあり、日本人女性では、加害性を否認する日本人男性たちと同一化する自分に気づいたというものがあった。「深い悲哀の体験」については全員が言及しており、被害者に起こってしまったことの悲哀、このような加害を起こしてしまったことの悲哀、人類のなかにある残虐性や悪を見てしまった悲哀など、いくつかの次元があった。「パフォーマンス、儀式、追悼などの統合・表現と共同作業」はプログラム後半に設定されたアートや追悼式などで感じられ、「社会的奉仕や創造的活動への変換」は予感として表現され、今回の体験を社会的行動につなげていきたいという意志表明がみられた。プロセスは道半ばといえるだろう。

私はトラウマを関係性の破壊であると捉えているが、国、世代、性別、時間（過去、現在、未来）などさまざまにある破壊された関係が、ＨＷＨによってトラウマを想起し、語り合い、感じたことを分かち合うなかで、新しい関係の紡ぎ直しが起こっていたと評価している。

一方で、困難もあった。一つは謝罪をめぐる問題である。ヴォルカスはもともとＨＷＨを“Act of Reconciliation”（和解の行為）と呼んでいた。彼は謝罪には癒しの力があると信じており、ワークショップでは謝罪のエクササイズが取り入れられた。ワークは完結した形で終わったものの、参加者のなかに小さな引っかかりのようなものが残った。ドラマの役割上のこととはいえ、加害者側にある日本人は過去の出来事に真摯に向き合おうとするも、中国側から日本政府のあり方を問題にされると無力感に苛まれ、そんな姿を見た中国側は苛立った。政府が正式に謝罪し戦犯を今なお訴追しているドイツと、いったん謝罪はしたものの、一部の政治家や右翼がしばしばそれを否定する日本との相違かもしれない。小田は、ＨＷＨが「中国人と日本人の和解」という物語に沿って構築されており、ナショナリズムの再生産につながりかねないと批判している[12]。

参加者には在日韓国人や香港の中国人もいて、日中という枠組みとは別の葛藤も浮かび上がった。一方、南京出身の中国人からは、「これ以上、南京というレッテルを貼られたくない」という声もあった。特定の被害の象徴化が、被害の核となる人々を脱個性化する。加害と被害が複雑に絡み合う構造的な暴力に日常的に晒されていることを自覚するには、二項対立を超え、暴力の背景にある歴史的・社会的文脈に目を向けることが必要だろう。とくにアメリカとの関係抜きに日中関係は語れない面がある。

日中戦争の経験者は年々減少している。戦争の記憶を未来に伝え、将来の戦争を防ぐためにはどうすればいいのかと考えていた矢先、中国の参加者が、「友人が留学先のアメリカで軍隊に入った。イラク戦争に派兵されるかもしれず、戦地で銃を向けられたら引き金を引くだろうと言っている」と言った。日本でも自衛隊の勧誘活動が活発になり、イラクに派遣された自衛官の自殺率の高さが問題になっている。過去の戦争だけではすまないのである。

おわりに

この試行的な取り組みには一定の成果があったと評価しているものの、特定のセラピストが進行する少数精鋭の集団としてではなく、教師や平和のボランティアがもっと気軽に行える平和教育を開発できないかと考えている。戦争の記憶を一度に大量に浴びるインテンシブな平和教育ではなく、小さな平和教育が日常生活に織り込まれているような環境を作りたい。対話による人間関係を広げ、他者に手を差し伸べることがトラウマという関係の破壊への抵抗になるのだと思う。

そんなことを考えていたとき、日本は東日本大震災に襲われ、広島、長崎に続く三度目の被ばくを経験することになった。戦後復興のあり方を批判してきたはずなのに、原発が五四基も稼働していたことを知らなかった私は足元をすくわれた思いがした。中央が周辺部を搾取し、命より経済を優先する社会。これ以上同じ過ちを犯さないよう、震災復興を批判的な眼で見続けることを誓った。被災と復興の証人になることを目指すプロジェクトを立ち上げ、二〇一一年から毎年東北四県に通い続けてきた[13][14]。一二年目となる二〇二二年からは福島を中心に活動を続ける。二〇二二年六月にも福島県の沿岸部を回ったが、半年前にはあちこちに山と積まれていた黒いフレコンバッグがすっかりなくなっていた。中間貯蔵施設に運ばれたのだ。ゴーストタウン化していた帰還困難区域も、避難解除に向け、建物の取り壊しや整備が行われており、「ロボット・ドローン」や「エネルギー・環境・リサイクル」など福島イノベーション・コースト構想による最先端の産業基盤が整えられ、立派な建物が並んでいた。最高裁は福島原発事故に対する国の責任を認めず、中間貯蔵施設に収められた核のゴミは三〇年後にどうするのか、廃炉の見通しも立っていないというのに、あたかも最先端の科学技術が輝く未来を約束しているかのように錯覚する。いまだ故郷に帰れない人々はわかっているだけでも三万人を超え、福島の関連死者数は今なお増加し続けている。

日本社会は原発事故の記憶をいかなるものとして伝承しようとしているのか。私は、原発事故関連ミュージアムの記憶構築についての調査を続けている。[15][16] チェルノブイリの記憶構築との比較も行ってきたが、今やウクライナも戦場となり、それらも破壊されてしまうだろう。戦争が一日でも長引けば、それだけ多くの人が犠牲となり、その修復にどれほど多くの時間とエネルギーが必要になるのか、南京で修復のためのささやかな試みをした者として一日も早い終結を望む。原発と戦争は同一線上にある。集合的トラウマとどう向き合っていくのかを考えない限り、人類はもはや生きながらえることはできないのではないか。

[文献・注]

（1）James, W.: The Physical Basis of Emotion. *Psychol Rev* 1: 516–529, 1894.（現在はJames, W.: The Physical Basis of Emotion. *Psychol Rev* 101 (2): 205–210, 1994. で読むことができる）

（2）フロイト（井村恒郎、小此木啓吾他訳）「快楽原則の彼岸」『フロイト著作集六　自我論・不安本能論』人文書院、一九七〇年、一五〇―一九四頁。

（3）Danieli, Y. (ed.): *International Handbook of Multigenerational Legacies of Trauma*. Plenum Press, 1998.

（4）本多勝一『南京への道』朝日文庫、一九九〇年。

（5）村本邦子「家族を通じて受け継ぐもの―戦争とトラウマ」『女性ライフサイクル研究』一八号、二〇〇八年、八―一五頁。

（6）Lifton, R.J.: *The Nazi Doctors: Medical Killing and the Psychology of Genocide*. Basic Books, 1986.

（7）ダン・バルオン（姫岡とし子訳）『沈黙という名の遺産―第三帝国の子どもたちと戦争責任』時事通信社、一九九三年。

（8）Volkas, A.: Healing the Wounds of History: Drama Therapy in Collective Trauma and Intercultural Conflict Resolution. In: Johnson, D.R., Emunah, R. (eds.): *Current Approaches in Drama Therapy*. Charles C Thomas, 2009.

（9）開催にあたっては、張連紅氏、羅翠翠氏、村川治彦氏、笠井綾氏らの大きな貢献があったことを付記しておく。

（10）これらの記録は報告書として出版され、インターネット上でも読むことができる。村本邦子編著『戦争によるトラウマの世代間連鎖と和解修復の可能性―国際セミナー「南京を想い起こす二〇〇九」の記録』立命館大学人間科学研究所（日中英語）、二〇一〇年（https://www.ritsumeihuman.com/hsrc/resource/19/open_research19.html）。村本邦子編著『歴史のトラウマの世代間連鎖と和解修復の試み—国際セミナー「南京を思い起こす二〇一一」の記録』立命館大学人間科学研究所（日中英語）、二〇一二年（https://www.ritsumeihuman.com/cpsic/model3.html）。村本邦子編著『人間科学と平和教育—体験的心理学を基盤とした歴史・平和教育プログラム開発の視点から』立命館大学人間科学研究所、二〇一三年（https://www.ritsumeihuman.com/publication/publication903/publication997）。村本邦子編著『日中の戦後世代を対象にした新たな東アジア型歴史・平和教育プログラム開発—国際セミナー「南京を思い起こす二〇一三」の記録とHWH七年の成果』立命館大学人間科学研究所（日中英語）、二〇一四年（https://www.ritsumeihuman.com/uploads/publications/104/inclusive1all.pdf）。

（11）後日談として、中国人からは「靖国参拝や領土問題など日本政府の動向が報じられるたびに、周囲の人々は感情的になるが、自分は冷静に判断することができた」、日本人からは「海外でアジア人から日本について罵倒される経験をしたが、冷静に受け止め話し合うことができた。HWHの効果だと感謝している」などの声を聞いた。大学生が留学先で同様の経験をし、トラウマになったという声をしばしば聞く。クラクフにある国際青少年センターでは、国境を越えた若者が共にアウシュビッツを訪問し、語り合うワークショップを開催しているが、二〇〇九年にそこを訪れたとき、戦時下で強制労働を行っていたフォルクスワーゲン社の新入社員研修が行われていた。海外支所に派遣されたとき、戦争責任についても土地の人々ときちんと対峙して、良い関係をもてるよう必ず行っているものだという。グローバル化と共に考慮すべきことだろう。

（12）小田博志「南京と『和解』—歴史の深淵に橋をかける」村本邦子編著『歴史のトラウマの世代間連鎖と和解修復の試み—国際セミナー「南京を思い起こす二〇一一」の記録』立命館大学人間科学研究所、二〇一二年、七〇—八五頁。

（13）村本邦子『周辺からの記憶—三・一一の証人となった十年』国書刊行会、二〇二一年。

（14）村本邦子編『災厄を生きる—物語と土地の力　東日本大震災からコロナ禍まで』国書刊行会、二〇二二年。

（15）村本邦子、河野暁子「原子力災害の記憶構築をめぐって—チェルノブイリと福島のミュージアムの比較検討」『立命館平和研究』二二号、二〇二一年、一三一—一五三頁。

（16）村本邦子、河野暁子「福島における原子力災害のフォーラムを育む—抵抗する民間のミュージアムの可能性」『立命館平和研究』二三号、二〇二三年、四三—五二頁。

第17章

第二次世界大戦のメンタルヘルスへの影響
――自殺に焦点を当てて

竹島　正

はじめに

本書は、近代化の過程を経て第二次世界大戦終結に至るまでの日本の経験とその長期的影響を「文化的トラウマ」という言葉で捉え、学際的な観点から、また研究と実践の交流から、共有・統合を目指すものである。本章では第二次世界大戦のメンタルヘルスへの影響を、自殺に焦点を当てて検討する。

WHOによれば、メンタルヘルスは、人が自身の能力を発揮し、日常生活におけるストレスに対処し、生産的に豊かに働くことができ、かつ地域に貢献できるような満たされた状態と定義される(1)。すなわちメンタルヘルスにおいては、自律性、主体性が重視されると言ってよい。自殺関連行動は、個人的、社会的、心理的、文化的、生物学的そして環境的因子が互いに絡み合う複雑な現象である。[1] 自殺は世界の人口の最も脆弱性の高い層に影響を与え、すでに社会の辺縁に追いやられ差別を受けている集団に多く発生する。[1] 第二次世界大戦のメンタルヘルスへの影響を検討する場合、自殺は最も適した対象であろう。本章は、明治期以降の統計資料や論文・資料から、第二次世界大戦が日本の自殺に与えた長期的な影響を明らかにし、またそこから現在の自殺対策への示唆を得ることを目的とする。

方法

第二次世界大戦が日本の自殺に及ぼした影響を知るためには、戦前の日本の自殺の状況を知り、戦中のそれと比較する必要がある。また第二次世界大戦の長期的影響を知るためには、戦後の自殺の動向を長期に観察する必要がある。このため人口動態統計[2]による一九〇〇～二〇一九年の自殺死亡率の推移を調べた。またそれぞれの時代における有識者の自殺問題の捉え方を知るために、国立精神衛生研究所による自殺に関する資料や論文、国立国会図書館のデジタルコレクションにある書籍情報を抽出して検討した。デジタルコレクションの抽出は、期間を一八〇〇～一九六五年とし、キーワードは「自殺」で検索した（技術・産業・芸術・言語・文学は除く）。九七五件の該当があり、そのなかから今回の報告に適切と思われるものを筆者が抽出して内容を検討した。

人口動態統計による自殺率の推移

人口動態統計[2]による一九〇〇～二〇一九年の自殺死亡率（人口一〇万対の一年間の自殺死亡数）の推移を図17－1に示した。第二次世界大戦前の自殺率は、変動はあるものの、男女ともに緩やかに上昇していた。しかし一九三

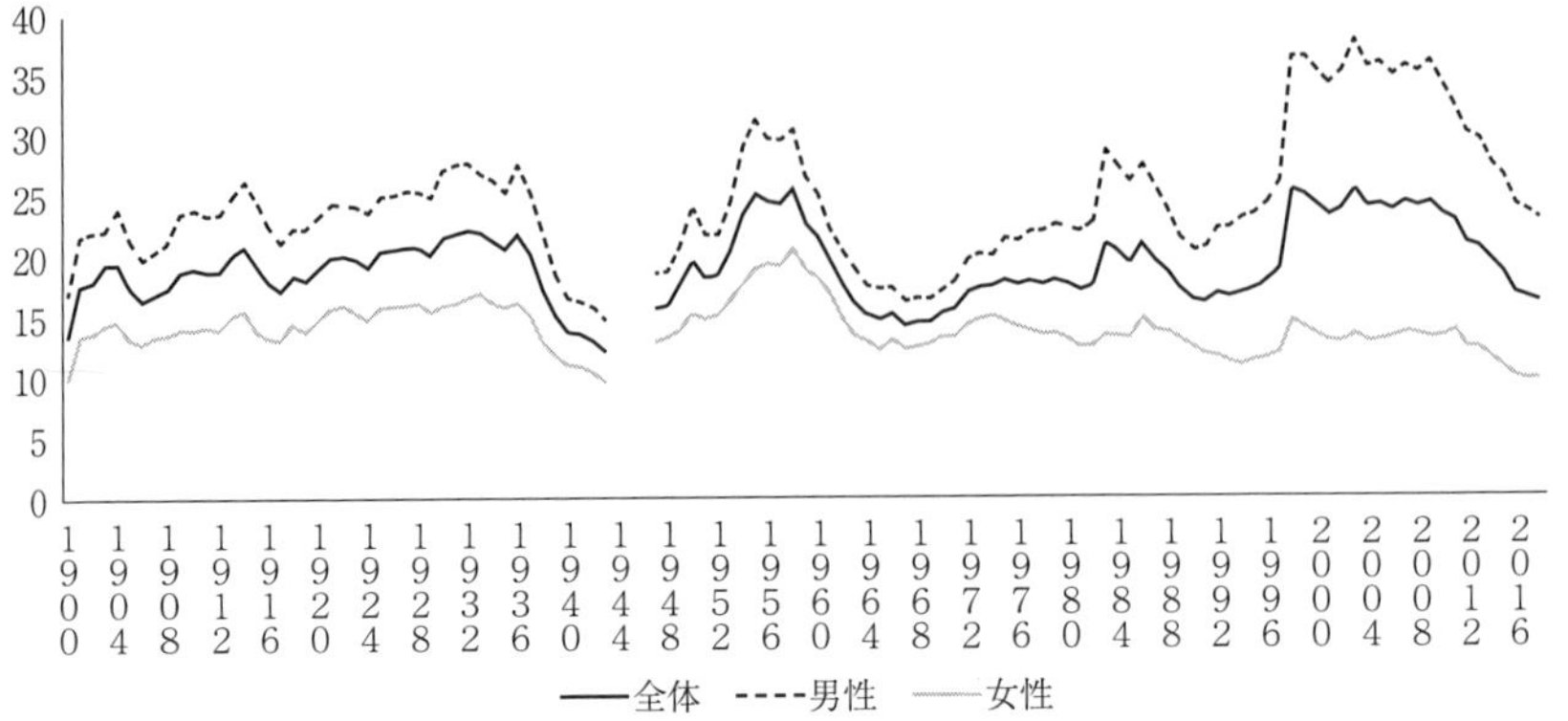

1944年から1946年については資料が不完全なため公表されていない。

図17-1　人口動態統計による自殺死亡率の推移（1900-2019）

八年からは著しく減少し、戦中はさらに減少していた。自殺率の平均は、一九三二～一九三七年の六年間は男性二六・六、女性一六・一、全体二一・四、一九三八～一九四三年の六年間は男性一七・二、女性一一・一、全体一四・一であった。

戦後は三つの自殺増加の波があった。第一波は一九五三～一九六〇年頃であり、青年の自殺増加が大きく影響した。第二波は一九八三～一九八七年頃であり、主に中年層で増加した。第三波は一九九八～二〇一五年頃である。第三波は初期には都市部の中高年男性の増加が顕著で、その後、全国に広がった。

『統計實話』と「精神衛生資料」

人口動態統計から得られた自殺の動向についてもう少しくわしく知るため、呉文聡『統計實話』[3]（一八九九）と国立精神衛生研究所の「精神衛生資料」[4]を調べた。呉は統計学者で国勢調査の生みの親とされる。『統計實話』には一九〇〇年より前の統計の記載がある。そこに記載された数値をもとに計算すると、一八八一～一八九〇年の日本の自殺率は一五・八、男女比は一〇〇対五七・六である。呉は「欧州各国に比するも自殺の数比較的に少なからさるは事実なり」「男女の多少に就きては本邦ほど女子の割合多きはなし余は之を以て本邦女子の教育及其社会的位置に帰せざるを得ず」と述べている。すなわち、明治期にはすでに日本の自殺率は国際的に高く、また女性の自殺率が高かった。そして女性の自殺率の高さの背景には社会的要因があると指摘されていた。

「精神衛生資料」は、一九五二年に開設された国立精神衛生研究所が、精神衛生に関する各種問題の実態を正確に知るために発行したもので、一号（一九五三）から一〇号（一九六二）までに計七回自殺が取り上げられている。そこに述べられていることを箇条書きにまとめる。

・一八七八年以降の自殺率の年次推移を見ると、第二次世界大戦中における自殺率の減少が著しい。
・第二次世界大戦後の一九五〇年以降において、自殺未遂が男女とも急増している。また性・年齢別の自殺率は、両性ともに二〇歳台の山を描き、その後中年に至るまで減少し、五〇歳以後は急に増加して八〇歳以上では二〇歳台の五～六倍に達するという二峰性を示す。
・一九五〇年以降の急増は、生活困難や社会的不安、政治事情の反映であり、精神衛生の重要性を指摘することができる。
・欧米では男性一〇〇対女性三〇という比率が一般的であるが、一九四七～一九四九年の数値では、日本は女性が欧米の二倍以上という高い比率を示す。
・第一波における高い自殺率は、青年層および女性の自殺が多いことと、親子心中や情死のような集団自殺が多いことが背景にある。
・第一波における自殺手段を年齢別、男女別に比較すると、毒物が青年層に多い。
・第一波における自殺率を主要各国で比較すると、日本は青年層は男性・女性とも一位であり、四〇歳台は男性一〇位、女性三位、七〇歳台の高年齢層で再び一位である。

ここでも第二次世界大戦中に自殺率が減少したこと、日本の自殺率が国際的に高いこと、女性の自殺率が高いことが述べられている。さらに戦後の第一波の自殺の急増は青年層を中心としており、精神衛生の重要課題とされていた。

第二次世界大戦前に出版された書籍

第二次世界大戦前から、日本の自殺率は国際的にも高い水準であったことはすでに述べたが、当時の有識者は、自殺についてどのような捉え方をしていたのだろうか。国立国会図書館のデジタルコレクションの文献情報をもとにいくつか紹介する（仮名遣いは現代に改めた）。

幸徳秋水（一八七一〜一九一一）は、明治時代のジャーナリスト、思想家であり、大逆事件で処刑された。その著書『幸徳秋水集』(5)（一九二九）の自殺論では、「自殺者の多いのは、独り精神的に国民の弱いのを表するのみでなくて、物質的に、経済的に、国民の疲弊を表するものである。此現象は、政治でも、軍備でも、議会でも、療治は出来ぬ。道徳教育と商工業の二つの隆興に依頼するの外はない」と述べている。

下村虎六郎（一八八四〜一九五五）は、小説家・社会教育家であり、青少年に影響を与えた『次郎物語』の著者（下村湖人）としても知られる。その著書『教育的反省』(6)（一九三四）では、「（自殺の）大多数は、統計の示す如く、生活苦に伴う生への執着の喪失に、その主なる原因を有している、と見るべきであろう。（中略）各々自己の生命の価値を認識し、使命に目覚め、自ら深くその心を養ふと共に、それぞれの職業技術を錬成するにある」と述べている。

田中寛一（一八八二〜一九六二）は、教育心理学者であり、日本における心理測定の先駆者として「田中ビネー知能検査」「田中B式知能検査」をはじめ、多くの心理検査を考案した。その著書『日本の人的資源』(7)（一九四一）では、「自殺者数の比較的多い日本民族は内向性に富んでいるといってよいであろう」と述べている。

金子準二（一八九〇～一九七九）は、精神科医であり、私立精神科病院の育成に取り組み、東京精神病院協会、日本精神病院協会を設立した。その著書『文化と犯罪の性格』[8]（一九四一）では、自殺に関する研究成果をもとに、自殺は人間の自由意志による選択的行為ではない、自殺の既遂者と未遂者には身体疾患や精神疾患を有する者が高率である、経済難や厭世観等が自殺率に強く影響する、自殺には暗示性が強く影響する（ゲーテが『若きウェルテルの悩み』を発表した後に自殺が流行したことを例示）と述べている。

このように今日もしばしば語られる自殺の社会的要因については、明治期にはすでに述べられていたことがわかる。また金子の著書にあるように、第二次世界大戦の頃になって、科学研究の成果が示されるようになった。その一方、筆者が目を通した範囲では、自殺の背景要因として戦争の影響を述べたものはなかった。

第二次世界大戦中の自殺の減少

人口動態統計に示されているように、第二次世界大戦直前から戦中は自殺率は減少した。岡崎文規（一八九五～一九七九）は、人口学者、統計学者、経済学者であり、厚生省人口問題研究所所長を務めた。岡崎は論文「自殺の実証的研究1」[9]に「どの交戦国でも、戦時中、男子の自殺率だけではなく、女子の自殺率も減少を示している。これは、一見、奇妙な現象ではあるが、国家の危機に当面すると、国家の強制的要請がなくとも、国民的結束力は非常に強くなり、戦争完遂のために、全力を結集するにちがいない。（中略）個人我を離れて、社会我に生きようとする精神的緊張は、自殺意志を弱める作用をするとみてよいのではあるまいか」と述べている。WHOは、自然災害、戦争や内戦の経験は、社会的に満たされた状態（social well-being）、健康、住居、雇用、そして経済的安定に破壊的なインパクトをもたらすため、自殺の危険を高める可能性があると述べている。その一方、逆説的ではあるが、災害や紛争の最中や直後には自殺率が低下することがあることを指摘し、社会的な結束への強化が緊急的に必要とされることによるかもしれないと述べている[1]。岡崎は、戦争期に自殺が減少するという現象に早くから気づき、それを考察した一人であると考えられる。

第二次世界大戦後の自殺の増加

第二次世界大戦後の自殺増加の第一波について、精神医学者の村松常雄は、「自殺の社会精神医学的考察」[10]において、軍国主義的、父権主義的な枠組みで教育された若者が、たった一日でその枠組みを失ったことの影響の大きさを指摘した。村松は、戦時に教育を受けた年齢層が世界的に"lost generation"と呼ばれ、世界各国でこの年齢層の青年男女の示す一般的傾向が大きな問題となっていると述べたうえで、日本での軍国国家権威主義、家庭での父長制権威主義などの教育に強く枠づけられ、個人の無価値観、無力観を強く植えつけられた青少年が、終戦と同時一朝にしてこの枠を失った精神的打撃は世界でもその比を見ない大きなものであったことは疑う余地がないと述べている。一方、岡崎は先の論文[9]において、責任感のない自由が横行したことが自殺の増加につながったと考えた。そして日本の自殺率はスイスやデンマークを超えて世界第一位を占めているだけでなく、戦後の増加は他国の追随を許さないほどに大きいことを紹介したうえで、戦後に経済界は活況を呈し、国民の収入は大幅に増加して生活状態が著しく改善し、戦前に強要された国民精神から自由になり、不合理な家族制度から解放されたにもかかわらず、自殺率が増加していることについて「自由を手にいれて、かえって苦悩を背負っている人が多いということは、日本の現状ではあるまいか」と述べている。村松と岡崎の意見は異なるように見えるが、戦前から戦後への社会の急速な変化が、とくに青年層のメンタルヘルスに影響したという見方は共通していると思われる。

第二次世界大戦後の自殺増加の第二波は一九八三〜一九八七年頃であり、第一波のおよそ三〇年後である。第二波における自殺の増加は主に中年層であった。精神医学者である吉松和哉は「成人期の自殺」(11)において、第一波の頃に二〇代の青年であった年齢層が脆弱なコホート群を形成し、それが第二波として出現したのではないかと述べた。吉松は「現在の中年世代、特に昭和ヒト桁後半生れの世代は、昭和三〇年前後に二〇歳代を迎えている。そして昭和六〇年前後に、丁度約三〇年たって五〇歳代、すなわち中年期にあった。(中略)戦後わが国における自殺率の著しく高い時代とは、今挙げた二つの時期であり、同時にここで取り上げた世代が夫々二つの時期の自殺率を高めたことがわかる。すなわち、二つの時期の高自殺率を担った世代とは、同じ生れ年、すなわち同じコホート群なのである」と述べる。同じく精神医学者である吉川武彦も自殺死亡増加の第三波の始まった後に執筆された「三〇年代生まれと団塊は自殺に弱い―精神科医による自殺の社会的把握の試み」(12)において、自殺の脆弱性の高いコホート群の存在を指摘し、自殺者の心理を明らかにすることで自殺予防を図る研究を行うことと並んで、自殺の社会文化的背景を研究することによって予防と相談にかかわる「自殺予防相談センター(仮称)」設置の提案をしている。

戦後の自殺増加の第三波、とくに一九九八年の急増について、内閣府は二〇〇七年版の「自殺対策白書」(13)において、「人口増と高齢化の進展に加え、当時の社会経済的変動が働き盛りの世代の男性に対し強く影響し、これらの世代の自殺死亡率が急増するとともに、社会経済の変動に影響されやすい昭和一桁~一五年生まれの高齢者層の自殺死亡率が増加し、これらの効果が相まって自殺者数が急増したものと推測される」と述べている。第二次世界大戦後の三つの自殺増加の波については、第一波においては社会の急速な変化の影響を受けた青年層の自殺が急増し、第二波と第三波においては第一波の自殺急増世代が脆弱性の高いコホート群を形成し、それが社会の変動期に自殺増加となって現れたと述べている。すなわち、第二次世界大戦は、戦後の自殺増加の三つの波の形成に影響したという見方がなされている。

まとめ――戦争は自殺にどのように影響したか、そこから学ぶことは何か

本章は、明治期以降の統計資料や論文・資料から、第二次世界大戦が日本の自殺に与えた長期的な影響を明らかにすることを目的とした。またそこから現在の自殺対策への示唆を得ることを目的とした。日本の自殺率は、国際的にも第二次世界大戦前から高く、女性の自殺率も高かった。そして自殺率は第二次世界大戦直前から減少、戦中はさらに減少していた。この減少は戦争という破壊的なインパクトによる逆説的な現象である可能性が高い。戦後の自殺増加の三つの波は、戦前から戦後への社会の激変を経験した青年の自殺の急増による第一波、第一波と同世代である脆弱なコホート群が影響したとされる第二波、そして第三波のすべてにおいて、第二次世界大戦との関連が示唆された。これらを考慮すると、第二次世界大戦は、日本における自殺の増加に影響してきたと考えざるを得ない。

しかし、第二次世界大戦前から日本の自殺率が高かった事実も考えておく必要がある。冒頭に述べたように、自殺関連行動は、個人的、社会的、心理的、文化的、生物学的そして環境的因子が複雑に絡み合う現象であり、そこに戦争の影響を考えることは不自然ではない。振り返ると、日本は、明治以降、日清戦争（一八九四～一八九五）、日露戦争（一九〇四～一九〇五）、第一次世界大戦（一九一四～一九一八）、満州事変（一九三一）、日中戦争（一九三七～一九四五）、第二次世界大戦（一九四一～一九四五）と六回以上の他国との戦争を経験してきた。その死者数は、軍人・軍属において、日清戦争一・四万人、日露戦争八・四万人、満州事変〇・六万人、日中戦争一八・六万人、第二次世界大戦一五五・五万人であった。さらに第二次世界大戦においては、銃後人口の死没者三九・三万人（そのうち沖縄県民九・四万人）がこれに加わる。戦争としては、このほかにも内戦である戊辰戦争（一八六八～一八六九）、西南戦争（一八七七）などがある。戦争は一時的に経済を活性化するとしても、結果として社会

に破壊的なインパクトをもたらす。しかし、筆者が調べた範囲において、日本の自殺を戦争と関連づけて検討した論文や資料は見つからなかった。資料検索と読み込みが不十分である可能性もあるが、戦争が当たり前の状態が長く続いたために、その影響を指摘した論文や資料に行き当たらなかったのかもしれない。また戦争の自殺への影響については、軍人・軍属であった人の自殺を検討すべきであるが、本章執筆の段階では、それについて実証的に述べた論文や資料を得ることはできなかった。今後の研究の発展を待ちたい。

最後に、今後の自殺対策への示唆について二点述べる。

一点目は、自殺および自殺対策の集団性である。戦後の自殺増加の第一波については、当時、自殺報道が自殺の連鎖を引き起こすリスクについてほとんど知られていなかったことから、自殺報道に関係した連鎖自殺が大規模かつ持続的に発生した可能性がある。当時は、メンタルヘルスの視点による自殺対策もほとんどなく、そのことも影響したであろう。精神疾患や自殺にまつわるスティグマの影響も援助希求を阻害したであろう[1]。日本の社会精神医学のファウンダーの一人である加藤正明は「わが国の自殺」[14]（一九九一）において乃木希典の自殺を例に挙げ、以下のように論じている。西田幾多郎は、乃木が日露戦争において連隊長として連隊旗を奪われ、旅順で五万八〇〇〇人を戦死させたことなどの罪悪感を明治天皇への殉死として解決しようとしたとして「不真面目なる今日の日本国民に多大の刺激」と述べた。これに対して志賀直哉は、「下女かなにかが何かした時感じる心持」と述べ、両者の評価は対照的であるという。加藤は「西田が乃木の自殺を讃えたのは集団中心型自殺とみたからであり、志賀の評価が低かったのはそれが自己中心型であると考えたからであろう」としたうえで、日本の自殺の文化的特徴として、集団中心型自殺の容認と自己中心型自殺への反発があると述べる。筆者はこの状況は今日も続くと考える。自殺の社会的背景に着目し、自殺対策に社会全体で取り組むことにまったく異論はないが、自殺の実態を丁寧に分析することなく、自殺の増加をエモーショナルに描くことは、加藤の指摘した問題を何ら解決していない。そこを厳しく見つめることは、日本の自殺対策を真に発展させる契機になる。

自殺死亡急増の第三波の後、ある民間団体の代表者などは、東京マラソンのスタート時の動画を使用して、自殺問題への関心を高めようとしていた。このマラソンの参加人数がわが国の一年間の自殺死亡者数に近かったことによる。しかし両者には比べようのない違いがある。東京マラソンは二〇〜三〇分の間に、ランナーたちが決まったスタートラインを走り抜けていく。しかし実際の自殺は一年の間に全国各地で散発的に発生するのである。すなわち東京マラソンの動画は二万人から三万人という人数を視覚的に捉えるには役立つとしても、必要な自殺対策を示すにはまったく役立たない[15]。これに限らないが、情緒に訴えて進める集団中心型自殺対策は、集団中心型自殺の容認と同根であることを指摘しておきたい。

二点目は、第二次世界大戦中の自殺の減少と戦後の自殺の増加は失政がもたらしたものであるという認識をもつことの重要性である。第二次世界大戦をはじめとする戦争への関与は、国内外の人命を奪い、自死者数の長期的な増加にもつながった。自殺の問題は「文化的トラウマ」としても語るべきものであり、まさに「自殺は、その多くが追い込まれた末の死」(自殺総合対策大綱)である。しかし、一九九八年の自殺死亡の急増以後の自殺対策において、戦争の自殺への影響を話し合ったことはほとんどなかった。筆者自身そのことを深く反省するとともに、まさにその歴史的文脈を見つめ直すことも、日本の自殺対策を真に発展させる契機になると考える。

日本では二〇〇六年に自殺対策基本法が制定された。この法律は議員立法であり、その第一条には次のように書かれている。

「この法律は、近年、我が国において自殺による死亡者数が高い水準で推移している状況にあり、誰も自殺に追い込まれることのない社会の実現を目指して、これに対処していくことが重要な課題となっていることに鑑み、自殺対策に関し、基本理念を定め、及び国、地方公共団体等の責務を明らかにするとともに、自殺対策の基本となる事項を定めること等により、自殺対策を総合的に推進して、自殺の防止を図り、あわせて自殺者の親族等の支援の充実を図り、もって国民が健康で生きがいを持って暮らすことのできる社会の実現に寄与することを目的

とする」（傍線は筆者）

自殺対策基本法の制定は、無意識かもしれないが、政治家が明治以来の失政を償おうとするものであるのかもしれない。

謝辞：統計資料の収集や国立国会図書館のデジタルコレクションにある書籍情報の抽出に協力を得た長島三四郎氏（大正大学地域構想研究所）に感謝する。

［文　献］

（1）World Health Organization: Preventing Suicide: A Global Imperative. 2014.（国立精神・神経医療研究センター精神保健研究所自殺予防総合対策センター訳『自殺を予防する—世界の優先課題』二〇一四年）
（2）厚生労働省「自殺死亡統計の概況」二〇〇五年。(https://www.mhlw.go.jp/toukei/saikin/hw/jinkou/tokusyu/suicide04/index.html)
（3）呉文聡『統計實話』丸善、一八九九年。
（4）国立精神衛生研究所「精神衛生資料」。(https://www.ncnp.go.jp/mental-health/information/05.html)
（5）幸徳秋水『幸徳秋水集』改造社、一九二九年。
（6）下村虎六郎『教育的反省』泰文館、一九三四年。
（7）田中寛一『日本の人的資源』蛍雪書院、一九四一年。
（8）金子準二『文化と犯罪の性格』畝房書房、一九四一年。
（9）岡崎文規「自殺の実証的研究1」『人口問題研究』七四号、一九五八年、一—三六頁。
（10）村松常雄「自殺の社会精神医学的考察」『現代医学』七巻一号、一九五九年、六三—七一頁。
（11）吉松和哉「成人期の自殺」『精神保健研究』三七号、一九九一年、二三—三一頁。
（12）吉川武彦「三〇年代生まれと団塊は自殺に弱い—精神科医による自殺の社会的把握の試み」『論座』六一号、二〇〇〇年、一七二—一七七頁。
（13）内閣府「自殺対策白書　平成一九年版」二〇〇七年。

(14) 加藤正明「わが国の自殺」『精神保健研究』三七号、一九九一年、三—一一頁。
(15) 竹島正「自殺対策のこの一〇年の経験から学ぶこと—精神保健と公衆衛生の狭間で」『精神科治療学』三六巻八号、二〇二一年、八六三—八六八頁。

第18章 「身体化された軍隊経験」、「復員兵の子」というポストメモリー

蘭 信三

はじめに

本論は、アジア太平洋戦争後、戦地から帰還してきた「復員兵の戦後家族」に生まれ育った私（一九五四年生まれ）の「復員兵の子」として経験した[1]「戦後日本のなかの戦争」に関するポストメモリー[2]である。

ある陸軍下士官の軍隊経験

（1）彼の育った家族、村、その時代

父（以下、彼）は、一九一七年八月一七日に佐賀平野の豊かな水田が広がる純農村地域で三町歩を超える耕作地をもつ中上農の二男として生まれた。両親を不幸な死で早くに亡くし、彼のきょうだいは六人と当時としてはやや少なく、祖父母と同じ集落に住む一族に支えられて育った。しかし、親のない子どもたちには厳しい現実が待っていた。いじめられ、幼いときから苦労し、強い反骨精神をもっていったようだ。同じ集落に住んでいた彼のきょうだいたちは、大人になっても素直でなく、「性根が曲がった」一風変わったひとたちで、親のない子ども時代の苦労話と教訓（きょうだい仲良く、力をあわせなさい）を私たちは繰り返し聞かされ育った。

戦前期には病気などの不慮の死で家族の大黒柱が亡くなるケースは珍しくなく、社会保障制度も充実していなかったため、それは下手をすれば一家離散の引き金となった。その意味で、家族と村内の親族集団が重要であった。村での経済階層も高く、親族も多かったことで、彼のきょうだいは離散を免れた。不幸中の幸いだった。

彼は、親なし子としていじめられたせいか、子どものころから腕白だったが、幸いわりと大きな百姓の二男で成績も悪くなかったので、旧制中学への進学を期待されていた。高等小学校での進学希望者のための補習を受けて受験準備をし、中卒後は公務員になり本家を助けることが期待されていた。だが、その矢先に家長の祖父が急死し、ランクを下げて農学校への進学を希望するが、家を継いだ長兄や親せきに「百姓に学問は不要」と反対され、進学の夢が断たれた。高小卒後は、体の弱い長兄を助け、家内労働力としてイエのために働いた。

福武直による戦前の日本農村の類型に、西南型農村と東北型農村というものがあるが、彼（私も）の育った農村は農業生産力が高く、努力すれば一代で耕作地を増やすことができたようで、養子だった彼の祖父は一代で耕

作地を増やしていた。そこは都市近郊の豊かな村で、階層移動性の高い西南型農村のひとつだった。

戦国時代に西九州で勢力を誇った龍造寺家の隠居地でもあったこの村は、思想教育に特徴があり、年齢階梯の集団が制度化されており、彼の集落も青年会組織が強かった。先輩後輩の関係性が強く、軍隊の内務班に近いそこでの共同生活のなかで尊敬する先輩に仕込まれた。祖父が亡くなり、後見人がなくなった彼は、青年会の先輩の影響を受けつつ、戦間期から戦時下へと移行する農村社会の雰囲気と、現状を打破するために、軍隊へと水路づけられていった。

二〇歳のときに日中戦争が全面戦争へと展開していき、個人的事情と社会的事情とがマッチし、徴兵検査後は自然と志願兵へと突き進んでいった。一六五センチ六〇キロの中肉中背と当時としては立派な体格のうえ、腕白で運動神経抜群の若者、農民の力強さと反骨精神と平均以上の成績階層の青年として、「よい兵隊」の素質をもっていたのだろう。思想的には目立ったものはなく、農村の素朴なイデオロギーとしての家父長制的イデオロギーと年功秩序、権威主義といったものを村や家族親族や青年会で刷り込まれていた。

（2）陸軍下士官としての軍隊経験

戦後生まれの私たちは、戦場体験や軍隊経験という言葉だけで圧倒され、当事者の重い言葉としてそのまま受け止めがちである。しかし、安田武が『戦争体験』で指摘するように、志願兵かどうか、陸軍か海軍か、何年次の入隊か、士官か下士官か兵隊か、歩兵かそうでないか等々はその戦争体験において非常に重要であった[3]。同様に、戦場体験といっても、どの時期のどの戦場での体験か、どの階級での体験かが決定的に重要だという。安田の指摘にもとづいて、彼の軍隊での状況、戦場での体験を簡潔に紹介しよう。

先に記したように、一九三七年の日中全面戦争に展開した年に満二〇歳となった彼は、徴兵検査を経て、年末に陸軍に志願し、翌三八年一月一〇日に入隊した。真偽のほどはわからないが、屈強な身体の持ち主で近衛兵に推挙されたが、両親がおらず学歴もないことで落とされたとわが家では時々振り返られた。彼も母もともに、親を早く亡くし、イエのために中等学校や師範学校への進学を断念しており、学歴のなさへの悔しさがにじむエピソードである。

彼の軍歴証明によれば、一九三八年一月に歩兵二等兵として入隊後「満洲」に配属され、半年後には歩兵一等兵、三九年二月に歩兵上等兵に昇進し、同年六月下士官候補生を命じられ河北省陸軍教導学校で三ヵ月間の研修を受けている。同年一二月に二二歳で歩兵伍長、四〇年九月に二三歳で伍長、同年一二月に二三歳で軍曹、四三年八月に二五歳で曹長に昇進している。

農民兵としてはこの昇進は早いものと思われるが、本人の主観では、前線での数々の「武功」がありながら、学歴のなさと規則破りなど自身の品行の悪さのせいで、「出世が遅れた」と回想している。どちらにしても、学歴のない兵隊は士官にはなれなかったので、高小卒の農民兵としては、ほぼ上りつめた兵隊であった。

長い中支戦線での戦いを経て、一九四四年仏領インドシナに配属され、四六年六月に復員するまでの八年間陸軍に所属した。この間、三八年冬から翌三月末までの四ヵ月間内地に配属されたが、その後三九年冬から四六年六月までの約七年間を下士官として戦地で過ごした。北部九州出身者を中心に編成された歩兵第二二七連隊に配属され、山西省でのいくつかの作戦やあの有名な中原会戦（一九四一）に参加していた。中原会戦で国民党軍は大打撃を受け、日本軍は表面的には大勝利したかにみられたが、国民党軍の後退とともに八路軍（共産党軍）の勢力が浸透していき、以後、結果として日本軍は以前にはなかった八路軍とのゲリラ戦に相当苦しめられるようになったという。

この間、彼は軍曹として前線に立っており、さまざまな戦闘を経験したようであるし、中原会戦後の占領地での治安維持も担当し、八路軍との長くて苦しいゲリラ戦を経験していた。この間、八路軍のゲリラとの抗争のなかで、数々の戦闘行為、捕虜虐待、民間人への非人道的行為が行われたようだ。彼は、後年「自分は戦争という名のもとに人間がやれる悪はすべてやった」と独白したことがあったが、それはこの間の捕虜や民間人への行為に対する振り返りであったろう。

このように、彼は日中戦争の最前線で長く下士官として厳しい戦闘を経験した兵士であった。安田武は、軍隊で長く下士官であったことはきわめて大きな意味があるという[3]。内務班での生活のひどさ（厳しい上下関係と陰湿ないじめ）や、学徒兵と農民兵の確執というものがあり、学徒兵は下士官や古参兵に相当いじめられた等々といった軍隊内での生活を明らかにしている。

彼は下士官として内務班の生活を非常に長く経験しており、ある意味彼らが日本陸軍の内務班の中核を形成していたと思われる。吉田裕の言う「戦争のプロ」としての下士官を長く勤めあげたベテラン兵だったと言えよう[4]。

復員兵の戦後家族のなかの「戦争」、そのポストメモリー

(1) 復員兵の戦後家族のなかの「軍隊」

彼は一九四六年六月一〇日にバンコクから浦賀に復員し、六月二五日に帰郷した。「写真婚」で本家に嫁ぎ、同居してその帰りを待っていた妻と初めて出会い、本家でしばらく暮らした。四七年に長女、四九年に長男、五一年に次女が生まれ、五二年に本家のそばに新居を建てて移り住み、そして五四年に私が生まれた。文字通りに戦後のベビーブームに寄与したわけである。

長女が生まれたとき、戦場で自分が犯した数々の行為を思い返し、「俺の子が『五体満足』のはずがない」という恐怖で、初めての子でありながら、その姿をすぐには見ることができなかったという。終戦からまだ二年しかたっておらず、戦後の「平和で幸せな生活」に、戦場で自分の犯した行為が思い返され、喜びと恐怖がないまぜのなか、幸せに戸惑い、犯した行為を恐れる復員兵の姿がまざまざと思い浮かばれる。

復員前に「ポツダム准尉」となっていた彼は、帰郷後は警察への就職を予定（希望）していた。軍隊では、前線での戦闘も占領地での治安維持も担当したベテランで、さまざまの占領地治安に関する経験をもつ彼にとって、軍が解体された後の内地で、警察官になることはもっとも自然な選択肢であったろうし、自信もあったようだ。「内地の警察なんて、戦地での治安維持に比べれば簡単だ」と言っていた。しかし、出征した二人の弟の仕送りで四町歩を超える耕作地をもつことになっていた本家の長兄は農地改革で田畑を没収されると誤解し、帰郷した彼に分家を命じ、彼はそれに従い、一町二反の農地をもらい、農家となった。

復員後も食うには困らなかったが、下士官生活から村では下の上の経済階層へと転落し、戦後の生活を始めたわけである。警察へ就職するのが合理的な選択だったと思われるが、親がなく苦労した彼らきょうだいの教訓は、「きょうだいは助け合うこと」であり、それに軍隊よろしく家父長の命令は絶対だった。本家の長兄が農地改革への不安だけでなく、強力な味方である弟を手放したくなったからと思われる。

（2）軍隊生活の規律規範、戦後家族の規律規範

復員兵の戦後家族として彼と母が築いた家族は、彼をリーダーとして一糸乱れぬ統制された家族生活で、まるで小隊長の彼のもとに統制がよくとれた小隊だった。朝六時起床、皆そろっての朝食、農作業と学校への通学、午後六時夕食、夕食を終えた後の三時間の新聞精読と子どもたちの勉強、そして就寝。判で押したような日々の生活であった。分家という貧しさから出発したこともあり、そこには少しの無駄も贅沢もなかった。

彼が長い下士官生活で培ったリーダーシップは、戦後家族にも持ち込まれた。率先垂範、自分にも家族にもその厳しいルールを課した。その生活スタイルは長い軍隊生活で体に浸み込み、身体化された規律規範とも言えるもので、彼にとっては合理的な生活スタイルだった。いったん決められたルールを破ることは許されず、鬼軍曹よろしく、破れば体罰が待っていた。そのスパルタ的なしつけのなかで、私たち子どもは軍隊的な規律規範を叩

き込まれ、やがてそれが身体化されていった。

さて、総力戦がいよいよ本格化する一九四三年三月一八日に「写真婚」で結婚し嫁いできた母は、彼の帰りを本家で待っていた。母は彼の家から一〇キロほど離れた大きなミカン農家の次女として二一年一〇月二七日に生まれ、満洲事変、日華事変という戦時下に育った軍国少女だった。村代表の健康優良児として郡大会にも出るほど「優秀で健康だった」と自負する彼女の夢は、師範学校に進学し、当時の農村では花形の職業婦人であった教師になり、お国のために役立つことであった。だが末の妹の出産時に実母が亡くなり、妹の世話で進学を断念させられた。二一年生まれの母は、イエの犠牲になって働き、年頃の男性が徴兵で激減したこともあり二〇歳を超え婚期を逃していた。当時すでに軍曹になっていた彼と写真で見合いをして結婚し、二人の男手を軍に送り出し労働力不足に悩んでいた本家に同居し、家事から農作業全般をこなす重要な働き手となっていた。

母は、心身ともに強いひとで、かつ何事も先を読み、計画的に生き、努力を惜しまない女性だった。彼が亡くなって数年後に、母に、「この選択（写真婚）はリスクが大きかったのではなかったか」と、尋ねたことがある。彼女は、婚期をやや逸して焦っていたし、何よりも皇軍兵士で、しかも軍曹という高い地位にある下士官の嫁になることは名誉だったし、「万が一戦死しても遺族として優先的に代用教員になれる道があったから」、とのことで、やはり彼女らしい「合理的な選択」であった。

彼女の実家のある村はミカンの有名な産地で、先進的な商業的農業生産地であったが、若い男たちが軍にとられて、労働力が不足し朝鮮人男性が働き手として多くいた。彼女も随分と口説かれたようだが、軍国少女で、民族的差別感の強かった彼女は、なびかなかったという。当時、軍隊への徴兵で適齢期の日本人男性は少なく、都市の工場や工事現場だけでなく農村にも増加していた朝鮮人の若い男性の存在感は次第に大きくなっていたことを示すエピソードでもあるが。

さて、彼の子育ては、軍隊的なスパルタであっただけでない。それには、仏領インドシナで見たフランス人家族の子育てからの教訓も加味されていた。それは、幼いころは厳しく、大きくなれば子どもの意思を尊重するというもので、当時の日本のそれとは違っていた。フランス人の子育ては合理的だと感心し、幼いころは甘やかし大きくなってから厳しくするという日本農村のやり方は間違っていると彼は常に批判していた。

　このように、彼は戦場で多くの非人道的な行為を犯したが、軍隊や占領地や戦地で多くのことも学んでおり、これはその一つの教訓であった。軍国少女であった母も、このルールに違和感はなく、彼の説明の合理性に納得し、むしろ分家として成功していくために欠かせないものと考えていたし、厳しいルールや規律正しい生活にも「優等生」として納得し、サブリーダーとして彼を助けた。

　彼は、酒に酔って自慢話になることの多い戦友会を嫌ったが、家族の団らんである食事時によく戦争の話をしていた。軍隊生活の厳しさ、学歴社会としての軍隊で学歴のなかったことの無念さ[5]、涙を流しながら故郷の民謡を歌い、その歌に涙を流す兵隊たちの望郷、母親を想う心情、小隊長として部下を死なせてしまった後悔、四五年ころ召集されてきた沖縄出身兵の話、等々。

　なかでも、下士官はどうあるべきかという話は圧巻だった。下士官は十数名の兵隊の命を預かっており、自分が死なないためにどうするかだけでなく、「部下を死なせない」ためにどう状況判断をするか。迫りくる情勢のなかで選択肢は少なく、それを瞬時に判断してどう動くのか。そのためには、使える人間を見極めること。誰が信頼できて、誰が本当の勇気をもって、誰に命を預けられるかと。彼は軍用犬も使える資格をもっていたようだが、「犬も人も一緒で、目を見ればわかるし、戦闘に一回行けばその兵隊の本性がわかる」と。「敵も味方も殺さず、陣地を取って勝つのが上策」、「相手の弱いところを知り、そこを攻める。戦争は銃だけで戦うのではない、それは心理戦でもある」と、下士官はそれをわかっていないといけないと。長年の勘で、自分はどこに敵がいるか、どこから弾が来るかわかる、だから自分はぜったい死なないから、兵隊には「自分の前に出るな、後ろからついてくればまちがいない」と口を酸っぱくして言っていたという。しかし、最後の戦闘で、弟のように可愛がっていた兵隊が、「小隊長のために命をかけます」と言って先走り、戦死してしまったと涙を流した。そして、驚くことに、捕虜虐殺の話も、朝鮮人慰安婦との関係も、私たちは聞いていた。

母は子どもたちの前で彼がむごい戦争の話をするのを嫌っていたが、彼女自身は農村で普通に話される戦争談に慣れていた。むしろ、話し上手で語り部でもあった彼女も、長崎の原爆投下後のキノコ雲の話や、戦争の悲惨さ、戦後の生活苦や、彼女が行商を始めた経緯やそれを通してなされる人びとへの洞察など、多くのことを団らん時に語っていた。

振り返れば、物心ついた子どものころから一八歳まで、二人の雄弁な語り部のもと、私は多くの軍隊生活や復員兵の想いや、戦時期の農村を生きた若い女性の想いと生き様について聞かされていた。

この禁欲的でスパルタ的な戦後家族のなかで育った私たちきょうだいは、その厳しい規律規範が内面化されていき、学年が上がるにつれて学校教育に適応し、次第に成績は上位になっていった。

彼は階級社会である軍隊で、学歴のなさで苦労したというエピソードを繰り返し話し、母は母で師範学校への進学を断念していた悔しさが強かったため、当然ながら二人の子どもたちへの進学アスピレーションは異常に強かった。高度成長期に地方にも大学進学熱が拡がってくるが、それにいち早く応じたのが彼らであった。長女と次女は当時はやった短期大学に、兄と私は国立大学に進学し、そして二人とも研究者になった。

経済階層からすると、とても不釣り合いな子どもたちの大学進学だったが、強烈な自尊心と経済力のある母が行商をしてそれを支えた。行商で頭を下げて売り歩きながらも、自分のリアリティのなかで生きる彼女にはみじめさなど微塵もなかった。「私の子たちだから優秀なはず」という強い思い込みとも自尊心ともつかないものが支えだった。大正期に生まれ、戦時期に大人になり、戦争によって規定された彼らの二〇代がありながらも、少年期に自分たちが果たせなかった「夢」を、子どもたちに託し、そしてある意味、自己実現していったのだ。そのたくましさ、しぶとさに驚くとともに、これは大正期から高度成長期を生きた彼ら大正一桁世代の一つの生き方でもあったと思われる。

（3）「復員兵の暴力」はいかに飼いならされたか

戦争は暴力だ。兵士たちはさまざまな暴力に慣れていく。では、戦場、占領地での工作でさまざまな非人道的行為を犯してきた彼ら復員兵は戦後社会にどのように受容され、適応していったのだろうか。

彼は、日中戦争で兵隊が「消耗」するなか、早くに下士官になり軍曹・曹長を長く勤め、良くも悪くも「軍隊で人が変わった」と言われ、復員後の故郷の村で恐れられた。

軍隊生活で体得した筋を通すこと、「道理」を主張することで、慣行を重んじ長いものにまかれる農村社会では、彼は波風を立てる煙たい存在でもあった。何よりも、圧倒する眼差し、ときとしてあらわになる怒気、弾けるかもしれないその「暴力と狂気」への恐れがあった。

善悪を含めた人間力、そして判で押したような軍隊的な規律規範にもとづく生活、スパルタ的子育て、潜在的な暴力への不安。軍隊の小隊のような規律規範で生活を送る彼と彼の家族は、村ではまったく浮いていたし、親族以外からは孤立していた。

彼は、結束の強い一族と、いろいろな意味で実力者の母と、順調に育つ子どもたちの成長に抱きしめられていた。そして、外では村や地域の政治家たちから「使えるやつ」と頼られることで、その「暴力」が飼いならされていった。

何よりも、彼自身が、抑え込んでいる暴力のタガが外れて暴発するような場面を避けていた。たとえば、村での飲み会は早々に退席した。酔って、軍隊の自慢話をする農民兵の話を嫌うだけでなく、かつ普段の彼への不満から酒の勢いを借りて絡まれることを避けるためでもあった。絡まれて起きるかもしれない「不慮の事故」を避けたかったからだ。

「自分は素人ではない、あらゆる手段で敵を倒す訓練を受けてきた」ベテランであるという自覚があり、自分自身のなかにある「暴力と爆発する狂気」を強く意識し、親なし子として育った経験から、「幸せな家庭を崩さない」という想いが強く、普段は自己を抑制しながら生きていた。

余談だが、軍隊時代の自分の部下の一人に、北九州の沖仲士で会社（組）を経営していた社長（組長）の息子がいて、復員後に彼をスカウトに来た。命知らずの沖仲士たちを束ねるには「曹長殿のような本当の度胸のある人にしかできない」と高給でスカウトされたが、彼はその話を断った。その仕事を受ければ、故郷から離れてしまうし、軍隊の延長的な状態（暴力）が待っていることに躊躇し、何よりも子どもたちをそういう世界に染まらせたくなかったからという。

また、警察予備隊が発足するときにも戦友たちに誘われ、気持ちは揺れたが、断念した。入隊すれば、准尉あがりのベテランとして憧れの士官になれたかもしれないが、「もう二度と戦地には立ちたくない」し、長い望郷に耐えてやっと帰ってきた「故郷からもう二度と離れたくない」、という強い想いからだった。彼は、「戦争は負けてはいけない、捕虜のみじめさは経験しないとわからない」と繰り返し話したが、凄惨な戦場を生きた経験から、「あんな戦争はやるもんじゃない」「もう戦場には二度と立ちたくない」とつぶやいていた。

吉田裕は、戦後の将校と下士官のあの戦線への振り返りは明確に異なるという。サンフランシスコ講和条約後に将校たちが書いた戦記物には「あの戦争は仕方なかったんだ」という言い訳と、『大東亜戦争』は植民地を解放した」といった戦争を賛美するような言い方がされているが、これに対して、下士官はその戦場の現場、戦争のリアリティをよく知っているから、戦争がよかったなどとは誰も言わないと指摘している(4)。このように、彼の長い下士官生活が警察予備隊への入隊のブレーキになった。

その一方で、先に述べたが、彼は自民党のある政治家の選挙運動員として、選挙があるたびに嬉々として裏工作に走り回っていた。この裏工作は、戦場や占領地で経験した裏工作に近く、彼はそれを簡単にやってのけ、こいつは出来るやつ、と見込まれていったという。

このような選挙運動のもとで、合法か非合法すれすれのところでやっていたこの裏工作は、非日常で、戦前の戦闘経験に近似しており、戦争で手にしてしまったエネルギーや暴力というものを、戦後の平和のなかで発散できるイベントだったのであろう。

もっとも、これ以外にも岐路となったかもしれない出来事はいくつかあった。

たとえば、彼の義理の弟が博打で負けてやくざに拘束され、その解放のために法外な金銭が要求されたとき、彼がその組に単身で乗り込み救出したことだ。相手の出方次第でどうにでも転んだと思われるが、幸い、組の若頭が彼のまなざしと物腰から、彼が多く人を殺してきた人間で、戦いのプロであることを察知し、義理の弟を解放してくれ、事なきをえた。

また、言うことを聞かない子どもの一人を手にかけそうになったときに、お手伝いとして同居していた遠縁のおばあさんが身を挺して助けてくれていなければ、その子どもの命も私たちの家族もどうなっていたかしれない。後年に喜納昌吉の歌う「ハイサイおじさん」の背景となった事件を知ったとき(6)、その事件との共通性を知り、戦後のなかにある「戦争と狂気と暴力」に震えた。

このように、彼とその家族は危うい危機をいくつか切り抜けたが、一歩間違えればどう転んだか、母は薄氷を踏む思いだったろう。

「復員兵の子」というアイデンティティ

緊張した雰囲気のなかで、私たち家族は心を寄せ合って生きてきた。彼も「暴力」を大きくは暴発させず、一家も離散することはなかった。むしろ、彼を通して「軍隊の規律規範を身体化」された私たち子どもは「順調」

に育った。私も、高校生まで彼の影響が絶大だったが、大学生になって自宅を離れると、その影響力は次第に相対化され、私は彼から離れていった。

しかし、熊本大学に就職後の一九八四年八月にある「満洲」引揚者と出会い、さらに八九年五月に中国残留婦人と出会い、「満洲」への農業移民の〈満洲後の人生〉を研究テーマとしていくなかで、「復員兵の子」として育っていた自分のバックボーンとそのテーマが共鳴してしまった。「満洲」からの引揚者研究を始めることで、「復員兵の子」として育ったこととともに、彼の人生を再び振り返るようになっていった。一時は距離を置いた彼との関係、彼の生きられた戦前戦後の歴史、そして彼を媒介して私に刷り込まれていた「身体化された軍隊経験」が再び私のなかで大きく膨らんでいった。

その後、「復員兵の子」であることを意識しつつ、引揚研究など「帝国と人の移動研究」の共同研究を推進した。その過程で、上野千鶴子氏、平井和子氏らとともに、『戦争と性暴力の比較史へ向けて』[7]を編集し、石田米子ほか『黄土の村の性暴力』[8]を読み込んでその方法論を批判する論文を執筆した。だが、その際、彼が戦場で犯したであろう数々の「行為」に向き合わざるを得なくなった。『黄土の村の性暴力』を読むなかで、占領地での出来事を彼から聞いていたことをおぼろげに思い出し、何とも言えない気持ち（加害者意識）に苦しめられた。もちろん、私は「当事者」ではないし、彼も戦争でやったことであり、個人的な行為ではないと言い訳をしつつも、苦しかった。一九九五年に亡くなるまでの彼とのさまざまな会話が思い出され、精神的に苦しかった。泣きはらした目にできものが出来て、異様な顔になった。この苦しさと向き合うのは無理だと思い、執筆を降りることを出版社の担当者に伝えたが、引き留められた。「それ（内面的葛藤）をぜひ書いてほしい」と。しかしそれは無理なことだった。パートナーの蘭由岐子には、「気が狂うからもうやめて、見ていられない」と止められ、方法論へ逃げた。

他方で、彼と家族のポストメモリーを話すとき、いつも涙を流し感情的になる私に対して彼女は容赦なかった。

「なぜいつも泣くの、お父さんへの愛なの、家族や故郷へのノスタルジーなの、自己愛の裏返しなの、泣くことで自分を許しているの、泣くことで加害性を示して『良心』を見せたいの?」、「あなたはプロなのだから、言葉できちんと説明しなさいよ」と批判されてきた。すべてもっともな指摘である。

繰り返すが、彼への愛や家族愛だけでなく、彼を媒介して私のなかに刷り込まれている「身体化された軍隊経験」を強く意識することで、私は彼の「共犯者」であるという意識にとらわれていった。もちろん、私は当事者ではない。しかし、彼を介して身体化された帝国陸軍の規律規範がなければ今の私はない。経済階層の低い農家出身で、進学率も高くない地方の農村出身でありながら有名大学に進学し、「多くの業績」を残す研究者となったのは、彼のおかげであり、「身体化された軍隊の規律規範」のおかげであるからだ。それを思うとき、帝国陸軍の犯したこと、彼の犯したことは、私の「成功」と切り離せないのか、という自虐的な「共犯者」というトラウマ的な感情が抑えられなくなってきた。

しかしこれも、私の精神的遊びかもしれない、「おまえはそんな立派な人間ではない」と、もう一人の私が私を冷たくまなざしている。堂々巡りになるから、これでいったんは筆をおきたい。

最後に、ホロコーストを体験したサバイバーの子どもたちが、アウシュビッツの体験について書いていることを「ポストメモリーの時代」と呼び、ホロコースト研究の一つの流れをなしているという[8]。被害体験(トラウマ)とはまったく真逆の「加害体験」のポストメモリーについて書くことはそれとどのような関係性にあるのか、あの戦争や植民地支配への「半当事者」として向き合うことはどのような展開が可能なのか、私にはまだその全体は見えない。

ただ、これまで、戦争体験の語りは戦争体験者の専有物だったが[9]、私のような「半当事者」の省察は、戦争研究にどのような意味をもつのだろうか。このようなポストメモリーとも言える経験への省察は、戦争と関係のないところで生きた、いわば戦争体験のポストメモリーをもたない戦後「後」世代の戦争論とどのような違いがあるのだろうか。もちろん、体験は一つの重要な手がかりだ。だが、それはすべてではない。私の戦後経験を振り返る本論を出発点として、私自身のポストメモリーに基づく語りのもつ含意を問い続けたい。
戦場体験を抱え、「暴力」や「狂気」を飼いならしながら戦後を生きた多くの農民兵たちの体験を描き切ることが、最後の「復員兵の子」世代となる私（たち）に残された課題であろう。未了。

付記：本文は、『思想』一一七七号（二〇二二年五月号）所収の「『身体化された軍隊経験』を振り返る―『復員兵の子』というあるひとつの『戦争経験』のポストメモリー」を加筆修正したものである。転載を認めていただいた岩波書店に記して感謝申し上げます。

［文献・注］

（1）その時その場での「体験」が、時の経過のなかで意味づけられていったものを「経験」という。しかし本論ではこの区別が判然としない箇所もあり、体験と経験の用法の難しさを再認識した。
（2）本論では武田（二〇一七）に従い、ポストメモリーを〈後付けの記憶〉という意味で用いる。
（3）安田武『戦争体験―一九七〇年への遺書』未来社、一九七一年（初版一九六三年）。
（4）吉田裕『兵士たちの戦後史』岩波書店、二〇一一年。
（5）一ノ瀬俊也『皇軍兵士の日常生活』講談社現代新書、二〇〇九年。
（6）喜納昌吉、C・ダグラス・ラミス『反戦平和の手帖―あなたしかできない新しいこと』集英社新書、二〇〇六年。
（7）上野千鶴子、蘭信三、平井和子編『戦争と性暴力の比較史へ向けて』岩波書店、二〇一八年。
（8）石田米子、内田知行編『黄土の村の性暴力―大娘たちの戦争は終わらない』創土社、二〇〇四年。
（9）武井彩佳『〈和解〉のリアルポリティクス―ドイツ人とユダヤ人』（みすず書房、二〇一七年）や、福間具子「過去／現在の動的調停―ローベルト・シンデル『生まれ』論」（『文芸研究』一三六号、二〇一八年、一二八―一四八頁）等にくわしい。
（10）蘭信三「序章　課題としての〈ポスト戦争体験の時代〉」蘭信三、小倉康嗣、今野日出晴編『なぜ戦争体験を継承するのか―ポスト体験時代の歴史実践』みずき書林、二〇二一年、七―四一頁。

第19章

なぜ日本人は戦争体験をオープンに語り、経験を振り返ることができないか

森　茂起

問いは成り立つか

日本のアジア・太平洋戦争の体験について、すでにおびただしい数の記録や、証言や、個人的語りが積み重ねられてきている。その意味では、戦争体験を語ることも、その経験をたどることも、たしかに、なされてきている。しかし、それにもかかわらず、本章のタイトルのように、日本人にとってそれが難しいという感覚がたしかにある。

私は心理療法の実践のなかで、クライエントや患者がトラウマ体験を語ることを支え、そこから物語を形成する作業を経験してきた。また、ドイツで行われた調査を参照して、子ども時代に戦争を体験した「戦争の子ど

も」へのインタビュー調査をかつて行った。それらの経験に基づいて戦争の語りについて考えるのが本章の課題である。

トラウマ体験の記憶（トラウマ性記憶と呼ぶ）には、言語化が難しく、「物語narrative」の形成が困難という基本的な性質がある。つまり、「トラウマ」は、たしかに「語り」「振り返る」ことが難しいのである。ただ、トラウマという視点だけでは、日本人がとくに「語ることができない」「振り返ることができない」理由を考えることができない。なぜなら、戦争体験に含まれるトラウマが原因だとすれば、それは戦争を体験したあらゆる人に共通であって、日本人に特有の現象ではないからである。日本人が、とくに困難を抱えているのであれば、それ以上の理由も考えなければならない。

国際比較は一旦置くとして、日本で戦争について語ることに困難があるという個別の経験ならさまざま見つけることができる。一例だが、朝日新聞の「悩みのるつぼ」欄（二〇二一年九月一八日）に、三〇代女性からの「戦争やテロについて語り合いたい」という相談が掲載された。九・一一以降、「世界中で起きている戦争やテロ、かつての世界大戦」について考えてきたが、周りには誰一人興味を示す人がなく、「仕方ないね」「外国はこれだから怖いよね」などの言葉とともに話題を変えたがるという悩みである。アフガニスタンで米軍機にしがみついて亡くなった少年のことを母親に話したときには「変な団体に参加したりしないでね」と言われたという。

日本の戦争体験に直接触れた相談ではないが、戦争に関係する話題を避ける傾向が日常的にあるさまを見ることができる。私の専門領域である心理療法や臨床心理学の分野でも、重要な主題の一つであるにもかかわらず、戦争を扱う研究や議論は——近年ようやく注目されるようになったとはいえ——たしかに少ない。

その一方で、この文章を書いている八月のように、原爆、終戦の日に、平和祈（記）念式典、戦没者追悼式など、あらためて戦争体験を思い出し、注目し、さまざまの活動や報道がなされる機会がある。二〇二二年夏にも、若い世代が戦争について考えるための企画が試みられた。直接の戦争体験を記憶する世代がわずかになってしまった現在、その体験をどのように継承するのか、という課題があらためて注目されているように見える。語ったり、振り返ったりすることと、それらを避けることの間の緊張関係と往復は、トラウマ体験の特徴である。時間の経過とともに進む振れも、同時的に起こる異なった方向への振れもある。戦争体験を見つめようとする個人や集団もあれば、それを避ける個人や集団もある。その総体として社会全体における戦争の扱いが構成されている。国が体験した戦争という出来事について、社会が、時間的振動と多様性を含みつつ、どのように経験するかを考えなければならない。

ジョン・ダワー(1)は、『敗北を抱きしめて』の「日本の読者へ」でこの点に触れている。ダワーは、「日本」は例外的な国であるという固定観念があると指摘し、「日本」は多様性を含む複数者として語るべき存在で、「日本」ではなく、「日本たち」について語らねばならないと言うのである。本章のタイトルの問いの「日本人は」についても、その言葉で指すものの多様性を考えねばならない。また、たどったり、語ったりする主体に多様性があるだけでなく、話す対象も多様である。ある対象には話せても、別の対象には話せないという現象には後にもう一度触れる。

本章のタイトルが抱える問題を指摘したが、それでも「日本人は戦争体験をオープンに話し、経験を振り返ることができない」という感覚について考えることには、意味がある。その問いを通じて、「日本」の戦争と戦後についてさまざまの主題を考えることができるからである。

トラウマの性質

トラウマは、それがもたらす苦痛のために、抑圧（蓋をする）、解離（切り離しておく）への強い力が働き、一旦視界から消えるが、何らかの引き金によって意識に侵入する。(2) 忘却の多くは抑圧や解離がそう見えさせているにすぎない。抑圧と解離の違いを簡単に言っておくと、前者は蓋をする力が働き続けて、次第に深く埋め込まれるため、解除のために時間をかけた周到な作業が必要である状態であるのに対し、解離は隔壁によって切り離されているが、壁の反対側に入るとすぐそのまま見える状態である。抑圧されたものは形を変えて表面化し、意識内の内容を歪ませる。解離はスイッチングという複数の意識の切り替えを起こしたり、現実の認識能力の低下を招く。また、抑圧による場合でも解離による場合でも、トラウマ的な作用は人と人の関係性を歪ませる形でも現れる。

こうした個人のトラウマの理解を、集団現象の理解に拡張することができる。たとえば、今述べた抑圧と解離に相当するような現象を集団にも見ることができる。家族のような小集団にせよ、より大きな集団にせよ、戦争の記憶をもつ人がそれを語るのを妨げるような力が働き続けることで、集団のなかで戦争の記憶が抑圧される。あるいは、戦争の体験の語りが行われたり、その記録が残ったりしていても、それが社会の広い層から切り離され、知られていない場合を、集団内の解離と表現することも可能だろう。

次に、私が実践している心理療法を参照してトラウマについて考えてみよう。ここで取り上げるのは、ナラティヴ・エクスポージャー・セラピー（以下、NET）という名の技法である[3]。NETでは、生まれてから現在までの人生史を、とくにトラウマ的出来事（記憶）に焦点を当てて語っていく。その初回に、石を「悪い体験」、花を「良い体験」として、紐で表される人生の上に置く「花と石」というワークを行う。これによって、人生全体を俯瞰するとともに、二回目以降の治療スケジュールを決定する。二回目以降は、出生から現在までの人生を、およそ五、六回から二〇回程度までの回数で、時系列に沿って順に語っていく。ここではくわしく触れることができないが、石が表すトラウマ体験を扱う際に、エクスポージャーと名づけられた特殊な技法を用いる。記憶が蘇るままに自発的に語るだけでは記憶の処理が進まず、トラウマ症状が悪化することもある。そうした経験を過去にしたため、語らないほうが安全に感じられることが、トラウマが語られにくい理由の一つである。

「花と石」のワークには、必要に応じて、大切な人を失った喪失体験をキャンドルで、加害体験をスティックで表して置く技法が後に加えられた。石で表される体験には、「被害体験」の他に「喪失体験」「加害体験」があり、それらを区別することに意味があると考えたためである。スティックを用いる直接の契機になったのは、「悪い体験」という言葉で表される石で加害体験を表すことに抵抗する難民がいたからだと開発者は言う。つまり、自身の国や地域を守るために暴力を加えたり人を殺害したりした体験は、英雄的な行為であって、みずからが被害を受けた「悪い」体験と同じ石としてそれを表すことに抵抗があったのである。

「加害」がトラウマの重要な要素になっていることはたしかにある。PTSDという診断名が登場して間もない頃に、トラウマを引き起こす可能性のある出来事を分類する論文が発表された[4]。そこでは八つの要素のなかに、「死ないし重大な害を他者に加える」という「加害体験」が含まれていた。しかし、医学におけるトラウマティック・ストレスの概念は、生命や身体が脅かされる体験を中核に置いており、「加害」のトラウマ性をどう理解するかを今でも教えてくれない。「加害」は「語りにくい」という意味で扱いが難しいのはたしかだが[5]、そもそもそれがなぜ「トラウマ的」なのかという理解がまだ進んでいないのである。

NETの一つの特徴は、個々のトラウマ的体験を扱うだけでなく、「花と石」ワークに視覚的に表される系列を扱うことである。人生史の全体を時系列に整理して語ることには重要な働きがある。個々の体験だけでなく、ある体験ののちに次の体験をもつ系列が、それぞれの体験の意味を変える。ときには、先の体験が後の体験の理解に作用してそれを歪ませる。NETの作業は、「被害」「加害」「喪失」の要素を見極めながら、それらの絡まりを解きほぐしていく。一つの体験のなかに、「被害」「加害」「喪失」のうち複数の要素が重なり合っていることも少なくない。

「戦争の子ども」インタビュー

私たちが実施した「戦争の子ども」プロジェクト(6)の一つの特徴は、多くの戦争研究のように「空襲」「原爆」「引揚」「沖縄戦」「疎開」その他、日本が経験したアジア・太平洋戦争で起こった事象のいずれかに焦点を当てるのではなく、戦争下で子ども時代を過ごした世代全体を対象としたことである。ドイツの同様の企画と同じく、一つの世代を理解しようとする試みである。それと同時に、「トラウマ」を聞き取るために、NETを参考にして、インタビュー質問に「戦争で最も辛かったこと」を組み込んだ。どのような体験がそれに当たるかを語りが始まる前に予想することはできない。NETと同様、ある体験に焦点を当ててくわしく聞き取るうちに最も「辛い」部分が浮かび上がってくることがしばしばあった。大阪、神戸を中心とする地域が対象となったためと思われるが、多くの方の語りに空襲体験が含まれていた。ここでは、三人の方の体験を紹介する。

第一例（Aさん）(7)は、大阪大空襲時に国民学校六年生だった男性で、戦争末期には空襲を避けて大阪南部に暮らしていた。大空襲の日は、空襲で赤くなる大阪の空をはるかに眺めていた。語りが進むにつれ、Aさんの最も「辛い」戦争体験は、京橋空襲と呼ばれる八月一四日の空襲の後処理だったことがわかってきた。中学に上がっていたAさんは、空襲翌日に駆り出され、死体の処理作業に携わった。そのときの死体の凄惨な状況が、光景、匂いなどの感覚とともにAさんにとってトラウマ性の記憶となり、その後長きにわたり、戦争の記憶に触れることを避ける結果となった。インタビュー中も、記憶がしばしば混乱し、遠くから眺めた三月の大阪大空襲の話がいつの間にか、京橋空襲での体験になるなど、戦争の記憶がすべてその記憶に結びついていることがうかがえた。そのトラウマがあるがゆえに、Aさんは、戦争のことを振り返るのが困難で、戦争に触れそうになると湧き上がる「嫌な気持ち」に駆りたてられてその場を離れるのだった。端的に、トラウマの記憶による症状が「語り」「振り返る」ことを阻害してきたことを示す例である。

また、Aさんの語りには、復員兵として帰還した兄の性格の変化と沈黙が家族に及ぼした影響も含まれた。明るかった兄をすっかり変えてしまった体験を兄はくわしく語らなかったが、一度だけ、中国では「これもしたから」と、銃を構える格好をし、それが中国人を殺害した経験であることをほのめかした。Aさん自身の沈黙と、加害体験に由来する兄の沈黙の両者が重なり、Aさんの家族の会話に戦争の話題が出ることはなかった。

第二例（Bさん）は、一九三五年生まれの女性である。Bさんは、神戸大空襲が始まり避難所に逃げるために外に出たときに焼夷弾の直撃を受け、片腕の肘から先を失うという悲劇に見舞われた。両親は、大怪我をしたBさんを救護所に運んだところで、一緒に逃げ出したはずのBさんの姉の行方がわからないことに気づいた。結局、遺骨が発見されたのは何年も後のことだった。姉を失った経緯が家族を苦しめ、とくに父親は、娘を守れなかった自責感から戦争について一切話さないままとなった。その父親を気遣い、父親の前で戦争の話をすることが家族全員にとってタブーになった。父親の自責感と家族の気遣いの両者が語ることを妨げた。

第三例（Cさん）は、一九三一年生まれの男性で、やはり神戸大空襲を経験した。出征した兄がどの戦場にいるのかわからず、戦後帰還した後も聞いたことがなかったが、インタビューの一〇年ほど前に、特攻隊基地で知られる知覧で整備兵を務めていたことを兄が初めて語った。神戸大空襲では、焼夷弾が降り注ぐ恐怖を経験し、山の中腹に避難して燃える街を眺めていた。家が焼けたため、父親が小学校校長を務めていた山間部に越したが、そこでも爆撃を経験する。そして、父親が校長として「絶対に勝つ」と教育していたため、終戦直後に地域住民に糾弾されたこと、仕事も故郷も捨てて他地域に移り、生活が困窮したことが、Cさんの人生を屈折させた。C

さんの場合、父が戦時体制の一部を公の立場で担ったことが、家族全体の運命を大きく左右した。父親が糾弾されている場面を離れて見ていたショックに、その後の困窮生活で体験した屈辱が重なり、Cさんの故郷に対する感情は屈折し、長く故郷に近づくこともできなかった。

「語れなさ」の重層性

インタビュー例にごく簡単に触れたが、以上三人の戦争体験だけでも、体験を語り、振り返ることを困難にするいくつもの状況が重なり合っていることがうかがえる。個人のトラウマだけでなく、家族、コミュニティなどと個人の関係が重層的にかかわっている。「話す」ことの難しさだけでなく、「聞く」ことの難しさもそこにある。トラウマを抱える人の語りを聞く方法がわからず、自責感に押しつぶされている人の語りを引き出すことができず、戦争を積極的に推進した人の語りには耳を閉ざしてきた。

こうした複数の立場それぞれの語りを聞くことができないことの累積が、総体的に「語れない」「振り返れない」状況を作り出した。ただし、「総体的に」そうであったなかで、語り、記憶をたどり、書いてきた多くの人があり、その意味でも、「複数者」として日本人を捉える必要がある。語ろうとする力と語らないでおく力、あるいは語らせまいとする力の相剋があり、それぞれの個人や集団は、その間のさまざまの地点に位置した。「加害体験」の語りをめぐる感情、情動は、その相剋の重要な要素である。Aさんの兄の体験、Cさんの父親の体験にその一端が見える。Bさんの父親の感情は、戦いにおける加害とはかかわらないが、娘を死なせたことへの自責感が父親から言葉を奪った。助ける機会がない場合でさえトラウマ体験から「生存者罪責感」が生じることがよく知られているが、Bさんの父親のように、守らねばならなかった立場にありながら守れなかったことが罪責感をもたらした場合も多数あった。

社会学者の橋本明子[8]は、戦争体験者へのインタビューから得られた知見を踏まえ、ジェフリー・アレクサンダーの「文化的トラウマ」の概念を用いて日本の戦後社会が抱えるトラウマを考察している。そして、「三つの道徳観とその語り」で戦争の記憶を整理する。①戦死した英雄を語る「美しい国」の記憶、②被害者を語る「悲劇の国」の記憶、③加害者を語る「やましい国」の記憶、の三つである。

この三つをNETのシンボルと対応させるなら、②が「石」、③がスティックであることは間違いないが、①を「花」に対応させることはできない。この三つは、戦争の記憶という、大きく言えば「石」で表されるものの要素であって、NETのように人生全体を表すものではないので、戦争に直接かかわらない「花」は含まれない。アメリカにとってのアジア・太平洋戦争のように。戦勝国としての「英雄」の語りがないことを考えれば、日本において①の語りはそもそも難しく、あるとしても、「石」と「スティック」と「キャンドル」を美化しつつ合成したものになるのではないだろうか。

PTSDを構成するトラウマ概念は、自己の生命、身体の危機がその中核にある。加害のトラウマを理解するには、「生命」の意味を拡張して、良い存在としての自己の命を考える必要がある。つまり、加害体験によって、「良い私」という存在が危機に晒されるわけである。倫理的な観点から見た「危機」と考えれば、それを一つのトラウマの形として理解することができるだろう。兵士の戦争体験には、兵士として正当な行為である場合と、戦争犯罪とみなされるような行為である場合がある。アジア・太平洋戦争で日本軍兵士がかかわった加害体験には、「英雄的」とみなせないものが多数含まれる。それらは、「良い私」を傷つけ、家族に対する恥や、あるいは家族を傷つけることへの配慮によって、「語る」ことを困難にする。

社会全体や国の「語り」の有りようを性格づけるこの三つの要素は、本章で見たような個人の語りのなかにもさまざまな形で入り込む。「悲劇の国」に相当する語りは、Aさん、Bさん、Cさんのいずれにもみられる。「やましい国」に関する語り（語り難さ）は、Aさんの兄、Cさんの父親の経験にある。Bさんの父親とCさん兄の経験には、守れなかったこと、飛び立つ特攻航空士を見送ったことへの「やましさ」を見ることができる。これらはすべて、家族にほとんど語られないままとなり、家族外に語られた形跡もない。

生命の危機の記憶は、「語り」「振り返る」ことを困難にする要因だが、機会や方法が得られれば語られることがあり、実際多くが語られてきた。しかし、「やましさ」の記憶には、別の困難がある。おそらくは、責められることのない安全性、共有できるという安心感をもてるような環境がなければ語りが生成されない。

橋本の議論は戦争の記憶に関するものなので、本来の「花」、つまり、戦争にかかわらないところに多数あるであろう良い出来事の記憶が含まれていない。『この世界の片隅に』というマンガ・アニメ作品は、戦中にもあった普通の経験、あるいは良い体験に焦点を当てたことで近年話題となった。たとえばAさんは、いわゆる軍国主義の影が薄い小学校、中学校に通い、教師からやさしい性格を認められ、獣医という将来の夢を理解してもらったことに――その夢は実現しなかったものの――支えられたと語った。このように、一人ひとりの体験に焦点を当てれば、「花」を見出すことができる。トラウマ治療での言葉を用いれば、リソース（資源）の語りが抑制されてきたことも「語り」「振り返る」ことの困難の一部であろう。

「日本」の困難

冒頭に、「日本」「日本人」を均一の存在として語ることはできない、と述べた。ここで、いま一度、心理療法を比喩として用いて、若干付け加えておこう。

トラウマ治療において、「罪責感」の語りは、重要な、かつ困難な課題である。そこには生存者罪責感も加害に由来する罪責感も含まれる。みずからを許すという難しい課題がそこにある。

「許し」の問題は注意深い検討を要するが、ここではトラウマ的な出来事が引き起こす「主体の分裂」を視野に入れて考えたい。トラウマ的な状況で罪責感が生まれる場合、「過ちを犯した自己」ともともとある「良い自己」の間に分裂が生じ、事態のトラウマ性が強いほど、両者を統合することが難しい。同時に、「良い」「悪い」の分裂に加えて、トラウマ的出来事が引き起こす激しい情動や感情を別々の部分が担って、その間を隔てることで人格全体の安定を図ることも――それ自体は自己の存続のために有効な方策だが――「許す」主体の成立を困難にする。

この理解を集団に適用すると、集団のなかに亀裂が生まれ、連結が難しくなる事態に対応する。「被害」を背負った個人と「加害」を背負った個人、「被害」を背負った集団と「加害」を背負った集団、さらには、「被害」を背負った国という アイデンティティと「加害」を背負った国というアイデンティティ、これらの間をつなぎ、一つのものとしての統合性を回復することが難しい状態として、戦後日本の、個人、集団、国を考えることができる。また、先に「花」にあたるリソースに触れたが、「日本」という単位で見たときに、アジア・太平洋戦争全体を通して、「花」を見出すことが難しい。「悲劇の国」か「やましい国」かのいずれかになり、両者の間に葛藤があること、そしていずれも「美しい国」の記憶をもちたいという願望との共存が困難なことが、「語りがたさ」を構成している。

この現象もまた、戦争にかかわるすべての国にありうるが、たしかに「日本」と呼ばれるものにはそうした分裂が強く働いている。こうした分裂が語る行為に影響していると考えられ、本章の問い、「なぜ日本人は」の問いを考えるうえで欠かせない要素である。(9)

語る際の安全、安心には、語る相手や場の性質が重要である。治療においては、治療者が安全、安心の確保の責任者となる。しかし、社会において誰かに語る場合、立場の分裂が不安の源となる。語りの理解、共有は、語り手と聞き手のなかにある、戦争体験にかかわる姿勢のさまざまによって影響される。みずからの姿勢と異なる語りは受け入れることが難しい。またみずからの内部にある複数の立場間に軋轢があれば、語りを集中して聞き、受け止めることが困難になり、その不安を感じる語り手に語りがたさを体験させるだろう。

関係のなかにあるこうした姿勢の分裂は、当然のことながら、日本という国の場合、アジア・太平洋戦争の間に日本が支配、攻撃、侵略を行った国との関係性のなかに存在する。日本が、あるいは日本を代表する立場の人物や組織が、それらの国々との関係修復に至っていなければ、個人が戦争体験を共有できる範囲も限られる。「日本人」が、それぞれの立場や状態ごとに、かつての戦争体験を、日本の外の国々と共有できる形で語ることの難しさを抱えている。本章では十分扱うことができなかった問題だが、「振り返り」「語る」ことを難しくしている重要な要素の一つとして最後に触れた。

語られる物語が共有されることは、トラウマの世代間連鎖としてではなく、望ましい過程として経験が継承されるための基盤である。語り、振り返る行為によって、個人間、家族内、地域社会内、国内、そして国を超えた関係性のなかで、物語が共有されることが可能となり、また逆に、共有されることで、それぞれのレベルでの語りを可能にする安心感と安全が高まることが期待できる。

【文献・注】

（1）ジョン・ダワー（三浦陽一、高杉忠明訳）『敗北を抱きしめて—第二次大戦後の日本人 増補版（上）』岩波書店、二〇〇四年。
（2）森茂起『トラウマの発見』講談社選書メチエ、二〇〇五年。
（3）マギー・シャウアー、フランク・ノイナー、トマス・エルバート（森茂起監訳、明石加代、牧田潔、森年恵訳）『ナラティヴ・エクスポージャー・セラピー—人生史を語るトラウマ治療（第二版）』金剛出版、二〇一三年。
（4）Green, B.L.: Defining Trauma: Terminology and Genetic Stressor Dimensions. *J Appl Soc Psychol* 20 (20): 1632-1642, 1990.
（5）宮地尚子『トラウマ』岩波新書、二〇一三年。
（6）森茂起、港道隆編『〈戦争の子ども〉を考える—体験の記録と理解の試み』平凡社、二〇一二年。

（7）森茂起「戦争体験の聞き取りにおけるトラウマ記憶の扱い」蘭信三、小倉康嗣、今野日出晴編『なぜ戦争体験を継承するのか―ポスト体験時代の歴史実践』みずき書林、二〇二一年、一九五―二二六頁にインタビューの詳細を報告した。

（8）橋本明子（山岡由美訳）『日本の長い戦後―敗戦の記憶・トラウマはどう語り継がれているか』みすず書房、二〇一七年。

（9）現在、分裂に苦しむ国が多数あることを考えると、これも多くの国が抱える問題の一例と理解できる可能性があるが、ここでは立ち入らない。

第20章

沖縄戦の記憶と「沈黙の共謀」
——四つの論考から考える

北村　毅

私は、戦争が社会や個人に与えた長期的な影響について、個人、家族、コミュニティのレベルで調査研究を行ってきた。とりわけ沖縄を重要なフィールドとして、戦争の何が記憶され語られてきたのか、あるいは、沈黙のなかで語られずにいるのか、そこにシャーマニズムなどの民俗信仰や精神医療がどのようにかかわってきたのかといった観点から、この問題にアプローチしてきた。[1][2][3]とくに近年は、私自身の家族を事例としたオートエスノグラフィを含め、家族の領域における戦争の長期的影響を検証する研究に取り組んでいる。[4][5]本章では、沖縄におけるいくつかの事例を検討し、「戦争と文化的トラウマ」を考える手がかりとして「沈黙」という論点を提示しつつ、四つの論考への応答を試みることとしたい。

「沈黙の共謀」という問題

本章で考えてみたいことは、戦争の記憶をめぐる日本社会の「沈黙の共謀（Conspiracy of silence）」についてである。「沈黙の共謀」とは、ホロコーストのサバイバー研究の文脈で、臨床心理学者のヤエル・ダニエリが提唱した概念で、戦後、ホロコーストのサバイバーが社会から押しつけられた沈黙を意味する。[6] サバイバーは、自身の体験を無視されたり否定されたりすることで、暗に沈黙を促された。

ダニエリの研究によれば、「沈黙の共謀」はホロコースト生存者の家族のなかにもはびこり、次世代に深刻な影響をもたらしていた。とくに本章で注目したいことは、その沈黙に精神保健の専門家が加担していたということである。[7]

日本でも、二〇二一年夏、ある精神科医の証言によって、精神保健の領域で「沈黙の共謀」があったことが明らかにされた。同年八月にＮＨＫで放映された「封印された心の傷〝戦争神経症〟兵士の追跡調査」という番組における精神科医の目黒克己氏の発言である。

目黒氏は、一九六〇年代に元兵士を対象として戦争神経症の予後調査を行ったが、[8][9] その調査の実施に際して、上司である精神科医から「この研究をしたら、精神医学の世界では出世しないよ」「とくに軍人に関することは、後世、必ずいろんな社会問題を起こすから、五〇年間は沈黙しなさい」と忠告されたという。[10] 目黒氏は、このことを調査からちょうど五〇年目の二〇一五年に初めて公にした。[11] その沈黙には、「出世」といった個人レベルから、「社会問題」といった社会レベルまで、さまざまな政治的配慮が作用していたのである。

沖縄の精神医療と「沈黙の共謀」

次に、沖縄の具体的事例に則して、聞かなかったこと、ひいては、なかったことにされていった戦争の記憶について、「沈黙の共謀」という観点から考察する。

沖縄の精神医療が戦争体験者のトラウマ的記憶にどのように対処してきたのか、まずAさんの事例を紹介したい。Aさんは、二〇代だった一九五〇年頃から妄想や幻聴の症状が現れ、包丁を持って徘徊するようになったことから、十数年間、沖縄島北部の自宅に隣接する小屋に私宅監置されたことがある男性である。

二〇一三年二月、自身が監置された小屋を案内していただきながら、Aさんにお話を伺ったことがある。戦争体験に話を向けたとき、彼が突然語り始めたのは、一六歳で戦闘員として沖縄戦に動員され、捕虜になる際に、米兵にレイプ（彼の言葉によれば「イタズラ」）された体験であった。その様子は、とくに身構えるわけでもなく、日常会話の延長線上にあるような淡々とした語り口であった。

発病から六〇年あまりの間にAさんの主治医は何度も替わっていたが、当時の主治医によれば、引き継ぎの医療記録にも戦争体験とかかわる情報はなかったようである。統合失調症と診断されていたこともあり、Aさんの語ったことの多くは、医療者を含めて実際の体験として周囲に受け止められることがなかったのであろうか。男性の性被害[12]に対する社会の無関心や無理解も触媒となり、「沈黙の共謀」が形成されていたと考えられる。

沖縄では、数十万の県民が地上戦に巻き込まれ、移民や疎開で沖縄を離れていた人のなかにも日本国内外で地上戦、空襲、原爆などを体験している人が多かったはずである。しかし、戦争の記憶は、長い間、まるで空気のように、そこにないもの（意識する必要のないもの）として扱われてきた。二〇〇〇年代以降、沖縄でも、「沖縄戦のトラウマ」への精神医学的アプローチがみられるようになったが[13]、それ以前の臨床的実践としては、「駐在保健婦」として精神障害者とかかわった相談記録をもとに「戦争の残したものと、精神衛生との絡み」を捉えようとした當山冨士子の研究[14]がある程度である。

沖縄の精神保健の現場において、戦争の記憶が語られず、聞き取られなかった背景には、精神科医自身が戦争体験者であったり、遺族であったりしたことも関係しているのだろう。沖縄出身の精神科医から、「身内に戦争体験者がいるからこそ戦争の話は身につまされる」などと聞いたことがあるが、戦後のより早い時期のほうが、そのような心理はより強く作用したはずである。こうした医療従事者の当事者性もまた、戦後沖縄の精神医療における「沈黙の共謀」を構成していた要因の一つであった可能性がある。

ダニエリによれば、治療者は、戦争の話を聞く際に生じる「逆転移反応」を回避しようする傾向があるという[7]。戦争の話を聞くことは、さまざまな負の感情に巻き込まれることでもあり、沖縄においてもそのような防衛機制が働いていたといえる。

沖縄では、パブリックな証言活動を通して戦争体験が語り継がれているイメージが強いが、プライベートな領域では、別の話に作り変えられたり、隠蔽されたりしているケースも少なくない。日常生活の場が戦場となった沖縄では、戦争中の加害や被害の記憶が複雑に絡み合って、家族やコミュニティのなかに「沈黙の共謀」が張り巡らされている。これを「集合的沈黙[15]」と言い換えることもできるだろう。家族のなかに秘密や謎が残されていくことで、家族関係や親族関係に問題が生じているケースも散見される。「沈黙の共謀」もまた、戦争の長期的影響の一断面として捉える必要があるのだろう。

歴史的・文化的トラウマへのアプローチ

第Ⅳ部の四つの論考には、コミュニティ、民族、特定の集団といった集合的なレベルにおけるトラウマをどう捉えるかという問題意識が通底している。

村本論文では、Healing the Wounds of History（ＨＷＨ）と呼ばれる臨床的な歴史実践を事例に、戦争当事国の双方を視野に入れて、集団のトラウマに対して修復的にどのように介入するかといった問題が扱われている。竹島論文では、近代日本における「自殺」という社会現象に対して、歴史的・社会的文脈を補いながら、戦争の長期的影響を読み解く試みがなされている。また、蘭論文では、満洲引揚げや戦時性暴力の当事者への聞き取りの経験を踏まえて、「復員兵の子」としての経験を歴史的にどう位置づけるかという問題が自己探究的に突き詰められている。そして、最後の森論文では、「戦争の子ども」を対象としたナラティヴ・エクスポージャー・セラピー（ＮＥＴ）の実践を事例に、「日本人」の集合的トラウマにどのように治療的に介入するかという臨床的な問題が検討されている。

集合的なレベルでトラウマをどう捉えるかという問題については、「文化的トラウマ」[16]や「歴史的トラウマ」[17]といった概念を参照しておきたい。主にホロコースト研究[18]やアメリカ・カナダなどの先住民研究[19]の文脈で展開され、英語圏を中心に膨大な研究の蓄積がある。

先住民研究の文脈では、コロニアル・ポストコロニアル状況下の文化的喪失や構造的暴力の影響を検討し、先住民社会で高い割合で出現する依存症、自殺、精神疾患との関連が指摘されている。村本論文の「関係性の破壊」としての歴史のトラウマという指摘とも符合する問題群である。近年、アイヌ民族研究にも「歴史的トラウマ」概念が導入され、二〇二一年三月に刊行された『アイヌ・先住民研究』に特集が組まれている。橋本明子の『日本の長い戦後』では、戦後日本の「文化的トラウマ」が検証されている[20]。

ここでは、そのような集合的なトラウマへの先駆的アプローチとして、沖縄の「歴史的トラウマ」を探究した伊波普猷について言及しておきたい。伊波普猷は、「当事者学」としての沖縄学を立ち上げた言語学者・民俗学者である。注目すべきは、伊波がフロイトの精神分析を参照して、一九三九年に刊行された『モーセと一神教』

よりも早く、琉球人や南島人の集合的トラウマについて論じたことである。伊波は、一九三〇年に書かれた「南島人の精神分析」で、一六〇九年の島津氏の琉球侵攻と一八七九年の琉球処分が、沖縄にとっていかに大きな「心的外傷」になっているかを指摘し、ヤマト（日本）に対するコンプレックスに覆われた南島人の「超個人的意識」を「ヒステリー」と診断している。[21]

興味深いのは、その病の処方箋として、「郷土研究」、つまり、郷土の歴史や文化を掘り下げていく研究アプローチが挙げられていることにある。伊波の処方箋は「沖縄学」として後進に受け継がれていくが、その歴史実践は、コミュニティの歴史的・文化的トラウマを探究する先駆的試みとしても参照可能であろう。

加害体験と「沈黙の共謀」

本書のもととなったシンポジウムでは、集合的なトラウマの問題に加え、集合的な沈黙の問題についても議論された。たとえば、復員兵の沈黙である。復員兵をめぐっては、戦後長い間、加害体験をパブリックに語ることを牽制・抑圧する「沈黙の共謀」があった。その最たるものとして戦友会の圧力が挙げられよう。加害体験は、家族や社会に対してほとんど語れなかった一方で、戦友会という閉域に「仲間内の語り」[22]として封印されてきたのである。その一方で、兵営や戦場での被害体験は、戦友会などの仲間内でもほとんど語られず、行き場のない体験として浮遊することになった。

地上戦の戦場となり、女性や子どもを含む民間人が戦闘に巻き込まれた沖縄では、より問題が複雑である。一〇代の子どもたちまでもが、直接的・間接的に人を殺すことを強いられたわけだが、[23][24]そのことは根深い「沈黙の共謀」のなかにある。二〇二〇年に刊行された『証言　沖縄スパイ戦史』には、護郷隊として動員された少年兵の証言が多数収められているが、その一人である瑞慶山良光さんは、戦争が終わって一八歳で村中を「荒らしまわって歩くように」なり、「兵隊幽霊」と呼ばれ、精神病院の独房に収容されたという。瑞慶山さんは、戦後、集落の人々に沖縄戦の話をしても、「二等兵」と嘲られ、誰も信用してくれなかったと証言しているが、家族や地域社会もまた「沈黙の共謀」に加担していたのである。[25]

私は、二〇〇〇年代〜二〇一〇年代にかけて、沖縄戦に動員された元兵士に戦争体験の聞き取りをしたが、多くの人が経験したはずである殺人はほとんど聞くことができなかった。人を殺した経験が当事者の内面にもたらした影響は非常に大きかったはずだが、私から話題にすることもはばかられ、彼ら自身その核心に触れることを避けていたようでもあった。

いうまでもなく、人を殺すというのは当たり前の経験ではない。それは人倫の否定でもある。殺人の正当性をいくら国家が認めてくれても、戦争が終わって日常に戻ってみれば、個人差が大きい部分とはいえ、「戦争だから仕方がなかった」という理屈では呑み込めない葛藤がつきまとう。ある沖縄戦帰還兵は「自己破壊」と総括しているが、[26]それは、自己を根底から突き崩す体験となったのである。

たとえば、一〇代で沖縄戦に動員され、米兵を殺害した男性の葛藤が読み取れる証言が、『朝日新聞』朝刊に連載された「テーマ談話室・戦争」を収録した『戦争 上巻』にある。そこに、一九五五年頃、ある女性が下宿の隣室に住んでいた当時二〇代半ばの沖縄出身の青年から聞いた話が収められている。女性は、毎夜隣室から異様なうめき声が聞こえるので不気味に思っていたところ、その青年から、沖縄戦で人を殺したことを告白され、「僕は人殺しの罪から一生逃れられないでしょうか」と号泣されたという。[27]

また、心理学者の吉川麻衣子の『沖縄戦を生きぬいた人びと』にも、「『人を殺めたこと』を抱え生きた」元兵士の照屋さん（仮名）の事例が紹介されている。照屋さんは、沖縄戦中自然洞窟（ガマ）のなかから住民を追い出そうとして、追いすがる母親と赤ん坊を撃ち殺した体験に、生涯とらわれ続けた。照屋さんは、その殺害光景を「何度も夢に見るんですよ。苦しくて、苦しくて……でも、誰にも言えなかった」と語ったという。[28]

こうした事例からも、戦争体験者にとって、加害体験を語ることが許される関係や場がなかったことが読み取れる。森論文が指摘するように、多くの加害者が、語っても大丈夫だという安全を家族内やコミュニティ、社会、あるいは国の単位で確保することが非常に難しい状況のもとで、沈黙を余儀なくされたに相違ない。問題は、その沈黙が彼らの加害者性だけではなく、被害者性をも宙に浮かせてしまったということである。

このような戦争の記憶の行き場のなさは、竹島論文が指摘する戦後初期の若年層の自殺死亡の急増と関連してはいないだろうか。日本社会の「沈黙の共謀」は、かつての皇軍兵士を企業戦士として覚醒させ、村本論文が指摘する「家族と情緒的絆を結べない『不在の父』」という問題を構成したのではないだろうか。多くの復員兵の家族は、蘭論文が論じている「戦争と狂気と暴力」に直面しつつも、これらの絡まり合いを解きほぐすことを父親の沈黙に拒まれてきたのではないだろうか。

国家は、憎悪や恐怖などの感情を過剰にかき立てることで、人々を戦争へと動員する。敗戦後も、こうした感情動員（戦争当時の言葉でいえば、「精神」の動員）の効果は持続し、人々の感情レベルでの復員を困難にさせてきた。戦後と呼ばれる時代になっても、戦争を生き残った人々の心のなかで、戦争は続いていたといっても過言ではないのである。

〔文　献〕

（1）北村毅『死者たちの戦後誌―沖縄戦跡をめぐる人びとの記憶』御茶の水書房、二〇〇九年。
（2）北村毅「沖縄戦の後遺症とトラウマ的記憶」福間良明、野上元、蘭信三他編『戦争社会学の構想―制度・体験・メディア』勉誠出版、二〇一三年、一一一―一三八頁。
（3）北村毅「『沖縄の精神衛生実態調査』にみる戦争と軍事占領の痕跡」蘭信三、石原俊、一ノ瀬俊也他編『変容する記憶と追悼（シリーズ戦争と社会五）』岩波書店、二〇二二年、一九三―二一四頁。
（4）北村毅「家族内暴力の歴史的・ジェンダー的文脈を読む―戦争体験世代の娘である虐待当事者のライフストーリーを事例

として」『社会臨床雑誌』二七巻三号、二〇二〇年、六—一六頁。
（5）北村毅「戦争の批判的家族誌を書く—家族のヴァルネラビリティをめぐるオートエスノグラフィ」『文化人類学』八七巻二号、二〇二二年、二八五—三〇五頁。
（6）Danieli, Y（ed.）: Introduction: History and Conceptual Foundations. In: *International Handbook of Multigenerational Legacies of Trauma.* Plenum Press, 1998, pp.1-17.
（7）Danieli, Y.: Psychotherapists' Participation in the Conspiracy of Silence about the Holocaust. *Psychoanal Psychol* 1(1): 24, 1984.
（8）目黒克己「二〇年後の予後調査からみた戦争神経症（第一報）」『精神医学』八巻一二号、一九六六年、九九九—一〇〇七頁。
（9）目黒克己「二〇年後の予後調査からみた戦争神経症（第二報）」『精神医学』九巻一号、一九六七年、三九—四二頁。
（10）「五〇年間、口外してはならない極秘調査・兵士たちの〝心の傷〟」ＮＨＫ（https://www3.nhk.or.jp/news/special/senseki/article_121.html）。
（11）「トラウマ　封印された『戦争神経症』」『朝日新聞』二〇一五年八月一八日付朝刊。
（12）宮地尚子「傷と男性性」『トラウマにふれる—心的外傷の身体論的転回』金剛出版、二〇二〇年、一八五—二五四頁。
（13）蟻塚亮二『沖縄戦と心の傷—トラウマ診療の現場から』大月書店、二〇一四年。
（14）當山富士子「本島南部における沖縄戦の爪跡—精神障害者四〇例を中心として」佐々木雄司編『沖縄の文化と精神衛生』弘文堂、一九八四年、四五—六六頁。
（15）Heimannsberg, B., Schmidt, C.J.（eds.）: *The Collective Silence: German Identity and the Legacy of Shame.* Jossey-Bass, 1993.
（16）Alexander, J.C., Eyerman, R., Giesen, B. et al.: *Cultural Trauma and Collective Identity.* University of California Press, 2004.
（17）Wale, K., Gobodo-Madikizela, P., Prager, J.（eds.）: *Post-Conflict Hauntings: Transforming Memories of Historical Trauma.* Palgrave Macmillan, 2020.
（18）Wilhelm, T.: *Holocaust Narratives: Trauma, Memory and Identity across Generations. 1st ed.* Routledge, 2020.
（19）Brave Heart, M.Y.H., DeBruyn, L.M.: The American Indian Holocaust: Healing Historical Unresolved Grief. *Am Indian*

Alask Nativ Ment Health Res 8 (2): 56-78, 1998.
(20) 橋本明子（山岡由美訳）『日本の長い戦後―敗戦の記憶・トラウマはどう語り継がれているか』みすず書房、二〇一七年。
(21) 伊波普猷「序に代へて（南島人の精神分析）」服部四郎、仲宗根政善、外間守善編『伊波普猷全集　第二巻』平凡社、一九七四年、三―一三頁。
(22) 屋嘉比収『沖縄戦、米軍占領史を学びなおす―記憶をいかに継承するか』世織書房、二〇〇九年。
(23) 川満彰『陸軍中野学校と沖縄戦―知られざる少年兵「護郷隊」』吉川弘文館、二〇一八年。
(24) 川満彰『沖縄戦の子どもたち』吉川弘文館、二〇二一年。
(25) 三上智恵『証言　沖縄スパイ戦史』集英社新書、二〇二〇年。
(26) 森杉多『空白の沖縄戦記―幻の沖縄奪還クリ舟挺身隊』昭和出版、一九七五年。
(27) 朝日新聞テーマ談話室編『戦争　上巻』朝日ソノラマ、一九八七年、三〇四―三〇五頁。
(28) 吉川麻衣子『沖縄戦を生きぬいた人びと―揺れる想いを語り合えるまでの七〇年』創元社、二〇一七年。

第V部

連続シンポジウムへの応答

第21章

トラウマを学びつつ、旧満州に渡った女性たちの語りを振り返る

杉山　春

私は、『満州女塾』(1)を執筆した。

一九三二年に日本が陸軍主導で、中国東北地区に建国した旧満州国に、国家により「大陸の花嫁」として、組織的に送り込まれた若い女性たち二〇人ほどに話を聞き、また、当時の資料に当たったノンフィクションだ。

その後は、児童虐待死事件、外国人労働者コミュニティ、ひきこもり、家族の課題、自死などを取材執筆。現在は、DVと児童虐待死の関連について取材し、トラウマやPTSDについても学びつつある。

そうした視点から、四半世紀以上前に取材をした『満州女塾』のために体験を語ってくれた人たちのことを振り返ってみたい。

『満州女塾』の語り手たち

語ってくれた女性たちは、二〇歳前後で満州国に渡り、一九四六年以降に帰国した人たちだ。翌年に帰ってきた者もいれば、一九八〇年代、四〇年近くが経過して、日本人の夫との間にできた子どもと、中国人の夫との間にできた子どもを連れて帰ってきた者もいた。

彼女たちは、満蒙開拓青少年義勇軍の開拓団の妻を養成するため、日本の国によって作られた「女塾」の卒業生たちで、九〇年ごろから年に一度、同窓の旅行を行っていた。取材当時、六〇代後半から七〇代前半であった。私は数年間、この会に同行することを許され、旅の夜、当事者同士の思い出話の輪に入った。さらにくわしく話を聞きたいと依頼し、許された場合には、その人の自宅を訪ね、聞き取りを行った。

中には家には招いてくれたものの、話すことは拒む人もいた。彼女は漬物作りが得意で、帰るときにはたくさん持たせてくれた。家族との関係の中で、自分の体験を話すことができないのかもしれない、しかし一方で理不尽な体験を伝えたいという思いもある。そのアンビバレントな思いを私は感じた。

また、夫が亡くなったから話せるといって、日本の敗戦後に現地に残され、繰り返し性暴力に遭ったことを語ってくれた人がいた。性被害に遭ったことを夫は知っているが、夫の存命中は、公にすることはできなかったという。

さらには、同窓会に出てこられない人たちもいるという話も聞いた。ある程度経済的な安定がなければ、こうした場に出てくることは難しい。安心して過去を振り返るためには、生活の基盤が必要なのだ。

さらに紹介されて、彼女たちの先輩にあたる女性たちにも話を聞いた。

私が出会った満州に渡った女性たちの多くが、役場や学校などを通じて募集された。ただし、満州国を見学にいくと考えていた者も多く、義勇軍開拓団の団員の花嫁になることが目的だと正しく理解していた者は少数派だった。

簡単には帰国できない土地で、結婚を強要され、受け入れたのだった。

女塾が生まれた歴史的背景

一九三二年に日本は、陸軍（関東軍）主導で、中国東北地方に日本の傀儡政権、満州国を建てた。日本の世界制覇を目指す総力戦の、物資の供給地とすることが目論まれていた。[2] 日本政府は一九三六年に「二〇カ年百万戸満州移民計画」を立て、二〇年間に五〇〇万人の日本人を満州国に送り出すことを計画した。平均すれば、毎年二五万人の日本人を送り出すという壮大な計画だった。開拓民として送出される対象となったのは、農業恐慌下にあった農家の次男・三男だった。なお一九四五年までに送り込まれた農業移民は約三二万人に過ぎず、現実を無視した無謀な計画であった。

翌年、一九三七年に日中戦争が始まると、移民適齢期の青年と、徴兵適齢期の青年が重なるため、より若い一五歳から一八歳までの少年たちが、満蒙開拓青少年義勇軍（義勇隊）として送り込まれた。各県に人数が割り当てられ、学校や役場を通じて集められた。[3] 一九四五年までに送り込まれた義勇隊員は約八万六〇〇〇人だった。その多くは貧しい農家出身で、中には、自分の土地がもてると言われて夢を見た人たちもいる。日本国内で二ヵ月（後に三ヵ月）、中国に渡ってからはさらに三年間の訓練を経て、現地で開拓団を形成した。

開拓団が置かれた土地は、義勇隊の少年たちがみずから原野を切り拓く例もあったが、すでに生活をしている現地の人たちから強制的に格安で購入し、追い出すという場合もあった。自然の厳しさがあり、土地を奪われた現地の人からの襲撃もあった。義勇隊の少年たちの間では、屯墾病と呼ばれる精神疾患が蔓延した。自閉して動けなくなる形と、暴力的な形の二種類があったという。後者になると、宿舎の周囲の草原に火を放ち、犬や猫を叩き殺し、義勇隊員同士の暴力やいじめもあった。近隣の中国人への暴力、現地の女性への性加害もあった。

続いて一九四〇年に、移民の送り出しを請け負う満州拓殖公社は、「鍬の戦士に贈る花嫁養成の開拓女塾」を五ヵ所設置することを決めた。女塾に送り込まれる若年女性たちには、義勇隊同様、各村や町に送出人員の割り当てがあったが、その数は確保できず、初年に作られたのは一ヵ所のみだった。その後、一九四五年までに一六ヵ所が作られ、この仕組みを通じて、合計三〇〇〇人ほどの若年女性が満州国に渡ったものと概算できる。その多くは貧しい農家の出身者や、軍国主義に心酔している女性たちだった。

満州国の建国は「お国のため」だと位置づけられていた。国家のために、ひいては天皇のために働くことは、価値のあることだという熱心なプロパガンダが、学校教育を通じて、映画などの娯楽を通じて盛んに行われた。プロパガンダに乗るのは、名誉をとくに求めなければならない立場の人たちだ。たとえば、村落の中でも、土地に恵まれない者、あるいは家長である父親が亡くなり、社会的に弱い立場に陥った家族の娘などが、青年学校の校長や村長たちから声をかけられ、送り込まれた。ある女性は、「女だって、お国のために役に立ちたいと思った」と私に語った。

この女性は、村人が総出で開いた壮行会に出席後、駅まで見送られ、出征兵士のように送り出された。

共同体の中で、どちらかと言えば虐げられている立場の人たちが、自分の価値を高めるために、他者からの尊重・尊敬を得るために社会的価値に過剰に寄り添おうとする。

国家は、あるいは、為政者は、そうした社会の中にある差別意識を利用して、人を誘導し、現実を動かそうとする。

社会から向けられた差別意識は受ける側にとって、しばしば反復性トラウマとなることが知られるようになった。

このようにふるさとを後にした女性たちは新潟港に集合して乗船し、北朝鮮の羅津経由で満州に入った。首都の新京（現・長春市）に向かい、ロシア戦争で命を落とした日本兵の霊を祀る忠霊塔を拝礼し、現地に着いた。

女性たちはその土地や宿舎の荒涼とした様子を見て、深く落胆した。女性たちの間に、義勇隊の一〇代の男子たちが罹患するのと同じような屯墾病が広がった。

一九四四年に黒竜江省勃利県にあった勃利女子義勇隊訓練所に参加した女性たちは、荷物に入れてきた晴れ着を着て、街で映画を見て、映画館の前で記念撮影をした。これが見合い写真だった。彼女たちが見た映画は、この年の四月に封切られた松竹映画『女性航路』だった。高峰三枝子主演の、ピアニストを目指していた銀行家令嬢が、周囲の反対を押し切って、ピアノを捨て、飛行機工場に挺身するという、若い女性向けのプロパガンダ映画だ。このとき撮影した集団写真が近隣の開拓団に届けられ、開拓団の幹部らが、女性を選び、後日その女性たちが、開拓団に手伝いにいった。それが見合いだった。

このような活動をしても、女性たちの中には自分が結婚をするために送り込まれたことを理解していない者もいた。

開拓団側から結婚を求められると、女性指導者が一人ひとりを呼んで告げた。このとき、その結婚を拒むと、憲兵に連れられて帰国をすることになると脅された者もいた。出征兵士のように「万歳！」の声で送り出され、犯罪人になって故郷の村に帰るというのだ。結婚を受け入れざるを得ない。それは強烈な支配でありコントロールであった。

結婚式は、その地域に作られた神社の神主が執り行った。神主は、日本から送り込まれ、その地域での社会的地位は、開拓団の団長と同等だった。

地域には、立派な神社が作られ、その敷地内には、現地に住む中国人や朝鮮族の人たちが入ることは許されなかった。満州国の建国においては五族協和（日本人、鮮、漢、満、蒙の五族が共に協力して建国する）という夢が語られたが、実際は天皇を頂点とする、差別と階層化で統治が行われた。

女塾はなぜ作られたのか。一九四二年に拓務省が作った拓殖指導者のためのハンドブック、『女子拓殖指導者提要』には、女子拓殖事業の目的が次のように記されている。

一、開拓政策遂行の一翼として
(イ) 民族資源確保のため先ず開拓民の定着性を増強すること
(ロ) 民族資源の量的確保と共に大和民族の純血を保持すること
(ハ) 日本婦道を大陸に移植し満州新文化を創建すること
(ニ) 民族協和の達成上女子の協力を必要とする部面の多いこと
二、農村共同体における女性として
(一) 衣食住問題を解決し開拓地家庭文化を創造すること
三、開拓農家における主婦として
(一) 開拓農民の良き助耕者であること
(二) 開拓家庭の良き慰安者であること
(三) 第二世の良き保育者であること

女性たちは、日本の開拓政策の実現のため、「純血」を守るために、現地の男性たちに配されたのだった。国家が家族単位で統治を遂行しようとするとき、女性が男性に所有物として与えられる。その家父長的構造を顕在化させるのがフェミニズムだ。フランスのフェミニズムの作家、デパントは、『キングコング・セオリー』[4]で、「女の身体が男の所有物となるのは、その代償として男の身体が平時には生産活動の、戦時には国家のものとなるときだけだ」と書いている。国家の思惑を実現するために、国によって女性が男性に配られる。その構造通りのことが、満州国への開拓民の送り出しで起きた。

当時、開拓団員を結婚させることに奔走していた竜湖義勇隊開拓団の元幹部に、私は話を聞くことができたが、幸せな結婚は少なかったと語っている。

子どもや若者、女性たちが守りを失うとき

一九四四年六月、日本軍はマリアナ方面の制海・空権をアメリカ軍に奪われ、日本軍の絶対国防圏が崩壊する。七月には、日本の小磯國昭内閣は、海洋第一線の防衛強化の一方で、中立条約を結んでいたソ連との戦争回避を打ち出し、満州国の第一線司令部の後退を決定。兵力を南方に向けた。一九四五年三月には、満州国内のほぼすべての開拓団は日本の守備範囲から外れた。この三月から各開拓団の男性が徴兵されていくようになった。

八月九日、中立条約下にもかかわらず、ソ連軍が国境を超えて侵攻してきた。開拓地に残されていたのはそのほとんどが、若い女性と子どもたち、そして呼び寄せられた高齢の親たちだった。多くの開拓団は大都市を目指して逃避行を開始。その避難民をソ連軍の空爆が襲う。中国人から襲われることも少なくなかった。一週間もしないうちに、親が空襲で死んだり、置いていかれたりした子どもたちの姿が目立つようになった。避難民はそん

な子どもたちを無視して前進した。

現代でも児童虐待は、親たちが対応する能力を奪われるとき起きる。構造は同じだ。虐待をしてしまう親たちは、見方を変えれば、子どもを養育する力を奪われている。

開拓団には、体調を壊していたり、怪我をしているなど、兵役に就かない男たちも少数残っていた。逃避行が始まって間もなく、彼らと女性たちとの刹那的なカップルが複数生まれた。そこで自死が起きた。

これは、コロナ禍の中、東京都新宿区の歌舞伎町、TOHOシネマズ新宿横の「トー横界隈」に、日本のあちこちから家庭や社会に居場所を失ったティーンが集まり、その場限りの仲間作りをしていた様子に似ている。

私は二〇二一年一一月にトー横界隈に取材に行った。埼玉から来たという男性と、千葉から来たという一〇代のカップルがまったりと座り続けていた。二週間前にここで知り合ったという。少し前、ここで知り合った即席のカップルが近くのビルから飛び降りたという話も聞いた。

社会状況の中で、主体的な未来を想像できない若者たちは、即席につながり、目的なく漂流し、ときに命を失う。

国境近くの開拓団は、進軍するソ連兵の休憩所になった。現地の女性と子どもは移動せず、翌年、初夏に日本への引き揚げが始まるまで過ごした。ここでは、繰り返しソ連兵からの性被害が起きた。私が話を聞いた幸子さんは「髪が逆立つようだったが、耐えた」と話してくれた。この開拓団でも、子どもたちが次々に病や飢えで亡くなった。

この開拓団では、代表の女性と中国人村落の長とソ連軍の将校の三者が話し合い、女性と子どもたちは村の中国人男性の家で一冬を過ごすことになった。幸子さんも一歳になった子どもを連れて、中国人男性の一冬の「妻」になった。この地域には、経済力がなく、婚資が払えず、結婚できない男性たちが大勢いた。幸子さんは言った。

「子供を亡くした母親達がうらやましかった。（中略）子どもがいない人は村を抜け出して逃げて行けるもの。でも、子供のおしめの心配をしながら逃げ出すことは不可能だから。どうして私の子は死なないのかと思った。でも、さすがに殺すことはできなかった。子供を絞め殺した人もいたけれども……」

子育てには、相応の環境やお金、時間などの資源を必要とする。人は追い詰められれば、子どもの死を願う。その事実を認めなければ、抑圧する。メンタルヘルスを悪化させる。

女性たちの帰国の形もさまざまだった。幸子さんは、引き揚げが始まったと知った一九四六年八月、一歳半になってても口をきかず、表情の乏しい、痩せ衰えた娘を背負い、中国人の子どもをお腹に宿し、着の身着のままでその家を逃げ出した。このとき、一冬を世話になったのにと、その中国人男性に罪悪感をもったという。

引き揚げ船の中では、女性専用の相談窓口があり、上陸後、中絶処置を受けてから帰宅できると知らされた。国は秘密裏に、引き揚げてくる女性たちの妊娠中絶を見越して、佐世保、唐津、博多、仙崎、舞鶴、新潟の六ヵ所の上陸港に、合わせて六〇〇〇床を用意していた。妊娠四ヵ月だった幸子さんは、入院後、しばらく順番が回ってこなかった。中絶がむずかしい時期に入った人が多く、処置は後回しにされた。隣のベッドでは、妊娠八ヵ月の女性が、黒々と髪の生えそろった赤ん坊を死産した。

引き揚げは中国内の状況や、一九五一年九月のサンフランシスコ講和条約と日米安保条約の調印を契機にした中国との国交断絶などにより、繰り返し中断した。一九五八年から一九七二年の国交回復までは完全に止まる。残留孤児、残留婦人と呼ばれる、多くの女性と子どもたちの帰国が活発になるのは、一九八〇年代から九〇年代にかけてのことだ。

当初は、家族が帰国を望まなければ、国費による帰国や、帰国後の支援を受けることは難しかった。一九九三年、一二人の残留婦人が受け入れ先のないまま帰国し、細川護熙総理大臣宛に受け入れを直訴した。その翌年、

「中国残留邦人等の円滑な帰国の促進並びに永住帰国した中国残留邦人等及び特定配偶者の自立の支援に関する法律」が成立した。

日本の国家は国民を家族単位で考え、女性や子どもを個人としては扱わないという傾向がある。強い家父長制的意識は戦後も長い間強く残った。おそらく今も、社会にはその意識が残る。いや、むしろ、家族に子育ての第一義的責任を負わせるようになった契機は、二〇〇六年の教育基本法の改正であり、二〇一六年の児童福祉法の改正である。社会にまず、子どもを育てる責任があるという意識は、減じている。「子育てができない親」が「支援」を受ける。そんな社会意識の中で、児童虐待やDVは起きる。

支配とコントロールとは何か

筆者はこれまでDVと児童虐待の関係について、取材を行ってきた。DVの本質は支配とコントロールである。物理的な暴力を振るわずに、思い通りに被害者を動かすことができれば、加害者には都合がいい。相手を思い通りにすることで、加害者の自尊心は支えられ、自己を肯定できる。被害者はそのとき、加害者側の価値観＝物語を生きようとする。

児童虐待死事件の背後にDVがあったとされたある事件で、母親は保護責任者遺棄致死罪で逮捕された。この母親は当初、「夫をあんなふうにした（自分の連れ子に暴力を振るって死亡させた）のは自分の責任です」と語った。彼女の価値観では、夫の示す価値観通りの子育てをすることが正しいこと、つまり「正義」だった。その「正義」の遂行が、彼女の自尊心を支えていた。だが、子どもは夫の思い通りにはならず、さらに激しい暴力に晒された。事件で心理鑑定をした専門家は、子どもはシングルマザーの下で育てられていたとき、ある程度健康に育っていたと語った。健康な子どものリアリティは、養父である加害者の「物語」では動かないのだ。

事件の母親は、子どもが亡くなる数日前に冬の浴室で、激しい暴力を受け浴槽に横たわっているわが子の姿を見ていた。だが、記憶はその直後から失われ、わが子を守るための対応もできなかった。激しいトラウマ体験によるPTSDが想像された。

夫の支配する価値観に閉じ込められているとき、それに合致しない現実は、妻の記憶から失われる。妻が夫の下で生き延びたいと願い続ければ、その物語に合わない現実は、記憶から失われてしまう。認知は大きく歪む。したがって、この母親が、何がそこで何が起きていたのかを明確に語るためには、夫の示す価値観を否定する力が必要になる。

担当した弁護士はこの母親に、DV被害者支援の専門家による心理教育を受けさせた。科学的知識をまず、伝えたのだ。彼女は、自分が夫から受けた行為はDVと名づけられるもので、同じような体験をしている女性たちが大勢いるということを理解した。認知が「夫の言いつけを守れなかった妻」から「夫に支配・コントロールされた妻」に変化していくにしたがって、最初、浴槽に裸で横たわる娘の姿をネガ写真のように思い出した。そして、一審の裁判を終えた後、『結愛へ』(5)と名づけられた自著を執筆する中で、忘れられていた記憶を思い出していった。夫が彼女に強いた物語から自由になり、自分自身が五感で体験した暴力被害を一連の記憶として辿れるようになっていったのだ。

他者の支配とコントロールから自由になるためには、自分自身の実感や具体的な体験にしたがって自分なりのひとつづきの物語を語ることが重要だ。しかも、安全・安心の中で語れると確信できなければ、実感に根ざした事実を他者に語ることはできない。

満州に送られた女性たちは、国家が提供する一つの物語を背負って、満州国に送り込まれた。外部から与えられた価値基準に過剰適応しているときには、自分自身の体験を自由に語ることは難しい。自分自身を自分自身で肯定できない。国家が非常に強い家父長制を打ち立てて、家族単位で国民を統治しようとするとき、家族を形作る根幹にある性被害に対し、自分の感情や考えを自由に語ることは難しい。あるいは国家が指し示す性規範を逸脱した自分の行動を自由に他者に語ることは難しい。

「わが子に死んでほしいと思った」と私に語った女性は、子殺しの強いタブーを超えて、そのことを言葉にすることができる知性と事実に向き合う力をもっていた。自分自身と国家の規範との間に隙間を生み出す力があった。批評性とでも名づけられるべき力だ。

DVの被害者は、加害者との間の境界線を失っている。

戦争の被害者が自分の身に起きたことを自分の感情や体験の記憶にしたがって語るためには、国家との間にきちんとした境界線を保ち、主体的な個を確立することが必要になるのではないか。そのためには、自分たちはどのような背景で送り込まれたのかを明確に知ることも必要になるはずだ。

付け加えるが、一歳前後で母親から「死んでほしい」と願われた娘は、成人後も離婚にいたるなどの苦労を重ねた。幼児期の逆境体験がどのように成人後の彼女の人生に影響を与えたかを明確に伝えることは難しい。しかし、この女性がＡＣＥ（逆境的小児期体験）に近い体験をしたことは間違いない。

ＡＣＥという概念が社会に広がったのは、二〇一〇年代になってからだ。こうした知識があれば、生きづらさを抱える一人ひとりの物語もまた、変わっていくかもしれない。

さらに言えば、戦争によるＡＣＥは、実は案外多いかもしれない。そんなふうに私が感じるのには、理由がある。

二〇〇〇年当時ひきこもりの取材をした。当事者の親世代に話を聞くと、戦争にまつわる不遇を体験している例が非常に多かった。

ある当事者は、祖父が復員後、結婚・出産したが戦争での病気が理由で亡くなったと話した。

別の当事者家族は、祖父が戦争の影響で早くに亡くなり、祖父の実家の農家に母子で身を寄せていた父親は、安心した子ども時代を過ごせなかったと語った。この父親は長じて結婚した妻と適切な関係が結べず、妻はその結婚生活に苦しみ精神疾患を発症した。その家族には不登校になった娘がいた。

それ以外にも、必要な時期に親との間にアタッチメントの経験をもてなかった背景を探っていくと戦争の影響による苦労があった。

親世代に語られない戦争による経験があり、子どもたちの不遇があるのではないかと思わされた。

戦争体験を言語化するには何が必要なのだろうか。

その戦争体験がスティグマであるか否かは、とても大きな要素であろうと思われる。性被害を伴う戦争体験を自分自身のストーリーとして語るには、ジェンダーやトラウマの概念を知っていると語りやすいかもしれない。

女塾の同窓の者たちは、同じ苦痛を体験した仲間同士が集う場で、苦しかった体験を思い出し、語り合った。若い頃を思い出し、踊る者がいた。それは、他者も自分も肯定できる安心・安全な場所だった。思いやりと労りとお互いの肯定から成り立っていたあの空間は取材者である私にとっても、居心地がよかった。

彼女たちが、どちらが社会的地位が高いかといった値踏みを一切し合わないことに私は気づいた。

自分自身が体験した被害・加害体験＝暴力体験を、自分自身の痛みの記憶として、時系列で主体的に語ることができるか否かは、その共同体の規範がどの程度柔軟であり、一人ひとりに個としての自立した語りをどの程度許すのかによるのではないかと思われた。

戦争体験を語り継げるか否かは、言論の自由を保障する力がどの程度、その後の社会にあるのかにかかわるのではないかと思われた。

弱者の苦しみを科学する力が生み出すもの

「心的外傷とは権力を持たない者が苦しむものである」とジュディス・ハーマンは書く[6]。

冒頭、トラウマやPTSDについて、私は学びつつあると書いた。あるDV事件を取材することになり、その学びの出発点で、身体暴力はDVの一部に過ぎず、支配とコントロールがその本質であると学んだ。

その後、多くのDV家庭に触れて、親密な家族関係の中で、繰り返し加害者から被害者への激しい侮蔑があることを知った。さまざまな言葉や行為で「おまえには価値がない」と告げるのだ。その場合、加害者側＝支配とコントロールをする側は、しばしば〝社会の正義〟を背負う。

私は、その事件の裁判を傍聴している間、幼い頃の自分の家庭の雰囲気を思い出していた。しかし、裁判傍聴が終わると、その想起はぴたりと止まった。それは不思議な体験だった。たしかに私自身、不仲な両親の間で育った。生活の中に侮蔑があった。クリスチャンであった父は信仰のためといって公務員の研究職を去り、キリスト教学校の教員になった。だが、その仕事は父には向かず、数年で退職した。父が生きようとしていた物語は、現実に対し無力だった。

家庭の中に、父独自の正しさがあり、家族を縛った。父と母はよく言い争った。一〇代の私は、母の愚痴を聞く役割を担った。そして、そんな家庭はどこにでもあると考えていた。

DVの取材を通じて、あの家族関係は、DVと名づけることが可能だと知らされた。さらにDVと名づけることで、理解しにくかった私自身の生き難さは、科学的に根拠があると知る。それは強い驚きだった。私は文字通り言葉を失った。

一方、私は、自分自身が感じていることと、発することとの間の距離を縮めてもいいのだと思った。その分、他者との間に空間を作ることができる。

自分が今いる場所から言葉を発すること。それは主体になることだ。

それは自分の痛みを客観的に浮かび上がらせることでもあったが、他者からの理不尽な攻撃を感知するセンサーが一つ生まれたことでもあった。同時に、自分自身の他者への暴力の発動を客観的に理解する道筋でもあった。家族の中で、私は被害的存在でもあり、加害的存在でもあった。

多くのDVの苦しみの中にいる者は、その暴力を「DV」と名づけることができない。支配とコントロールをする側の価値観の中に埋め込まれているからだ。加害者は社会（彼を支配しコントロールする者）の価値観を批評なく身に纏い、弱者を糾弾する。彼は、弱者を加害者の価値観で支配し、コントロールすることでしか、社会の中に身を置くことができない。だが、彼を支配しコントロールする社会は、実際にはシングルマザーに、十分な養育資源、すなわちお金、公的サービス、時間、情報、アイデンティティなどを与えずに、正しい子育てを求めている。虐待死事件の母親たちは「正しい子育て」ができない自分自身を恥じて、彼女たちを支配しコントロールする社会から子どもを隠し、亡くしてしまう。

DV被害者は、社会を批判する力をもたなければ、つまり、社会一般の価値観と距離をとり、それを批評する力をもたなければ、自分の記憶、情動を肯定しつつ、自分自身の物語を語ることはできない。

戦争の遂行には、国家という共同体を動かすための単一の物語を必要とするのではないかと私は推察する。かつてこの国の権力は「天皇の国」という神話を生きるように人々に命じた。その時代の若年者たちは、そのリアリティのない物語を懸命に生きようとして、次世代にも影響を及ぼすほどの、深い傷を負った。

この戦争をトラウマという言葉で捉え返そうとするこのシンポジウムは、その物語がどのように人々から彼ら自身の物語を奪ったかを明らかにしようとしているのではないか。

心的外傷という科学は、どこまで人々が思い思いに自身の物語を語ることを許すのだろうか。私はどこまで私自身の物語を語り得るのだろうか。

【文　献】

(1) 杉山春『満州女塾』新潮社、一九九六年。
(2) 石原莞爾『最終戦争論』中公文庫、二〇〇一年。
(3) 上笙一郎『満蒙開拓青少年義勇軍』中公新書、一九七三年。
(4) ヴィルジニー・デパント(相川千尋訳)『キングコング・セオリー』柏書房、二〇二〇年。
(5) 船戸優里『結愛へ―目黒区虐待死事件母の獄中手記』小学館、二〇二〇年。
(6) ジュディス・L・ハーマン(中井久夫訳)『心的外傷と回復〈増補版〉』みすず書房、一九九九年。

第22章

トラウマ記憶の抑圧・否認をめぐる文化的構造
——表象文化論および映像研究の立場から

角尾宣信

トラウマを抑圧する日本社会

なぜかくも語られないのか——。

トラウマ研究および臨床現場からの報告だけでなく、歴史学・社会学の研究状況、さらに先の大戦に関する映像製作や対話を通じた実践的な記憶継承の現場からの報告も交えた、極めて包括的な本シンポジウムに参加して、執筆者の心にもたげ続けたのは、この問いであった。

この問いは、トラウマ固有の構造に鑑みれば問うまでもないこととも思われる。宮地尚子（第I部）が指摘したように、当事者であればあるほど、トラウマ的出来事に関する記憶の語りは困難になる[1]。これは、筆者の専門とする表象文化論および映像研究において、キャシー・カルースが指摘したトラウマ記憶の「表象不可能性」と共鳴する[2]。トラウマ記憶がその核心において語りえぬからこそ、それは再体験症状などを通じて回帰し続ける。カルースは、こうした語りえぬものを語ろうとする実践として芸術作品をとらえ、その矛盾に作品の語りの整合性が脱臼される地点において、己の暴力性をまなざす倫理を取り戻す、他者の声を聞き取ろうと努めた。トラウマ研究の知見はこうした作品分析の観点から表象文化論研究に導入され、たとえば、強制収容所に置かれたユダヤ人サバイバーの証言記録である映画『SHOAH ショア』（クロード・ランズマン監督、一九八五年公開）や原爆体験の語れなさを主題とした映画『ヒロシマ・モナムール』（アラン・レネ監督、一九五九年公開）が、語りえぬトラウマに寄り添い、他者の声を聞く倫理的実践として分析されてきた[3]。

しかし、そもそもトラウマは語りえぬ核心を有しているのだから、冒頭の問いを発する必要はもはやないかといえば、そうはならない。そのことを痛感したのが、本シンポジウムであった。蟻塚亮二（第Ⅲ部）が指摘するように、トラウマ記憶は数十年にわたる長期の潜伏を経て表出することもある。この事態は逆にいえば、トラウマが本質的に語りえぬことを逆手にとり、何らかの社会構造がその潜伏期間を故意に長引かせ得るということでもある。

そして本シンポジウムでは、私たちの社会においてこうした抑圧構造が歴史的に認められることも示唆された。たとえば、一ノ瀬俊也（第Ⅱ部）によれば、日本では第二次世界大戦期に、内地の遺族や戦傷病者およびその関係者を国家が「援護」の名の下に直接指導・管理する体制が整えられ、彼ら・彼女らが各自結集し、みずからの不満や想いを社会的に吐露することは弾圧された。さらにそこには、彼ら・彼女らの心の傷を天皇の慈恵としての援護によって補償するというイメージ操作も加えられた。こうした生存者の語りの管理体制は、敗戦後には、軍人恩給の復活および拡充を求める日本遺族会など全国規模の組織が自民党の集票マシーンとして統制された行動をとるかたちで引き継がれていく。

この点は、粟津賢太（第Ⅱ部）が指摘する日本の黙祷の政治的意義とも通じ合う。日本での黙祷は、関東大震災の一周年追悼に際して、裕仁親王（後の昭和天皇）が欧米近代国家での追悼儀礼としての黙祷を行ったことを契機に定着していった。その延長に、一九五二年に始まって以来、現在まで続く全国戦没者追悼式での黙祷がある。こうして戦争犠牲者を天皇の黙祷が象徴的に補償しつつ沈黙を規範化するあり方は、天皇の慈恵によって生存者の心の傷を補償しつつその語りを封じるあり方と通じ合うものと思われる。

また中村江里（第Ⅲ部）は、「従軍慰安婦」に関する元日本兵の聞き取り調査を行った井上摩耶子の指摘に基づき、敗戦後の日本社会において元兵士たちがみずからの外傷体験たる戦時中の加害行為を「安全な場で、繰り返し繰り返し外傷体験を語ること」が妨げられてきたと指摘する[4]。実際、中村は著書『戦争とトラウマ』において、戦時中の精神疾患患者が戦争神経症に対する根深い差別、精神的に卓越した皇軍兵士はこうした恐怖に憑かれた病に罹らないとの偏見に曝され、そのトラウマ記憶の表出を社会的・文化的に弾圧され続けたこと、さらにこうした差別意識を背景に医療関係者側の戦争神経症認定の回避が生じ、患者の多くが国家の援護や恩給に与れなかったことを指摘している[5]。天皇の慈恵の名の下に象徴的な補償が行われる裏側では、実際の援護運用における生存者への差別や実質的支援の欠如が生じており、それは天皇を象徴とする国家の権威を毀損しかねないトラウマ記憶の表出を弾圧する社会構造と協働しつつ、今に至るといえよう。

つまり、冒頭の問いに加筆する必要があるのだ、なぜ日本社会ではかくも語られないのか、と。そして、問われなければならないのは、語られないことは何か、だけではない。トラウマ記憶を故意に潜伏状態に抑圧する、語られないことを強いる日本社会の文化的構造とはどのようなものかも、問われねばならない。そして前述のトラウマ研究の知見に基づく表象文化論および映像研究の成果は、前者に関してはその語られぬ声に寄り添い聞くことへ向けて貢献してきたが、後者に関してはまだ今後の研究が俟たれる状況と思われる。

三つの視座──「文化的トラウマ」「加害者のトラウマ」「沈黙の共謀」

本シンポジウムは、まさにこの点においても示唆に富むものであった。以下三点、本シンポジウムから示された分析視座を整理しておきたい。

まず第一は、森茂起（第Ⅳ部）が提起する「文化的トラウマ（cultural trauma）」概念である。たとえばジェフリー・アレクサンダーは、戦争など国家レベルで遂行される暴力行為に伴うトラウマ体験が、ときに既存の社会における集合的アイデンティティへの「脅威（threat）」と捉えられ、個々の社会がこの脅威を克服すべく、トラウマ記憶に関するいかなる言説を受容し流通させ、他方いかなる言説を抑圧・排除するのか、その文化的構造を「文化的トラウマ」とした[6]。トラウマ記憶に対する社会的抑圧構造を解明するには、この文化的トラウマの観点が不可欠である。

第二に、「加害者のトラウマ（perpetrator trauma）」概念が挙げられる。前述の中村は、とくに日本社会において語られない加害体験とその記憶を考察するに際し、本概念を提起している。たとえばカイエル・アンダーソンによれば、このトラウマにおいては戦時の加害者たる自己と平時の倫理的な自己とが葛藤し、分裂または解離を示す傾向がある。そのため「加害者のトラウマ」では、加害行為を「合理化（rationalization）」し葛藤を「中和（neutralization）」する必要性が高まり、その役割をイデオロギーが担うことになる。アンダーソンは、世界各地の戦闘や虐殺における加害当事者の言説を渉猟し、「（加害行為は）より高次の忠誠のためにしたと訴えること（appeal to higher loyalty）」「（加害行為をめぐり）内面的葛藤があったと主張すること（claim of inner opposition）」「（加害行為は）不可避だったと主張すること（で自分を無力な者とし責任追及から逃れること）（claim of inevitability）」といった、合理化や中和を促すイデオロギーの言説タイプを分類している[7]。こうした言説は現在の日本社会でも戦争責任に抵触する場面で散見されるものであり、敗戦後の日本社会における「加害者のトラウマ」を抑圧するイデオロギーはかなりの程度一般化できるものと思われる。

そして第三に、「沈黙の共謀（conspiracy of silence）」が挙げられる。これは第Ⅳ部の応答において、北村毅が提起した概念である。北村はその応答で、社会がホロコースト体験を抑圧・否認する状況下でサバイバーとその家族が沈黙を強いられた事態を指す狭義の本概念を[8]、戦時中から敗戦後の日本社会におけるトラウマ記憶の抑圧構造を分析するものとして発展させた。本概念も、語られなさを集団の力学として分析する点や、家族内での沈黙が世代を超えたトラウマ記憶の影響を及ぼすことに注目する点において、有効な分析視座であると思われる。

表象文化論・映像研究からの応答

以上を踏まえ、ここからは、表象文化論および映像研究からいかなる応答が可能か、考察したい。

まず、文化的トラウマと通じ合う観点からトラウマ記憶の社会や国家レベルにおける語りを、とくに映像作品を事例とし、また精神分析とフェミニズムを応用するかたちで分析した研究として、カジャ・シルヴァマンの「歴史的外傷（historical trauma）」研究を挙げておきたい[9]。シルヴァマンは、既存の社会の安定性の基盤を家父長制イデオロギーに見出し、そこでは各構成員の主体が、象徴的父により支えられる無傷の男性性へ想像的に関係づけられるとする。そして、トラウマ記憶が社会にとって対処すべき喫緊の課題となるのは、その語りが、この男性性のイメージを毀損しかねないからである。シルヴァマンは、その点で第二次世界大戦後のアメリカ帰還兵の映画的表象に注目するが、彼らが過酷な戦闘体験を経てＰＴＳＤを患いアルコール中毒を呈したり、四肢の損傷を受けた身体を露呈したりすることは、社会が理想とする男性性を傷つけるものとなる。このように社会のイデオロギー的安定性を毀損しかねないトラウマ記憶を、シルヴァマンは歴史的外傷と呼ぶ。そして社会がこの歴史的外傷を「隠蔽（conceal）」する戦略として、主に以下二つのタイプを指摘する。第一は、あえて戦後の傷ついた男性主体とその劣った男性性を前景化させ、象徴的父を後景化させながら神聖な領野に暗示することで温存し、現実の男性主体の傷を補償する戦略であり、第二は、男性側のトラウマを女性側に投影し、それによって傷ついた女性側を男性側がまなざすことで男性主体にトラウマとの直面を回避させる戦略である。[10]

そして、この分析視座を応用することで、たとえば日本映画研究では、木下恵介作品のうち広く流通した通称「涙の三部作」（『二十四の瞳』『野菊の如き君なりき』『喜びも悲しみも幾歳月』すべて松竹、一九五四・五五・五七年公開）に関して、映画研究者の斉藤綾子が重要な研究を行っている。斉藤によれば、これらの作品には、歴史的外傷を蒙った男性主体が女性登場人物の姿を「借りて」、「彼女たちに悲しみや苦しみを与えることにより、その喪失自体を否認」する構造があり、その投影された外傷を映画内の人物たちと観客とが「『ともに泣く』という喪の行為」を通じて解消し、男性主体はみずからの男性性を回復していくとされる。[11]

では、以上の研究成果を踏まえ、敗戦後の日本社会におけるトラウマ記憶の語られなさ、その抑圧・否認の文化的構造をどのように析出できるか。以下では、執筆者の専門分野に限定したかたちではあるが、その素描を試みる。

まず、前述のように、天皇制の存在はトラウマ記憶の表出および抑圧に際して重大な影響を及ぼしていると思われる。そして、戦時中までの国民に天皇制イデオロギーが馴致される過程にあっては、家族体制が重要な役割を果たしたことが指摘されてきた。天皇制国家は、天皇と臣民の関係を「家」家族での父子関係に準えることで、「家」での父または家長への滅私奉公である「孝」の理念と国家への滅私奉公である「忠」の理念との矛盾を不可視化し、スムーズに「家」から兵士を供出し国民を国家のための戦争へ動員するシステムを有していた。[12]また、このシステムは二〇世紀前半を通じて経済体制にも援用され、とくに財閥企業では、財閥家族や会社重役を疑似的父とし、社員を疑似的子とする経営家族主義のイデオロギーが浸透していく。[13]これは戦時中には「企業一家」

なる観念にまで発展し、天皇を頂点とする国家規模の「家」とのアナロジーに、企業も家族も組み込まれていった。[14] つまり戦時中までに、国家の政治体制と経済体制と家族体制はすべて天皇制イデオロギーによって統制されることとなった。

よって、敗戦後の日本社会の抑圧構造を考える際には、これら三つの体制がどのように変化したのかを見ていく必要がある。

まず家族体制について、たとえば、原作者の長谷川町子により敗戦直後から連載され、現在に至るまで一般にイメージされる「日本的家族像」を提供している『サザエさん』を取り上げてみよう。その複雑な家族構成に関しては、家族社会学の観点から分析がなされている。落合恵美子によれば、高度経済成長期までの家族体制では、対等な関係性と愛情を重視する核家族世帯・「家庭」家族と、明治以来の家父長制イデオロギーに基づく孝を重視した垂直的関係性による拡大家族・「家」家族とが併存した。よって、『サザエさん』を享受した読者および視聴者にあっては身辺の家族像としてこれら二つが混在しており、その両者の理想的結合を示すのが「サザエさん一家」である。本来であれば、「家」家族では嫁入り婚の慣習により、嫁と姑の階層差が嫁姑問題を引き起こすが、サザエさん一家はマスオの妻方同居によりこの問題が解決したかのように見せかけるのだ。妻方同居によりサザエは自分の両親と住むため親子の階層差は緩和され、またマスオも男性であるため嫁が女性として蒙るほどの抑圧は受けない。サザエさん一家とは、「家」家族の家父長制的階層秩序を緩和し、「家庭」家族的な団らんを示す大家族といえる。[15] ここに作品分析の観点を加えるならば、本作においては、読者および視聴者が、この理想的結合が妻方同居という稀有な家族構成に因っていると意識化しないよう（意識化してしまうと、サザエさん一家は理想ではなく特殊な一ケースでしかなくなる）、マスオの実家が絡むエピソードはほとんど提示されず、そもそも大阪出身のマスオが関西弁を話す機会も皆無で、さらに磯野家の表札には「いその」としか表記がないのであり、

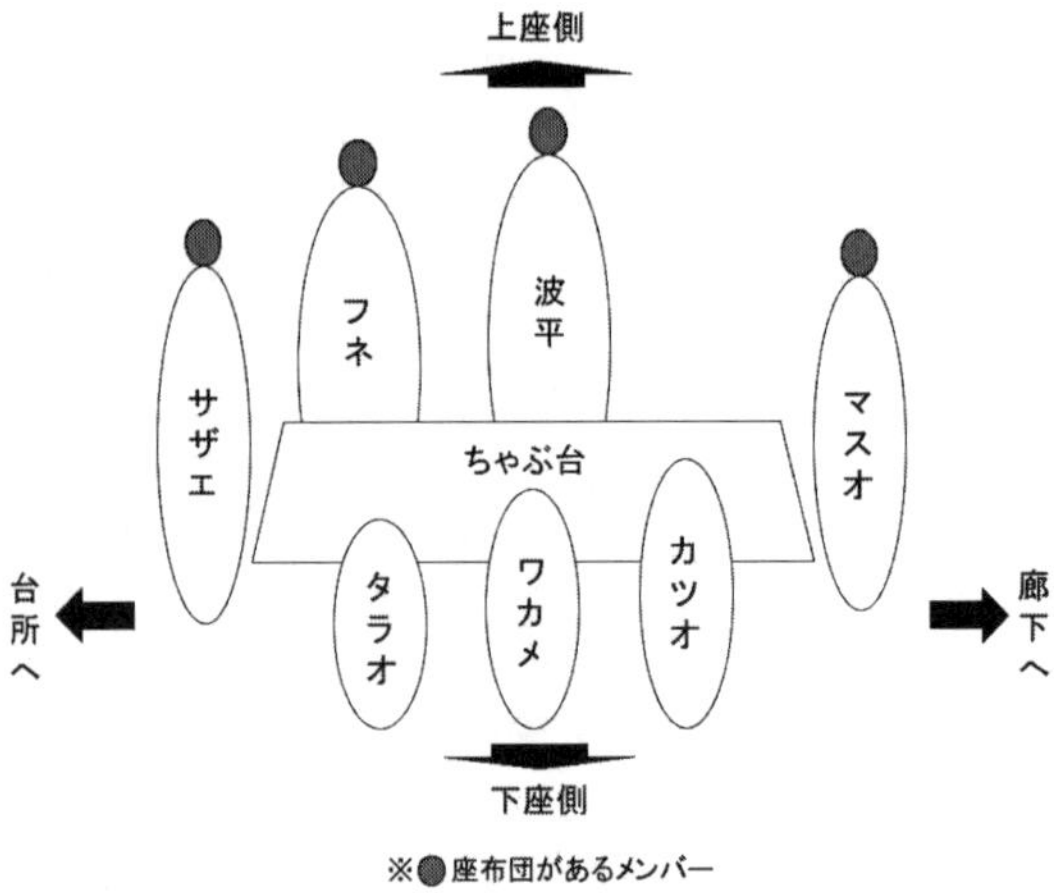

図22-1　サザエさん一家の一家団らんにおける家族メンバーの配置図

総じてフグ田家を希薄化する演出が認められる。

　また興味深いのは、その一家団らんのシーンである。たとえば、とくに本作のアニメ版では、頻繁に図のようなシーンが提示される（図22－1）。たしかに一見、彼らは「家庭」家族的な団らんを営んでいるようである。しかし、よく見ると、画面奥から手前にかけては年功序列に基づく席次となっており、また画面右が主たる男性メンバー、左が女性メンバーと分けられている。これは上座・下座の慣習に倣っており、出入り口から一番遠い上座に波平が座し、下座に行くにしたがい年少者が座し（しかも子どもたちに座布団はない！）、また波平から向かって左（画面右）が左上位として男性メンバーに占められ、男尊女卑の規律が守られている。一見、「家庭」家族的なメンバー同士の対等性と愛情を提示しながら、実質的には「家」家族的な家父長制イデオロギーが温存されてもいる。

　さらに、こうした一家団らんシーンは一見、上座に波平－フネの祖父母世代、中ほどにマスオ－サザエの父母世代、そして下座にカツオ－ワカメ－タラオの子ども世代が座しているように見える。しかし実際には、カツオとワカメはマスオの子どもではなく、波平の子どもである。つまり、本来の家父長の系譜は波平からカツオへと世代的に引き継がれるのであるが、一見すると年齢的に、また人物の配置からも、波平とカツオの間に、マスオが挿入されているように見える。よって、カツオから見た場合、父は波平とマスオとに分裂していることになる。一方の父は本当の父であり、サザエさん一家の「家」家族的側面における家長、妻方同居するサザエの力により緩和されてはいるが、厳しく強い父・波平である。もう一方の父は見た目上の父であり、妻方同居のために立場が弱く、またサザエおよびタラオと「家庭」家族を構成する優しい父・マスオである。つまり、本作は読者および視聴者に、二つの分裂した父親像を提示していることになる。

ここで、経済体制のほうも見ておこう。高度経済成長期を通じて日本社会で広く流通した映画ジャンル・サラリーマン映画のうち、一九五六年の開始当初から一九七〇年の最終作に至るまで、東宝を代表する長期ヒットシリーズとなった『社長』シリーズを見てみる。シリーズ名が示す通り、本シリーズは全作において、森繁久彌演ずる社長を主人公とする会社を舞台としたコメディだが、そこでは多くの作品において、社長室に飾られた先代社長の遺影が示される。さらに、主人公たる現社長はその優れた仕事ぶりを示されることは一切なく、浮気の算段に余念がないくせに妻を恐れて失敗し続ける劣った男性性を提示する。それに対し、会社の偉大な父とされるのは亡き先代社長だが、彼はすでに死亡した設定のため画面に前景化せず、むしろ先代社長のような立派な社長となるよう現社長を教育・監視する役目が現社長夫人や先代社長夫人といった女性登場人物に配分される。

そして、こうした人物設定が現社長の恐妻家としてのコミカルなシーンを現出するが、それを支えるのが妻方同居を彷彿とさせる設定である。経営能力に秀でているわけではない現社長が社長に就いた要因として暗示されるのは、現社長夫人と先代社長との血縁関係である。よって、現社長は亡き先代社長の代理としての女性たちに囲まれるように生活しており、それゆえに『サザエさん』のマスオのように立場が弱く、恐妻家であり、劣った男性性を示し、しかもみずからの実家の存在を提示されることはない。つまり、ここでも戦時中までの企業組織における疑似的父のイメージ、社長のイメージが、敗戦後に至って分裂していることになる。画面に前景化する敗戦後の現社長は、劣った男性性を示しながらも（とくに男性観客にとっては）可笑しみと親しみを惹起しやすい人物である。しかしその裏側には常に、遺影としてしか登場しない先代社長が暗示され、その家父長制イデオロギーは、まさに木下の「涙の三部作」同様、女性登場人物の姿を借りて、現社長とその会社へと引き継がれる。そして先代社長の象徴的父としての神聖性は女性たちの後景に温存される。

ここで、戦時中までの家父長制イデオロギーの機能を省みるならば、前述のように、その権威と権力を天皇制によって保障された父や家長、また財閥企業における社長や財閥家族は、国民を国家のための暴力へとスムーズに駆り立てるイデオロギー装置でもあった。すると、これら敗戦後の代表的な国民的アニメおよび映画シリーズは、家族体制と経済体制が戦時中までに駆動した暴力とその戦争責任、つまり「加害者のトラウマ」を、建前上、優しい父たるマスオを挿入したり、劣った男性性を示す現社長を前景化したりすることで不可視化していると指摘できるだろう。そして、そこで展開するのは、まさにアンダーソンが指摘した言説タイプ「(加害行為は)不可避だったと主張すること（で自分を無力な者とし責任追及から逃れること）」を発展させた物語、すなわち元兵士たる男性観客を無力で劣った登場人物へと同一化していく物語であり、シルヴァマンが指摘した第一の戦略、劣った男性性を前景化させることで戦時中までの象徴的父の権威をその裏側に後景化しつつ温存するイデオロギー戦略である。家族における父のイメージと会社における社長のイメージがこうした大衆的な表象文化において共通して分裂するのは、建前の裏側に本音としての、戦時中までの家父長制イデオロギーを温存するためであり、これらの作品に触れる男性観客は、敗戦後の傷ついた男性主体と弱い男性性を示すマスオや現社長をやや自嘲的に笑いつつ、その笑いの明朗さのうちに、戦時中までの自分や家族や財閥が犯した加害行為を語らず思い出さずにいられる。また、万が一思い出したとしても、それは自嘲される無力な自分には避け難かった行為としてトラウマ記憶のもたらす葛藤を常に中和され、その加害の記憶の語りに対しては沈黙の共謀が張り巡らされることになる。

そして、こうした分裂した「父」のイメージは、まさに昭和天皇が敗戦後に象徴天皇となる過程で体現したものである。天皇／マッカーサーの会見写真から敗戦後の天皇イメージの女性化を考察した北原恵は、昭和天皇が一九四六年の年始に詠んだとされる短歌の分析を通じて、このイメージの分裂を鮮やかに析出した。問題となるのは以下の「御製」である。

　　ふりつもるみ雪にたへて　いろかへぬ
　　　松ぞををしき　人もかくあれ

北原の分析を踏まえるならば、たとえ敗戦後の現在は「雪の重み」に喩えられる占領の屈辱に甘んじるとも、その雪の下には「ををしき」日本的精神が温存されているのであり、今は建前上は女性化された状態にあるように見えようとも、本音では無傷の男性性が温存されているのだというのが、「ナショナリズムを鼓舞する」この歌のメッセージである[16]。

　ここでもシルヴァマンの指摘する第一の戦略が認められる。女性化され劣った男性性を建前上提示することで、本音では象徴的父としての天皇みずからの神聖性が温存される。つまり、象徴天皇制のイデオロギー的機能とは、本音と建前の分裂により、無力に女性化された天皇イメージを前景化させることで「加害者のトラウマ」の抑圧を行うとともに、その弱く平和的な相貌の裏側に戦争責任を回避された戦時中までの家父長制イデオロギーとそれを支える象徴的父としての天皇の神聖性を不可視化しつつ温存させるものといえる。そして、そこから『サザエさん』と『社長』シリーズを省みるならば、それらはたしかに象徴天皇制を直接は描かないが、まさに「象徴天皇制的なもの」を敗戦後の家族体制および経済体制に浸透させるイデオロギー的機能を果たしてきたと指摘できる。

敗戦後、竹内好は象徴天皇制について、「権力が権力として現象しない」ことを達成し、「やんわり空気のように」社会に充満し、「一木一草に天皇制がある」と指摘した。[17] 私たちは、この竹内の直観を、より具体的に分析する必要がある。具体的な「一木一草」たる作品に、一見、戦争の記憶とは無縁に見える表象文化に、いかにして象徴天皇制的なものが埋め込まれているのか。また、それはいかなるイデオロギー的機能を有し、どのように「加害者のトラウマ」が語られない状況を今も私たちに強い、そして再度の暴力へと駆り立てつつあるのか。ここに示した分析はあくまで概略にすぎず、この社会におけるトラウマ記憶の抑圧・否認の文化的構造は、より包括的に、より具体的に、そしてより早急に解明されなければならない。それが達成されてこそ私たちは、より鮮明に、語られぬ他者の声を聞くことができようし、敗戦後という歴史的時間の持続に、一つの区切りを打つことができるだろうから。この区切りが、再度の暴力の発動する事前に打たれることを切に願って——。

[文献・注]

（1）宮地尚子『環状島＝トラウマの地政学』みすず書房、二〇〇七年、一四—一七頁参照。

（2）キャシー・カルース（下河辺美知子訳）『トラウマ・歴史・物語—持ち主なき出来事』みすず書房、二〇〇五年参照。

（3）同前のほか、ショシャナ・フェルマン（上野成利、細見和之、崎山政毅訳）『声の回帰—映画「ショアー」と〈証言〉の時代』太田出版、一九九五年、高橋哲哉「トラウマと歴史—アブラハム・ボンバの沈黙について」栗原彬、佐藤学、小森陽一他編『語り—つむぎだす　越境する知2』東京大学出版会、二〇〇〇年、一六一—一七七頁参照。ちなみに『ヒロシマ・モナムール（Hiroshima mon amour）』の邦題は『二十四時間の情事』であるが、作品内容と異なるため原題の片仮名表記にて記す。

（4）括弧内の引用は中村報告に引用された井上の指摘。引用元は、井上摩耶子「旧日本軍兵士の加害意識—慰安所体験・強姦体験への聞き取り調査から」VAWW-NET Japan 編『加害の精神構造と戦後責任—日本軍性奴隷制を裁く　二〇〇〇年女性国際戦犯法廷の記録　第二巻』緑風出版、二〇〇〇年、一二〇頁。

（5）中村江里『戦争とトラウマ—不可視化された日本兵の戦争神経症』吉川弘文館、二〇一八年、三〇七—三〇九頁。

（6）Alexander, J.C.: *Trauma: A Social Theory*. Polity, 2012, pp.1-30.

（7）Anderson, K.: *Perpetrating Genocide: A Criminological Account*. Routledge, 2018, pp.170–190.
（8）本概念は以下の論文で提起されたものである。Danieli, Y.: Psychotherapists' Participation in the Conspiracy of Silence about the Holocaust. *Psychoanal Psychol* 1（1）: 23–42, 1984.
（9）本概念は、北村が第Ⅳ部応答において提起している、ホロコースト研究および先住民研究における「歴史的トラウマ（historical trauma）」と語が同じであるが、内容は異なる。そのため、本応答では便宜上「歴史的外傷」と訳し分けておく。
（10）Silverman, K.: *Male Subjectivity at the Margins*. Routledge, 1992, pp.52–121.
（11）斉藤綾子「失われたファルスを求めて―木下恵介の『涙の三部作』再考」長谷正人、中村秀之編著『映画の政治学』青弓社、二〇〇三年、六二―一一七頁。
（12）西川祐子『近代国家と家族モデル』吉川弘文館、二〇〇〇年、松本三之介『明治思想における伝統と近代』東京大学出版会、一九九六年、川島武宜『イデオロギーとしての家族制度』岩波書店、一九五七年など参照。
（13）藤田省三『天皇制国家の支配原理』みすず書房、二〇一二年、間宏『日本労務管理史研究―経営家族主義の形成と展開』ダイヤモンド社、一九六四年など参照。
（14）米谷隆三『企業一家の理論―企業法の根本問題』ダイヤモンド社、一九四四年参照。
（15）落合恵美子『二一世紀家族へ―家族の戦後体制の見かた・超えかた（第四版）』有斐閣、二〇一九年、七四―八一頁参照。
（16）北原恵「表象の〝トラウマ〟―天皇／マッカーサー会見写真の図像学」森茂起編『トラウマの表象と主体』新曜社、二〇〇三年、一一三頁。
（17）竹内好「権力と芸術」阿部知二他編『講座現代芸術　第五（権力と芸術）』勁草書房、一九五八年、二〇―二一頁。

第23章

海外の精神科医の視点から
――戦争で反対の立場にいた者の子孫として

キャリー・チェン
竹島　正、森　茂起、中村江里　訳

背　景

二〇二一年に開催された「日本における第二次世界大戦の長期的影響に関する学際シンポジウム」に参加できたことは光栄である。

このシンポジウムでの経験について述べる前に、私がどのような背景をもち、シンポジウムに参加することになったかを説明したい。私は香港で生まれた中国系オーストラリア人である。六歳のときに家族とともにオーストラリアに移住した。家族は定期的に香港の親族を訪ねている。母の家族は香港出身で、父の家族は中国本土の出身である。私は父方の親族から、日本統治時代の中国での生活や、日中戦争で日本軍から逃れ、香港に移住した経験について話を聞いたことがある。彼らの話は短く、たまに言及される程度であったが、彼らの体験談から想像される苦悩やイメージは、私の心に刻み込まれた。

中学時代、私は母から日本語を勉強するように勧められた。当時、私は母の言ったことの意味を理解できなかった。今考えても、日本語が学校で習う数少ないアジア言語の一つだったからなのか、それとも日本語には漢字があり、母にとって日本語は身近なものだったからなのか不思議に思っている。母の実家は漁師をして地方に住んでいたので、日本占領の影響をあまり受けていなかったのかもしれない。母は私が日本語を学ぶ機会を温かく見守ってくれた。一〇代の私は、日本は近代的で発展の早い国だと思い、日本語を学ぶことは「格好いい」と思っていた。日本語の授業では、日本文化に興味をもつようになった。その興味は、思春期に流行したＪ－ＰＯＰに後押しされ、大学でも日本語を勉強することとして、交換留学制度で約一年間日本に滞在した。日本という異国の地で、日本文化に触れ、新しい友人をつくることができた。私にとって、成長と探求の楽しい時間であり、日本での生活は今でも温かい思い出となっている。

現在、私はオーストラリアで精神科研修医として働いている。精神療法や精神分析理論に関心があり、精神療法の研修に参加し、指導医のオイゲン・コウ氏に出会った。私が集団のプロセスや文化に興味を示したところ、コウ氏はさまざまな国で大規模な集団を扱う仕事をしていることを教えてくれた。私は日本文化のもとで過ごした経験があり、日本におけるメンタルヘルスや自殺の問題についてもある程度知っていたので、日本における戦争のトラウマとその影響に関するこのプロジェクトにはとくに関心をもった。コウ氏からシンポジウムとその企画委員会を紹介され、シンポジウムに参加し、その後、シンポジウムの英文特集の出版に携わることになった。

このシンポジウムは、私の日本への関心と精神医学への関心の両方を統合する、心躍るものであった。シンポジウムを通して、日本の文化や人々と再びつながり、自分の日本語能力をメンタルヘルスの文脈で活かすことができることを願った。そうした理由から、私はコウ氏の招待を積極的に受け入れた。しかし、このように書いてみると、もう一つの無意識の動機があったのかもしれない。私に第二次世界大戦の体験談を語ってくれた親族の多くは亡くなってしまった。彼らの話は、不完全な断片として、私の心のなかに残っている。これらの断片は、重要でありながら私から切り離されているように見えた。記憶は鮮明なイメージで刻まれているが、あまりにも断片的であるため、その関連性を私は見失っていたのだ。私は、これらのイメージが私自身の物語の一部としてよりまとまったものになるように、これらの物語をより明確にして、リンクやつながりをもたせるために詳細を知りたかったのだろうか。

シンポジウムの振り返り

シンポジウムは、多くの期待と胸の高鳴りとともに始まった。第二次世界大戦のトラウマについて、日本に特化した大規模な学際的シンポジウムは初めてのことである。これは特別な機会であるというのが参加者の共通の認識であった。講演の充実ぶりは、講演者の専門性と知識の深さを証明するものだった。好奇心や興味が刺激された。

戦争の状況、体験、事実が語られた。講演者のなかに第二次世界大戦中に生きていた人はいない。七〇年以上前に起きた戦争であり、戦争を生きた人の多くが亡くなっていることを考えると、今手にしているものが精一杯の情報なのかもしれない。このような気づきが、戦争に関する情報や記録の重要性を強調しているように思えた。それは、戦争体験談の再現、戦争体験者の息子のインタビュー映像、蘭氏による自身の父親の経験についての語り（本書第18章）によって促進された。現在の世代、そして未来の世代における戦争についての教育の重要性は、参加した大多数の人が共有していた。また、すでに失われた情報や物語を悼み、失われる前に今ある物語を保存し、救出したいという願いが込められていた。参加者が、この情報を伝え、教育現場での実践的な解決策を模索することに熱心であったのは、心強いことであった。

資料、歴史書、メディア報道、インタビュー、調査などを通して情報がつなぎ合わされたが、その情報は力強く、有益であった。フィクションの要素を含んだ戦争映画とは異なり、ここで紹介されたのは実際の体験と歴史的な出来事であった。いずれの側面も、映画のような「演劇的効果」や「感情的インパクトを与えるための誇張」という言い訳のために、最小化したり、否定したりはされなかった。数字や統計は、戦争の現実と規模の大きさを私に突きつけた。戦時中、戦後の荒廃とトラウマの現実を目の当たりにし、心が揺さぶられた。

シンポジウムでの感情的な体験は複雑だった。とくに戦争がどのように拡大したか、労働力の動員、医療と支援、自殺などの事実と統計は、より個人的で感情的な内容を伝えるためのフレームとなった。そして、その個人的・感情的な内容が、事実に深みを与えた。ゲシュタルト理論で言うところの「全体は部分の総和よりも大きい」のである。二回目以降のシンポジウムでは、期待感や学習への好奇心が続く一方で、重苦しさや疲れを感じることもあった。私はこの二つの感情の間で揺れ動いていた。これは、各シンポジウムの時間の長さ、同時通訳も影響していると思われるが、言語を超えたシンポジウムの異文化的な側面も要因の一つであった。外国人参加者である私は、情報を取り込みながら、意識的かつ継続的に日本の文脈に自分を合わせる必要があった。日本の長い歴史と文化を背景に講演者が使う言葉やフレーズの選択、現代日本での意味などだ。このように、文化や背景を心に思い描くのは大変な作業であった。ときには、意味や意義が不明確になることもあった。たとえば、戦没者の扱いについて、戦時中の死者に対する態度や儀式など、日本の文化は日本人参加者の間では常識であるが、外国人である私には馴染みがないものであった。私は参照する枠組みをもっていなかった。この他にも、自分が気づかないうちに、思い込みや解釈の違いなどがたくさんあったのではないかと思う。日本文化に共感し、心象風景として理解するためには、知的・感情的な作業が必要であった。

さらに、戦争というテーマ自体が感情的に重い。シンポジウムは、戦争について表面的で単純な議論をするのではなく、メディア、戦争犯罪、戦争孤児、自殺など、厳しい論争を呼ぶテーマにあえて踏み込んだ。苦しみと倫理のテーマが浮上し、また知性と感情の両方に訴えかけるものとなった。シンポジウムのなかに完全に没入してしまうような瞬間がたくさんあった。戦争孤児に何が起こったかを知り、その苦しみに共感したこと、沖縄での出来事を聞き、彼らの喪失と苦境に悲しみを覚えたことなどである。これらの瞬間はとても強烈で、ときには「もうろう」としてしまうこともあった。シンポジウムで得た貴重な情報の一つひとつを大切にしたいと思いながらも、情報に耳を傾け、再び参加しようとする前に、時間が過ぎてしまうことがあった。戦争とトラウマというテーマに取り組むことは大変な作業であり、短い休憩を取らずにシンポジウムの間ずっと注意を払い続けることは困難であった。

日本文化の部外者として、このシンポジウムの体験は私にいくつかの反応を呼び起こした。第一に、質問を通してシンポジウムに参加する際、この質問は日本人に関係があるのだろうか、グループの大多数である日本人参加者がすでに知っている知識なのではないかと考えた。

第二に、中国で行われた残虐行為を知ったとき、私は「同胞」の苦しみに恐怖を感じ、戦争中に起きた不正や非人道的な権力の乱用に嫌悪感を覚えた。自分の親族の話を思い浮かべ、彼らが耐えた苦しみに怒りと悲しみを覚えた。さらに、一〇歳の私には語ることのできない、親族が受けたトラウマとは何だったのだろうかと考えた。しかし、自分の親族がこのような最悪の残虐行為に遭遇することは想像できなかった。私は、彼らからレイプや大量殺人の話を聞いたことがないと自分に言い聞かせ、彼らの身には起こっていなかったのだと表面的に安心した。

第三に、とくに残虐行為や戦争犯罪の加害、歴史や過去の統治機構への批判が提起されたとき、日本の参加者への懸念が喚起された。彼らは、直面する問題についてのシンポジウムやディスカッションをどのように体験したのだろうか。情報との直接対決は、戦争加害者としての罪に対する厳しい自罰感情を呼び起こしたのだろうか。

村本氏の和解の試みに関する発表（本書第16章）では、「歴史の傷を癒す」ワークショップの参加者の心の安全が心配になった。日本人の参加者が、戦時中に日本人が行った残虐行為を知ったとき、圧倒されたり、再トラウマ化したりしないか心配になった。そのような過酷な歴史の真実と向き合うことから、彼らを守りたいという気持ちがあった。これは、私自身の、日本でのポジティブな経験や日本人とのつながりからくる共感的な反応なのかもしれない。また、このシンポジウムでそのような情報を知ったときの恐怖感や重苦しさが投影されているのかもしれない。

第四に、このような懸念に続いて、日本人参加者がこれらの問題の重要性と深刻さを否定したり、最小限に抑えたりすることなく、勇気をもって向き合ったことは印象的だった。私は、こうした激しいテーマについて議論しようとする彼らの意欲と勇気に敬意を表する。同じ集団のなかに、つまり日本人という集団のなかに、暴力加害と癒しの道具という両方の可能性があるということを心に抱えるための一つの道は、敬意の共有ではないかと私は考える。これは、トラウマとその影響を認識しながらも、日本人に対して真正かつ有効な肯定的配慮をするための潜在空間である。ここで、第三回シンポジウムのテーマである「ポジショナリティ」について触れておきたい。中国系オーストラリア人である私は、日本は戦争の加害者であるという考えを強くもっており、発表された情報の多くもそれを裏づけるものであった。しかし、日本が加害者であった一方で、日本人もまたトラウマを抱え、苦しんでいた。つまり、多くの日本人は戦争の犠牲者でもあった。私は、戦争孤児の苦しみ、沖縄の戦闘、原爆の後遺症、さらには残虐行為を行った兵士のトラウマと戦後の生活における苦しみや不適応について学んだ。加害者もまた苦しみうる。加害者は戦争の被害者にもなり得る。中村氏の加害者トラウマの発表（本書第13章）は、加害者のトラウマや苦しみの深刻さを考える機会を与えてくれた。私は、加害者のトラウマや苦しみを考えることは「真の被害者」に対して不公平であり、行われた犯罪の重大性や現実性を軽くしてしまうと思っていたため、私のなかの一部はそのことを考えたくなかった。苦しみを理解し、認めることは、暴力や犯罪の加害を正当化するものではないことを、常に自分に言い聞かせる必要があった。また、加害行為の残酷さや重大さを弱めるものでもない。相手の苦しみを理解することで、加害行為に対する怒りや反発が収まるわけでもない。このような論理的な考えとは裏腹に、この作業は不快なものであった。倫理的、道徳的な混乱に陥ることもあった。この不快感に耐えるうちに、私は戦争体験の複雑さをより理解するようになった。それは、トラウマにおける被害者と加害者のダイナミズムという二次元的な見方から、複雑な感情が入り混じったより複雑な見方へと私を移行させることにつながったのである。これは、個人の精神分析理論におけるクラインの妄想‐分裂ポジションから抑うつポジションへの移行に似ている。相手を単純に悪者とみなすのではなく、善と悪があり、戦争の両側には途方もない苦しみやトラウマがあるのだ。

インパクトと示唆

このシンポジウムの経験は、私の精神医学の仕事と個人的な語りに影響を与えた。戦争が国家だけでなく個人の心に及ぼす影響について興味をかき立てられ、戦争の影響についての理解が深まった。集団のトラウマや、集団の癒しにおいて精神科医や心理療法家が果たすべき役割について、より興味をもつようになった。個人的なことであるが、私の家族が語る戦争に関する記憶はより貴重なものとなった。自分の物語の一部をなすこれらの物語をより深く認識し、もっと知りたいと思うようになり、故人となった親族の物語や体験の喪失を嘆くようになったのである。日本に対する私の関心や好意は、戦争で苦しんだ家族にとってどのように映ったのだろうかと考えた。彼らは、私が日本に興味をもったことを、自分たちの物語を私に共有する機会だと思ったのだろうか。それとも、私が日本に興味をもったことを裏切りと感じて、激怒したのだろうか。これらの疑問はまだ解決されていないが、今、私はこのような問いを立てることができるようになった。

シンポジウムは、日本における第二次世界大戦についての「沈黙のカーテン」を取り上げる場を提供した。戦争に関する「沈黙の共謀」という考え方が議論を呼び、「共謀」ではなく「沈黙のカーテン」という表現がふさわしいと感じる人もいた。有益なプレゼンテーションと活発な議論を通じて、このシンポジウムが「沈黙」に対する積極的な挑戦であることが明らかになった。戦争の処理と集合的トラウマの癒しに、定められた処方箋はない。しかし、シンポジウムでは、関心をもつ学際的な人々が集まり、情報が共有され、アイデアが探求され、関心を高めた。このシンポジウムは、時間の経過とともに情報や物語が失われることに対する抵抗として、すでに情報収集のプロセスに着手している。日本における第二次世界大戦のトラウマを大きなグループで処理する作業を推し進める力がさらに増している。このプロセスには、日本だけでなく、近隣諸国を巻き込んだ継続的な作業が必要である。個人の心理療法における共有フォーミュレーション（治療計画の共有）の考え方を借りれば、戦争中に起こったこと、その余波や影響について、他の国々と共有フォーミュレーションを行うことが、今後の取り組みの一部になるかもしれない。しかしこの作業には課題が予想される。それは、日本国民や他の国々が戦争のトラウマに直面する準備ができているか、大人数の集団の機能と防衛の特徴、政治的意図の影響、自国の安全と保護、時間が経つにつれて第二次世界大戦の関連性と重要性に対する疑問や疑念が生じることである。それぞれの課題はさらなる議論を必要とするが、これは本稿の範囲外である。この作業は困難で複雑ではあるが、第二次世界大戦にかかわったすべての集団に平和構築の道を提供することができるかもしれない。

この連続シンポジウムは、国家レベルの戦争とトラウマの長期的影響という領域で、メンタルヘルスの分野に疑問を投げかけている。国家における癒しとはどのようなものか？　それはどのようにして達成することができるのか？　人口集団レベルでどのようにトラウマを処理できるのか、さらなる研究が必要である。さらに、精神科医、心理学者、精神療法家、メンタルヘルスの専門家は、大規模集団におけるトラウマ処理に貢献する役割を認識する必要がある。この作業は、歴史家、社会学者、人類学者、その他の人文科学分野の専門家、実際の体験者とともに行われることが不可欠である。こうした作業がいかに進展するかには不確かさが伴うし、このような作業を行うための空間の安全性は脆弱かもしれない。しかし、シンポジウムを通じて育まれてきた不確実性、疑問、好奇心は、前進のための機会でもあるのだ。

最後に、シンポジウムの参加者や委員会のみなさんと「共に」過ごせたことはとても光栄なことであった。この機会に感謝し、学び、分かち合い、理解し、癒すというプロセスにおいて、これからも「共にある」ことを続けたいと願っている。

第24章

［講　演］

日本の第二次世界大戦のトラウマを癒す
――世代間、集団的、文化的観点から

オイゲン・コウ
藤岡美恵子　訳

はじめに

「日本における第二次世界大戦の長期的影響に関する学際シンポジウム」の最終報告の機会をいただき感謝申し上げます。この学際シンポジウムの実行委員会の一員になれたこと、そしてそれ以上に、各回の勇気ある議論に加われたことを光栄に思います。一連の議論に参加されなかった方はなぜ私が「勇気ある」という言葉を使ったのか、不思議に思われるかもしれません。シンポジウムのなかで私は何度も発表者や参加者の方々の勇気について触れてきましたが、それは私たちの議論が、日本の歴史の非常に痛みを伴う時期とその継続する影響に焦点を当てたからです。この痛みの強さは、個人や組織や国全体がそれについて語る際の困難を反映したものかもし

れません。ときに、それについて語らないという暗黙の了解が存在します。そのいわば沈黙への癒着を打ち破るには多大な勇気が要ります。今日、尊敬する実行委員会の仲間である中村氏、粟津氏、森氏、川野氏、竹島氏による各回シンポジウムの報告で強調されたように、この痛みは喪失や悲嘆ばかりではなく、罪悪感や恥の意識によって複雑になります。

今日の第五回、最終回のシンポジウムは、これまでの発表や議論を集約して全体像を描き出すことを目的としています。「全体像」といっても、完全な像という意味ではありません。完全な像に到達することは決してできません。人間の経験と人間の物語、すなわち人間の歴史は完全に理解したと主張するにはあまりにも複雑だからです。私たち自身を、そして私たちに何が起きたのかを理解する作業はこれからも未完のプロジェクトであり続けます。したがって、本報告がこのシンポジウムの最後の報告とはいえ、私たちには答えよりも多くの問いが残されており、唯一たしかなことは、この仕事は始まったばかりだということです。こうした問いがさらなる研究と議論につながることを期待します。

なぜこの「仕事」なのか、と思われるかもしれません。みなさんのなかには、このシンポジウムに参加したのは、今日あるいは将来、何かの「仕事」をすることに同意したからではないと思う方もいるでしょう。しかし、提示されたものに耳を傾けそれを処理したなら、それは何らかの知的ないし心理的な仕事をしたことになり、今日私がお話しすることについて感情を伴いながら省察し続けるのであれば、それは何らかの感情にかかわる仕事をしたことになります。みなさん自身にとってだけでなく、みなさんの国も含む、所属する集団にとっての仕事です。強調したいのは、それはみなさんが個人として行う心理的な仕事ではないということです。おそらくそれ以上に重要なのが、集団として共同して行う仕事です。この点は後の集団的トラウマの癒しについての議論のなかでくわしく触れます。

全体像

では、全体像とは何か、そしてなぜ全体像の理解が重要なのでしょうか。私たち個々人の、あるいは集団としての経験の物語が絵のようなものだとすれば、私たちはそれをジグソーパズルのピースのように記憶しがちです。つまり断片なのです。あるときは、記憶はパズルの一個のピースのように、ある像の閃光に過ぎません。またあるときは、数個のピースがつなぎ合わされた物語の一部分のように、もっと多くを記憶しています。しばしば、こうした不完全な部分はあまり意味を成しませんが、それでも強い感情を引き起こすことがあります。物語のごく一部分が意味をなさないのと同じように、感情的な反応もまた意味をなさず、混乱と当惑が残ります。私たちはそれに対し心を閉ざしてしまうでしょう。忘れたほうがいいと言い聞かせて。ときに、私たちの心はこうした記憶と感情の断片の意味を理解しようとし、既存の鋳型に当てはめたり、推測や想像で欠けているピースを埋めようとしたりします。みずからがもつ先入観や偏見でもってより完全な像を描こうとします。先入観の一部は文化的なものや政治的なもの、あるいは単純に個人的なものです。ジグソーパズルの本物のピースがもっと多ければ、推測や先入観や偏見が入り込む余地や必要は少なくなります。

集団、たとえば日本の国の過去の経験について語るということは、その歴史について語るということであり、パズルの本物のピースのそれぞれは、ある出来事や経験の真正な記録、つまり歴史的事実から成り立っています。歴史学の専門家ならすぐに、事実と解釈は異なると指摘するでしょう。もちろん、私たちの解釈は推測や先入観や偏見の、また空想や想像の影響を受けます。事実が少なければ少ないほど、空白を解釈で埋めざるをえなくなります。個人の心はこのように働きますが、集団の精神もまたそのように働きます。集団的精神の主たる構成要員は、どの社会や国でも「記録の保管者」です。つまり歴史家です。歴史家は、すべての事実を把握することは不可能で、空白を解釈で埋める必要があると真っ先に言うでしょう。しかし念頭に置くべきものは、私たちの解釈に影響を及ぼすさまざまな要因です。

日本の第二次世界大戦のトラウマを伴う経験の長期的影響の全体像を理解しようとする本プロジェクトでは、私たちの研究と議論をできる限り真の事実に基づいて行うよう心がけました。幸運なことに、日本の太平洋戦争史の第一線の専門家に加わっていただき、想像上のピースに頼る必要がないよう、本物のパズルのピースをできる限り多く集めて、より完全に近い像を描き出すことに努めました。専門家の方々は十分な研究に裏打ちされた出来事の正確な描写を提示してくれました。第一回シンポジウムでは、戦争中の日本軍の犯罪について勇気をもってオープンに、率直に語っていただきました。そのときも報告者のみなさんに感謝しましたが、ここであらためて心からの感謝を述べたいと思います。戦争の反対側の立場にあった者として、こうした恐ろしい行為が率直に語られるのは癒しになります。そのシンポジウムで私は、そうした行為が語られるのを聞くことは日本人の参加者にとっても同じようにつらいことだろうと述べました。精神科医および心理療法家として、私はこの率直さが日本人の方々にとっても癒しとなることを期待します。

この一連のシンポジウムは事実のみを問題にしてきたわけではありません。こうした事実に対する非常に強い感情的反応をも対象としました。議論は率直で、感情を伴うものでした。感情の多くはあからさまに表現されることはありませんでしたが、長年日本を訪れて私が学んだのは、それが日本的なやり方だということです。実は沈黙のなかに多くの感情を感じ取ることができます。事実に対する感情的反応は、ある意味で事実そのものよりも重要です。全体像を作り上げるプロセスがジグソーパズルのピースを組み合わせることだとすれば、この仕事の感情にかかわる構成要素は、ピースの間の小さな隙間を埋めピースを貼り合わせる糊のようなものでしょう。糊がなければ、ピース同士の結びつきは緩く、不鮮明な像になるでしょう。

したがって完全な像を作るには学際的な言説が必要です。歴史家が起きた出来事についての事実を提示し、メンタルヘルスの専門家がその出来事にかかわる感情を理解するのを助け、社会学者とメディアが全体像の把握を助ける、というように。

申し訳ありません。なぜ歴史のピースと出来事への私たちの感情的反応を集めて全体像を作り上げることが重要なのかを、まだ説明していません。皆様の忍耐に感謝します。いましばらくご辛抱いただけますでしょうか。というのは、まず心理学の観点から、私たち個々人の心と集団としての精神がトラウマにどう反応するのか、そしてなぜトラウマの影響が何年も、ときに何世代も続くのかを説明する必要があるからです。

個人のトラウマとその長期的影響

トラウマという言葉はギリシャ語で傷を意味します。したがって、トラウマをもたらす経験とは心の受傷として理解することができ、その結果生じる傷が心的外傷（トラウマ）です。しかし、心は驚くべき仕組みを備えています。自動的に自身を守り、受傷の程度とその経験からの痛みを抑えるための仕組みが最初から組み込まれているのです。心は「カプセル化」と呼ばれるプロセスを経てトラウマ的な傷をすばやく包み込み、意識の他の部分から隔離します。もしこのプロセスが完璧に成功すれば、そのトラウマ的経験を意識することがなくなります。忘れることに成功したと言ってよいでしょう。心はまた、その経験への感情的結びつきや反応を取り除きます。このプロセスは「感情の解離」と呼べるもので、結果として、その経験に対して無感覚になります。ときに、経験のカプセル化が、つまり忘れることが、十分にできないこともありますが、感情の解離のプロセスを経るとカプセル化により成功します。その場合、起きたことを思い出せますが、その記憶に対する感情がない状態、つまり無感覚になります。

みなさんもきっと同意されると思いますが、ある物が見えなくなったからといってそれが存在しないということとではありません。心理学者であれば、私が対象の恒常性という概念について語っていることがおわかりでしょう。同様に、ある問題を忘れたからといって、それが単に消えてしまったわけではないということにも同意していただけるでしょう。それは思い出せればまだそこにあるのです。ただし、多くの人はトラウマを伴う経験を忘れたら、もはや問題ではないと考える、あるいは考えたいでしょう。二〇年にわたり過去のトラウマ的経験をもつ多くの個人や集団を支援してきた私自身の経験から、こうした経験が単に消えるわけではないことがわかってきました。

消えることのない痕が残されるのです。ときには痕を残すことなく傷が完全に癒えることもありますが、トラウマ的経験が過酷で、繰り返される場合、あるいは長期にわたって続く場合は、傷が癒えても痕が残ります。私は癒えていない心理的傷を数多く見てきました。こうした傷は通常、根深い被害感情、怨嗟や怨恨、そして恥や屈辱の意識によって「汚染され」たり複雑になったりしています。しかしこうした感情は必ずしも明白にあらわれず、通常は表面下に隠されています。私は医師ですので、こうした傷を、個人の内面の奥深くに隠された感染症による傷、膿瘍のようなものと考えることがあります。膿瘍のなかでも歯の膿瘍などは強い痛みを伴います。なかには体の奥深くにもぐり込んで、はっきりしない、形容しがたい痛みを引き起こすものも、深刻な体調不良の原因になるものもあります。

先ほど申し上げたように、多くの人はトラウマ的経験を「忘れる」ことができ、その経験の意識ないし記憶がありません。時間が経過して、新しい経験への遭遇がきっかけになって、古い、忘れていたトラウマが表面に引き戻されることがあります。この状態は通常、抗しがたい感情と長く忘れ去っていた経験の記憶を伴います。この記憶は最初は像や音、匂いといった形で断片的にあらわれます。これを専門用語でフラッシュバックと言います。この状態は心的外傷後ストレス障害、ＰＴＳＤとしてよく知られています。この記憶の再活性化は何年も経った後で起きることがあります。第三回シンポジウムで、私の敬愛する精神科医の先達、蟻塚亮二氏は、沖縄戦を経験した高齢者で五〇年以上経って晩発性ＰＴＳＤを発症したケースについて報告されました。しばしばこうした事象が記録されており、とくに、世界各国で、過去のトラウマの再活性化により自殺に至ることもある帰還兵のメンタルヘルス研究が知られています。長年日本の自殺対策をリードしてこられた竹島正氏は、第四回シンポジウムで、戦時中および戦後一〇年間に生まれた人の自殺率が、過去七五年あまりで三回あった自殺の急増期のいずれにおいても世代として関係しており、コホート効果を示していることを紹介しました。三つの自殺急増期は社会経済的変化やストレスの時期と重なっていますが、このコホートの脆弱性の性質が十分に明らかにされているとは言えません。戦中戦後の飢餓などの身体的悪条件を指摘する人もいるでしょう。現在、隠されていた心理的トラウマが個人的および社会的ストレスがかかる時期に再活性化されうることについて認識が高まっています。このように、何年も経った後に遅れて自殺という形で活性化することに、戦争の長期的影響が見て取れます。

ある世代が経験したトラウマは次のそしてその後の世代にも深い影響を及ぼします。トラウマの世代間連鎖または世代間トラウマと呼ばれるこの現象は、一九八〇年代にホロコーストの生存者の子どもや孫の間で最初に認識されましたが、その後、その他の多くの状況、とくに帰還兵の子どもの間でみられることがわかりました。こうした第二、第三世代は直接トラウマを経験した第一世代の経験にさまざまな形で影響を受けます。

第一は、おそらくこれが最も一般的ですが、親がＰＴＳＤや不安症、うつ、その他の心理的問題を抱えていることが家庭環境に影響し、子どもの発達や成長後のメンタルヘルスに影響を及ぼすというものです。こうした子どもたちは親がほとんど感情解離あるいは無感覚の状態で、ときに明確な理由もなく怒り出したり暴力を振るったりしたと報告しています。第二に、戦争で多くの親族を失った親は子どもに対して過保護になる場合があり、これが子どもの発達や自信を阻害します。こうした子どもは世界は安全な場所ではないと信じて育ち、潜在的危険に対し過剰に警戒するようになります。第三に、親が経験したトラウマがどのようにしてか子どもの心にも入り込みます。不可解なフラッシュバックや夢を見、不安感をもちます。親と話して初めてそれが親のトラウマに関係するものだったとわかるのです。親のトラウマが子どもの心に無意識のうちに沈着したのだと言われます。

トラウマと集合的心

私は過去二〇年、共通のトラウマを経験したさまざまな集団と仕事をしてきました。多数の自殺者がみられる地方のコミュニティ、植民地化と文化剥奪を経験したオーストラリア中央部砂漠地帯に住むアボリジニのコミュニティ、ホロコーストのサバイバーの集団、児童虐待のサバイバーの集団や三〇年に及ぶ紛争と暴力のトラウマの影響を受けた北アイルランドの宗教コミュニティなどです。最近では社会や国などのより広い集団、とくに国際関係や紛争の分野に関心と経験を広げています。私が一緒に仕事をしているオックスフォード大学困難紛争解決センター（Centre for the Resolution of Intractable Conflict）、国際対話イニシアティブ（International Dialogue Initiative）、オックスフォード・ジュネーブ・プロセスおよびニューヨーク大学の同僚の仕事に感謝します。

こうした集団が単一の心、つまり集団の心ないし集合的な心をもつという概念化は新しいものではありません。フランスの社会人類学者ギュスターヴ・ル・ボンは一八九五年の著書『群衆心理』でこの考え方を提唱し、イギリスの社会心理学者のウィリアム・マクドゥーガルは一九二〇年の『集団心』でこの考え方を概念化しました。ここで指摘しておきたいのは、集団心理へのアプローチには二つの伝統があることです。一つは観察可能な行動やシステムに基づくもの、すなわち社会科学の領域で、もう一つは心理生活の無意識の側面に焦点を当てる集団精神分析です。

フロイトは一九二一年に集団心理に関する論文を書きましたが、この集団精神分析の分野が確立し始めるのは一九四〇年代初頭です。当初は十数人の少人数からなるグループの研究から始まり、イングランドのF・H・フォークスやウィルフレッド・ビオン、アルゼンチンのピチョン－リビエレなどの精神科医や精神分析医が取り組みました。一九七〇年代、八〇年代には一〇〇人までの大きな集団に対象を拡大していきました。この時期に社会精神分析研究のアール・ホッパーとその仲間の研究者が、大規模集団や社会がトラウマを集団としてどう経験するかについて理解を深めていきます。一九九〇年代にはトルコ系アメリカ人の精神医学・精神分析研究者のヴァミク・ヴォルカンがこうした考え方を発展させ、国際関係や外交、とくにナショナル・アイデンティティの心理学や集合的トラウマの影響に応用しました。以上の歴史を辿った理由は二つあります。一つは、私が提示している集合的トラウマという概念は新しいものではないことを強調するためです。一〇〇年以上かけて発展してきたものなのです。二つ目は、この分野における私の考え方がどこに由来するのかを説明するためです。

しかし、さまざまな集団と共に仕事をするなかでわかってきたのは、対象の人々の共通の経験や記憶を私が議論するとき、あるいは人々の行動や先入観に関する私の理解を説明しようとするとき、集合的心や集団心といった言葉が対象となる人々にとってはほとんど意味をなさないということです。こうした概念は専門的で学術的すぎるのです。他方、私が文化について語ると私の言いたいことをもっとよく理解してくれることがわかってきました。彼ら／彼女らとともに私が発展させ共有することができた、そして今みなさんとも共有しようとしている概念は、文化が私たちの共通意識を一つにまとめているという考え方です。文化は共通の経験と記憶を保持し表現する装置です。

集団がトラウマの影響を受けるとき、それを共通の傷、つまり集合的トラウマとして考えることができるかもしれません。しかし、トラウマが長期にわたって続くと、あるいは当初の傷が癒えず傷痕となると、集団的精神に永続的な影響を及ぼします。ある集団への長期的影響を考えるのであれば、その集団の文化への影響について考えることになります。一つのコミュニティであれば、コミュニティの文化に影響が及びます。一国の集団的精神について議論するのであれば、国の文化（national culture）への影響について考えることになります。日本の第二次世界大戦におけるトラウマを伴う経験の長期的影響をこの概念の下で考察する際は、日本文化に戦争が与えた影響を考察することになります。

文化とは何かを明確にしなければなりません。私の考える文化とは単に芸術や工芸、言語や文学、法律や慣習、儀礼や宗教だけではありません。自分自身や他者に関する先入観や価値、規範、さまざまな状況や経験への反応の仕方を含むものです。文化の大部分は私たちの日常的な意識の外にあります。私たちが社会的または集団的文脈のなかで繰り返し、あまり意識することなく「自動的に」考え、感じ、行動するときに、私たちは文化の影響下で行為していると考えられます。

集団的トラウマが集団の文化に永続的な影響を及ぼしているとき、それを文化的トラウマと呼べるでしょう。文化的トラウマには二種類あります。一つはトラウマをある文化、とくに集団（グループ、コミュニティまたは国）が自身をどう理解し他の集団との関係をどう見るかに影響を与える、単一のあるいは一連の限定的出来事として捉えるものです。ジェフリー・アレクサンダーが同僚とともに行った研究がここ二〇年の議論を動かしてきました。社会システムというものが、トラウマを伴う出来事の集団的記憶を処理して集団的アイデンティティを生み出すという形で、そういった文化的トラウマに反応する仕方に焦点を当てる研究です。私は二つ目の文化的トラウマのタイプを提唱しました。文化装置全体が、植民地化において生じるように歪み、損傷するようなトラウマです。この二種類の文化的トラウマを区別するために日本をめぐる物語がどう書かれるかを考えてみましょう。アレクサンダーの文化的トラウマモデルは、日本をめぐる物語の内容が、日本の第二次世界大戦における役割によってどう変化したか、そしてそれが日本の自己意識（日本の集団的アイデンティティ）にどう影響したかに焦点を当てます。私のモデルが焦点を当てるのは、第二次世界大戦に日本自身が果たした役割についての一章を、日本自身がどう書くか、あるいはそもそも書かないのかであり、トラウマを伴う戦争経験がそれをどう変化させたのかです。

集団として、国としての日本が、トラウマを伴う戦争経験から受けた長期的影響を考察するにあたって、私がまず焦点を当てるのは次の問いです。「何が起きたのか」についての物語を、自身の役割や経験を含めて書くその仕方に戦争はいかなる影響を与えたのか。トラウマを伴う経験が、喪失と悲嘆の耐え難いつらさ、罪悪感、恥の意識などを通して、出来事の真実を理解することを妨げているのではないか。真実に正面から向き合えないとき、半面だけの真実、憶測、嘘がその箇所を埋めます。ここでみなさんは、先に私が提示した問い、そしてジグソーパズルの喩えを思い起こすかもしれません。出来事の完全なあるいは全体的な像の再構築を試みることが重要な理由です。

その問いに対する私の答えは少なくとも三つの部分から成ります。一点目は、事実や真実のピースから成る、より完全なまたは全体的な像を作り上げることができれば、半面の真実や憶測や嘘が入り込む余地は少なくなるということです。二点目は像のごく一部や不完全な像しか見ていない場合、自分の見方に都合のよいピース、先入観や偏見に合致したピースを選びがちになることです。三点目が最も重要です。こうしたトラウマの傷の癒しに関係する部分だからです。そこで、次にこれに着目していきたいと思います。

世代間および文化的トラウマの癒し

個人や集団のトラウマからの癒しに二〇年以上取り組んできた経験から、私は再びトラウマに向き合うことなく癒しを得るのは不可能だという認識に至りました。心理学にはさまざまな学派があり、とくに、ただ忘れること、そして将来だけを見据えて前進することによって癒しを得ることができると主張するポジティブ思考を提唱する学派があることを承知しています。トラウマを経験した多くの人が過去にとらわれ、過去の出来事を何度も何度も振り返るだけになるという指摘はその通りです。しかし、こうした「過去にとらわれた」行動はトラウマの影響そのものだということを理解することが重要です。事実、過去にとらわれた人々は通常、トラウマの細部にとらわれています。ジグソーパズルの喩えで言えば、パズルの一つ、二つのピースにとらわれて、出来事の全体像、とくにその出来事をめぐる自身の感情を理解できないでいるのです。

トラウマの細部にとらわれた個人や集団が助けを得ながら徐々に像の他の部分、とりわけつらい感情に関係する部分を探るうちに「とらわれから抜け出て」、トラウマを伴う経験からの癒しの旅を始めるのを私は見てきました。この癒しのプロセスはパズルのピースを集め組み立てていく過程に似ています。

トラウマの癒しが簡単なように思われたとしたら申し訳ありません。実際はそれは非常に困難です。一番困難なのは最初の一歩です。先ほど述べたように、心はトラウマ的傷の痛みを隠すことでみずからを守ろうとします。ジグソーパズルのピースを合わせる喩えに戻ると、通常、多くのピースは裏返しになっています。そこで、像がより鮮明になるよう、まずピースを表に返すことから始めます。表に返ったピースをはっきりと見ることができて初めて、組み合わせ始めることができます。トラウマを伴う出来事がずっと以前に起きた場合は、記憶が薄れていたり、なくなったりしています。パズルのピースが裏返っていたり、なくなったりしています。トラウマが二、三世代より前に起きたものの場合は、出来事とそれに関係する感情を思い出すのはもっと困難になります。

第二次世界大戦の終結から七五年以上になる今、それほど長い時間を経てどのように癒しを得ることができるのか、数世代を経て継承されてきたトラウマの癒しがいかに可能なのか、と思われることでしょう。私は一定の癒しは可能だと考えます。世代間トラウマからの癒しが可能となった例をご紹介します。

パニック障害と不安症を訴えてやってきたオーストラリアに住む若い日本人女性を治療したことがあります。セラピーを始めて数ヵ月後、彼女は自分の家族について語り始めました。日本に住む母親と非常に関係が近く、毎日のように電話で話すと言います。そうしないと母親がとても心配して不安になるので、毎日話す必要があると言うのです。母親との関係が近すぎると感じて、日本から遠く離れて暮らす必要があると思ったと言います。

祖父母については、親があまり話さなかったので語れることがあまりないと言います。とくに、母親が自分の父親について話したがらないということでした。私から勧められて、母親に粘り強く訊いたところ、母親の父親が戦争に行っていたことがわかりました。しかし戦地での体験を決して語ろうとしませんでした。興味深いことに、祖父について語ることが多くなってから、パニック障害と不安症はなくなりました。

この例からわかるように、癒しには傷と再び対面することがかかわっています。トラウマを伴う経験からの癒しには、通常、四つの基本的問いが関係します。①何が起きたのか、②「起きたこと」は私にどう影響したのか、③起きたことについて私はどう感じるのか、④なぜそれは起きたのか。これは個人だけでなく、共通のトラウマをもつ人々の集団やコミュニティ、国にも当てはまることがわかりました。したがって私はこの連続シンポジウムをこうした問いに答えるべく構成することを提案しました。第一回シンポジウムは戦争中何が起きたのか――「日本における戦争の経験」をテーマにしました。第二回シンポジウムでは「日本の戦争への対応」に焦点を当てました。「日本人は戦争にどう対応したか」が第三回および第四回シンポジウムのテーマで、それぞれ「トラウマとポジショナリティ」および「第二次世界大戦の長期的影響」と題して行いました。四回のシンポジウムを通じて、「なぜそれは起きたのか」という問いが繰り返し形を変えて出てきました。なぜ日本は戦争をしたのか。なぜもっと強く戦争に抵抗しなかったのか。なぜ命令にただ従ったのか。なぜ日本人は自分たちが朝鮮人や中国人より優れていると信じたのか。なぜ日本軍はあのような恐ろしい戦争犯罪を犯したのか。いったいなぜなのか。

シンポジウム全体を通じて、真実への渇望がありました。「戦時下のメディアについて」と題して発表されたジャーナリストの佐々木央氏は、政府が自国民にプロパガンダを用いたことに焦点を当て、戦争中、実際に何が起きたのかを振り返るよう参加者に呼びかけました。戦争の最初の犠牲者は真実だとよくいわれます。癒しの心理学的観点からは事実と真実が最も重要です。その経験が本当に起きたのか、それとも想像や空想なのかがわからなければ、痛みを伴うトラウマを処理したりそれに向き合ったりできません。浜井和史氏は「戦死者はどのように扱われたのか」と題する発表で、海外の戦地で亡くなった日本兵の大多数（一〇〇万人以上）の遺体や遺骨が帰還できなかったことに焦点を当てました。遺族は亡くなった人を象徴する空の小さな白い箱を受け取っただけでした。本物の遺体や遺骨がないことで、死を悼むことがさらに困難になります。日本の喪の不可能性に関する荻本快氏の討論では、罪悪感に圧倒されている場合は悲嘆や喪失の痛みに向き合うことが難しくなるという問題が指摘されました。私はそれに恥と屈辱という問題を付け加えたいと思います。

私は、戦後の日本にとって、罪悪感より恥や屈辱の問題がより大きいのではないかと考えています。個人に焦点を当てる西洋心理学は罪悪感のほうにより重点を置きますが、集団、とくに家族に焦点を当てる東洋心理学では中心的な心理学的経験は恥です。ほとんどの日本人は、日本兵が残虐行為や破壊行為という意味で海外で何をしたかを知りませんでしたし、わずかに知っていたことも軍事政権のプロパガンダにより歪曲されたものでした。一方、ほとんどの日本人が戦争に負けていることを知っていました。政府が大多数の戦死者の遺体を帰還させることができなかったことで、屈辱感が増したでしょう。数人の日本の精神科医が私に非公式な場で指摘してくださったことですが、この屈辱の大部分は日本の社会構造のなかで隠されたままであり、だから二〇一一年の東日本大震災で福島原発事故を防げなかったことに由来する屈辱が非常に大きかったのです。彼らは、政府および指導層レベルの原発事故への反応は否認だったと指摘したのです。戦争の恥と屈辱を抑圧したのも否認ではないでしょうか。

否認は、恥や屈辱による苦痛を含む耐え難い苦痛から心を守るための自己防衛の方法の一つです。否認を克服し、出来事の真実に向き合うには、内面の強靭さと勇気が必要です。しばしば、戦争のような大規模なトラウマの痛みは一人で耐えるには大きすぎます。集団が共有するトラウマにともに立ち向かうのを促進するような社会的仕組みが個人が否認を克服するのを助けます。粟津賢太氏の黙祷に関する発表は、そうした仕組みの事例を取り上げたものでした。人々を一つにまとめる多くの文化的儀礼や祭式がありますが、残念ながら、多くの社会は近代的生活を選び取り、そうした儀礼の重要性を軽んじてきました。大規模なトラウマは多くの場合、一度に向き合うにはあまりに大きすぎて、少しずつしか向き合うことができません。日常生活を送りながら時々トラウマに向き合うことができるよう、トラウマの記憶を保管しておくものが必要です。それが記念碑や記念行事の役割ですし、記念することの役割です。日本では毎年八月一五日に全国戦没者追悼式が行われますが、戦争で亡くなった三〇〇万人の公的な追悼ではありません。明治期以降の戦死者を慰霊する靖国神社を戦争のメモリアルと捉える人もいれば、疑問視する声もあると理解しています。しかし、靖国神社は戦争で亡くなった数十万の日本の民間人を慰霊するものではありません。

戦争の公的なメモリアルは戦争記念館・記念碑と同じではありません。戦争記念館・記念碑は世界中にたくさんありますが、それは戦争中の出来事と国のために命を落とした無数の兵士の犠牲を記録するものです。しかし戦争ではもっとずっと多くのことが起きます。民間人の犠牲はしばしば忘れられ、暴力の永続的影響は、とくに女性に対する性暴力は、無視されます。子どもの飢餓や家を失った孤児も記憶されません。国の文化がどこかしら壊れたなかでは、その国の純真さが失われます。私の見解では、これらすべてを包含する公的な戦争記念があれば、人々が常に自分のなかに体験を抱えておく必要はありません。言い換えれば、そのようなメモリアルがないなかでは、人々は体験をいつも、何世代にもわたって永遠に、自分たちの内に抱え続けるしかなくなります。

公的記念のもう一つの側面は、それが個人のトラウマだけでなく、いっそう重要なことですが、私たちが共有するトラウマを保持することにも役立つということです。精神分析の用語では、公的記念は共通の経験を共同で特定する（あるいは共同で焦点を当てる）プロセスや、その投影および取り入れのプロセスを可能にする外的（個人の外部の）仕組みの役割を果たします。これらについての詳細な議論は本発表の範囲を超えますが、こうした概念について触れたのは、公的記念には深いレベルでの心理的な意義があることを強調するためです。また、先ほど触れた集合的トラウマの癒しは、集団内の個人全員の癒しを足し合わせたものとは異なることに立ち戻りたいと思います。集合的癒しにはそれ以上の何かが関係しています。集合的癒しでは、共通のトラウマの構成要素を考える必要があります。個人が集まり、自分と同じトラウマを抱える人が他にもいることを知ることができる安全なスペースを作る必要があります。このスペースでは集団として自分たちに何が起きたのかをともに語ることができます。公的記念とそれに関連する社会的・文化的活動がそうしたスペースを作り出すことができると私は考えます。

そうした外的装置をメディアが支援すれば、もっと多くの人がかかわれるようにスペースを拡大する一助となるでしょう。国営放送のようなメディアは国全体の議論のスペースを作ることができると思います。オーストラリアでは国営放送のＡＢＣが、毎年、社会的に語ることが難しい特定の話題、たとえば自殺などを取り上げ、国全体の議論を促すために一週間の特別プログラムを組みます。

「第二次世界大戦の長期的影響」と題した第四回シンポジウムでは、村本邦子氏と蘭信三氏がこうした長期的影響について報告しただけでなく、自分自身にどのような影響を与えたかを示してくれました。個人のトラウマをとりわけ公的な場で語るのは決して簡単ではありません。お二人があのような形で語ったのは大変な勇気が必要だったと思います。トラウマを伴う経験を語るのは非常に苦痛ですが、聴いている人にとってもきわめて居心地の悪いものです。それについて語らないという暗黙の了解、つまり沈黙への癒着（collusion to silence）があるのが普通です。この現象は家族内でもよくみられ、家族の秘密を作り出します。沈黙という暗黙の了解はしばしば、組織を超え、コミュニティを超え、ときに社会を超えて広がり、その沈黙から誰かが利益を得ているという感情が生まれます。この時点で、それを沈黙の共謀（conspiracy of silence）と呼ぶことができるかもしれません。その沈黙を破るにはときに、外部者が必要になります。

外部者の見方

外部者として私には一定の自由があります。私は何を語ることができて何を語ってはならないのかをめぐる日本的やり方、あるいは暗黙の了解に縛られません。この自由には問題がないわけではありません。私が鈍感で不用意に振る舞えば、みなさんは非礼で無知な奴と思うでしょう。もっと悪いことに、みなさんの個人的あるいは集団的トラウマの引き金となることを言うかもしれません。逆にあまりに慎重すぎると、みなさんに挑戦的な問いを発することができないでしょう。無難ですが、私がみなさんのお役に立つことはほとんどないでしょう。お役に立つために、この自由を最大限に使ってある程度リスクを引き受けようとしてきました。私に誤りや鈍感なところがあったとすればお詫びします。

ですから、この発表の最後に、私は自分が外部者という立場にあることを認め、この議論にあらゆる無知や偏見を持ち込むことがあるとはっきり申し上げましょう。私の発表がみなさん日本人にとって、日本という国にとって有用かどうか決められるのはみなさんだけです。もしかすると、ここに暗黙の了解が存在するのかもしれません。みなさんが私の発言に同意しないときは「外部者なのにどうして彼にわかろうか」と静かに退けることができます。そして私は「外部者なのにどうして私にわかろうか」と静かに受け入れることができます。そうすれば互いを傷つけずに済みます。この「面目を保つ」了解はみなさんと私が共有する東洋的心理のあり方です。

私の意見では、日本は他の誰のためでもなく自身のために、（加害者として）戦争に関連する恥や罪悪感に向き合う必要があります。しかし、日本が戦争の傷、トラウマ、悲嘆と喪失から癒えることで得るものがあれば、それは隣国のためにもなり、世界はよりよい場所になるでしょう。多くの個人や集団がそうした傷から癒えるのを手助けしてきた私の経験から言えば、集団的な恥と罪の意識を克服するために、圧倒的なトラウマ、悲嘆、喪失の痛みに向き合う必要があります。それはトラウマ、悲嘆、喪失、恥、罪悪感が絡み合う非常に複雑な状況です。おそらく、だからこそ、処理するにはあまりにも圧倒的で難しかったのでしょう。日本が、そしてほとんどの日本人が、問題が忘れられ消え去ることを願ってそれを脇に追いやり、葬るほかなかったのも理解できます。外部者としての立場から見ると、日本が行き詰まって、トラウマを伴う戦争経験に付随する、複雑な、つらい、凍りつくような感情を処理することができなくなった主因の一つが、ポジショナリティの問題だとわかります。つまり日本は出来事の加害者なのか被害者なのかという問題です。第三回シンポジウムではこの問題を正面から取り上げ議論しました。そのときの議論で私がした発言をここに転記したいと思います。

私は戦争の反対側の立場から発言しています。私は戦争中三年以上にわたり日本に占領されていたマレーシアのマラッカの出身です。同時に精神科医、精神分析医としても発言しています。これは特権的な立場です。なぜなら心理療法士は誰が被害者で誰が加害者かを判断する立場にないからです。そのかわり心理療法家は患者を理解し、苦しむ患者を支援するために存在します。一方、私たちは人間として判断せざるを得ません。とくに自分自身が苦しみを経験した場合はそうです。しかし、性急に判断してしまえば、私は自分の心を閉ざし、患者に関する理解を狭めてしまうことになります。したがって、私は判断を控えるよう努めます。「まず理解せよ、判断するとすれば後だ」と常に自分に言い聞かせています。

残念ながら、動機を理解したり説明したりしようとすると、加害者の言い逃れを許していると非難されます。現実には状況が複雑なのに、加害者か被害者かの二者択一を迫る傾向があります。この単純化された思考は退行状態で生まれます。子どもの考え方に似ています。二つの単純なカテゴリーに還元せずに複雑な状況を考えるには成熟した思考が必要です。トラウマのストレスを抱えながら気ぜわしい世の中に生きていると、二者択一的な思考から抜け出せなくなります。

対象から身を引いてより広い視野でとらえると、そんなに簡単ではないことを理解するようになるでしょう。私は臨床経験から、虐待の加害者自身が虐待の被害者であったこと、そして虐待の被害者が加害者になることがいかに多いかを知っています。個人の経験を超えて考える際、なぜ日本が戦争を始めたのか、歴史的文脈を理解することが重要です。日本が一八五〇年代に他国との関係に門戸を開いたときまで、そして明治維新の際の文化的トラウマまで遡る必要があるかもしれません。

紛争は決して単純ではありません。法や司法においては誰が加害者かを決めるのは容易ではありません。誰が紛争を始めたのか。歴史をどこまで遡るのか。誰が被害者で誰が加害者かを決める必要がありま す。しかし、この二分法は、被害者のトラウマを癒すにも加害者のトラウマを癒すにも役立ちません。トラウマは複雑なもので、集団的トラウマとなるとさらに複雑です。シンポジウムの発表者は戦争のさまざまな立場における苦しみを浮かび上がらせました。複雑です。川野健治氏が述べたように、複雑な紛争を理解するには一つの視点だけでは十分ではありません。

誰が加害者で誰が被害者かを誰が決めるのかという問題について、決める必要があるときもあれば、必要のないときもあります。いつ決める必要があり、いつ必要がないのか、その違いを知ることが重要です。

しかし、移行期正義の分野、すなわち紛争後の平和の回復と復興にかかわる専門家は、他者に苦しめられた者の痛みは多くの場合あまりにも大きく、正義と補償のプロセスを癒しのプロセスと切り離すことはできず、最低でもその苦しみを象徴的に認知することがきわめて重要だと主張してきました。私は、被害者の苦しみを加害者が認知することが、加害者が罪を認めること以上とは言わないまでも同じくらい重要になることが多いと付け加えたいと思います。苦しみの象徴的認知以上のものを必要とする人もいます。何らかの形で自分の苦しみの程度を適切に表す補償が必要なのです。また、補償以上のもの、報復を望む者もいます。ここに至ると、終わりのない暴力と紛争の連鎖に入る危険があり、報復はさらなる報復を生むでしょう。

多くの場合、正義と補償のプロセスが必要と私は思います。しかし、被害者が憎悪に駆られ報復の願望で麻痺状態にならないために、そして加害者が罪悪感と恥の感覚に圧し潰されて、何かが起きたこと自体を否認して麻痺状態に陥らないためには、双方の側に一定程度の癒しが必要と考えます。加害者は一定の癒しを得て初めて自分の行為の罪を認められます。同様に、被害者は一定の癒しを得て初めて、加害者の言うことを聞く用意ができ、根深い報復感情を手放すことができます。罪を認めることができる加害者は自身のなかに新たな強さを見出すでしょう。被害者の耐え難い痛みと苦しみを認める強さです。自身の痛みと苦しみを加害者が認めるのを受け入れることができる被害者もまた、新たな強さを得るでしょう。もしかすると赦す力さえ獲得できるかもしれません。赦しは加害者にとっても被害者にとっても癒しとなり得ます。これが起きたとき、私たちはおそらく全体像に近づくのでしょう。

あとがき

本書は二〇二一年に開催された「日本における第二次世界大戦の長期的影響に関する学際シンポジウム」をもとに出版された。出版までの経緯を紹介することにより、本書の理解の一助としたい。大きく括ると、私とオイゲン・コウ氏との出会い、コウ氏との交流、学際シンポジウムへの展開、本書のもつ意味となる。

オイゲン・コウ氏との出会い

コウ氏との出会いは、私が国立精神・神経医療研究センター精神保健研究所に勤務していた頃、日豪保健福祉協力で豪州を訪問したときにさかのぼる。私は、アートによるメンタルヘルスの啓発に関心をもっており、そのことをメルボルン大学ヘレン・ハーマン教授に伝えたところ、コウ氏に会うことを勧められた。その後、豪州を訪問するたびにコウ氏に会った。当時、コウ氏は、ダックスセンターの館長であり、アートを通してのメンタルヘルスプロモーションに精力的に取り組んでいた。ダックスセンターとは精神疾患または情緒的なトラウマを経験した人たちの作品を収蔵したアートセンターであり、ハイデルブルクのプリンツホルンコレクション、ローザンヌのアール・ブリュットコレクションに並ぶ、世界の三大コレクションの一つである。コウ氏はそこでトラウマを経験した人々の作品を収集し、さまざまな展覧会を開催していた。そのなかにホロコーストのサバイバーとその子孫の絵画作品の展覧会があり、豪州を訪問したときに実際にそれを見ることができた。その印象は今でも強く脳裏に焼き付いている。

コウ氏との交流

二〇一二年三月、コウ氏は、私が大会長を務めた第三一回日本社会精神医学会の特別講演で日本を訪問した。演題は"Strategies of Innovative Approaches to Mental Health Prevention"であった。メンタルヘルスの問題には人の心の複雑さに対応したユニークで革新的なアプローチが必要であるとして、ダックスセンター、学校でのいじめ問題にも取り組むＣＡＳＳＥ（Creating a Safe Supportive Environment）、オーストラリア中央部のアボリジニの人たちの文化に配慮したアプローチが紹介された。コウ氏の日本滞在中、日本の精神科医療における芸術活動や東日本大震災の復興支援の取り組みに触れてほしいと考え、青南病院（青森県八戸市）の千葉潜氏、嬉野温泉病院（佐賀県嬉野市）の中川龍治氏、みやぎ心のケアセンターの福地成氏の協力を得て、病院や地域を訪問した。私はこれらの日程にすべて同行し、道中、コウ氏との話し合いを重ねた。コウ氏は日本の精神医療改革に関心をもち、豪州の精神医療改革の経験と課題を話してくれた。コウ氏との交流にはキャンベラ日本クラブ会長を務めた通訳アームストロングゆかり氏の果たした役割が大きかったことを付記する。

その後、私は国立精神・神経医療研究センター精神保健研究所を定年退職した。コウ氏はダックスセンター館長の役割を終え、精神分析的精神科医としての臨床と、トラウマを抱えたコミュニティにおける平和構築のための国際活動に取り組むようになった。

学際シンポジウムへの展開

コウ氏と次に会ったのは、二〇一七年一二月に、全国精神保健福祉連絡協議会の主催で「アートとトークによる多様性尊重の社会づくり展」を川崎市で開催した際、コウ氏を講演に招聘したときである。コウ氏から、日本における第二次世界大戦のトラウマについて学際的な共同研究を行いたいという相談が具体化する。第二次世界大戦では枢軸国と連合国という敵対する立場にあった国の市民から始まる共同研究である。何とかこれをスタートさせたいと考えたが、自分の手には余る課題であった。しかし、中村江里氏、粟津賢太氏らの協力を得て、二〇一九年六月に、大阪府こころの健康総合センターにてワークショップ「コミュニティのトラウマとメンタルヘルス―第二次世界大戦のトラウマとケア」を、九月には、上智大学にてフォローアップのためのワークショップを開催することができた。そして立命館大学において次のワークショップを開催すべく準備していたところでCOVID-19のパンデミックが発生し、ワークショップは中止となった。私たちはせっかくの盛り上がった機運を大切にしたいと考え、この時期の日本側中核メンバーとコウ氏とで実行委員会を組織し、二〇二一年六～一一月に「日本における第二次世界大戦の長期的影響に関する学際シンポジウム」として五回のオンラインシンポジウムを開催した。

シンポジウムは、コウ氏の基本的な問い（何が起きたのか、起きたことはどう影響したのか、起きたことについてどう感じるのか、なぜそれは起きたのか）を参考に、日本の実行委員会メンバーが具体的な発表者を考えて、下記の五回とした。

第一回　日本における第二次世界大戦の経験（二〇二一年六月）

第二回　日本の戦争への対応（二〇二一年七月）

第三回　トラウマとポジショナリティ―戦争の被害者・加害者としての日本（二〇二一年八月）

第四回　第二次世界大戦の長期的影響（二〇二一年一〇月）
第五回　全体像の理解（二〇二一年一一月）

シンポジウムの実行委員と報告者は、多様な専門領域をバックグラウンドとする研究者に加えて、臨床、メディア、教育、法人活動等において、トラウマのケアや戦争記憶を継承する実践に携わってきた人々によって構成され、毎回四時間を超える長時間のシンポジウムであった。

主催は日本における第二次世界大戦の長期的影響に関する学際シンポジウム実行委員会（代表・森茂起）、一般社団法人全国精神保健福祉連絡協議会（会長・竹島正）であった。日本側の実行委員会メンバーは、ワークショップ以来、徐々に固まってきた森茂起、粟津賢太、川野健治、中村江里、竹島正の五名であった。また、コウ氏の紹介によりキャリー・チェン氏も実行委員会に参加した。長島三四郎氏は事務局としてシンポジウムの運営を支えた。

以上が本書のもとになったシンポジウムの経緯である。

本書のもつ意味

社会は今、大きく揺れている。それはＣＯＶＩＤ－19のパンデミックやウクライナの戦争による影響だけではなく、社会が現状反応的に揺れ続けるフェーズに入ったという意味である。

このようなときだからこそ、自分たちが何であるか、今ここにいることの基礎にあるもの、すなわち、個人、家族、地域、歴史や文化をじっくり捉え直すことが必要だ。本書のタイトルは『戦争と文化的トラウマ』である。ここで文化とは、芸術にとどまらず、生活、技術、道徳、宗教、政治を含めて、明示的または暗黙的に伝達されてきた行動のパターンを意味している。すなわち、集団の特徴を構成しているものであり、その歴史である。

完全に栄光で彩られた歴史も、完全に否定されるべき歴史も存在しない。そこにあるのはトラウマを伴いつつ積み重ねられてきた時間であり、そこに生きてきた人々とその営みである。私たちに必要なのは、そこから学び合い、そこにあらわれる何かと静かに向き合うことである。

本書のもとになったシンポジウムは、特定の政治的立場に基づくものではなく、私たち自身のウェルビーイングと社会の平和に貢献することを目指すものであった。静かに語り、それを聞き、考える、すなわち学び合いと尊重が何よりも大切だ。

本書だけでは語り尽くせないたくさんの事実と感情、そして、さまざまな国や地域で語られることなく亡くなられた方々、戦争のトラウマに苦しんできた方々のことを思いつつ、むすびの言葉としたい。本書を手に取ってくださったことに感謝します。

二〇二三年三月　竹島　正

付記：本書の基盤となったシンポジウムは、ＪＳＰＳ科研費21K12909、一般財団法人中辻創智社「会議開催費」、公益財団法人神経研究所精神神経科学センター研究集会等助成、一般社団法人全国精神保健福祉連絡協議会、大正大学地域構想研究所の協力を得て開催された。

中村江里（なかむら・えり）
広島大学大学院人間社会科学研究科

根本雅也（ねもと・まさや）
一橋大学大学院社会学研究科

川野健治（かわの・けんじ）
立命館大学総合心理学部

[第Ⅳ部]
村本邦子（むらもと・くにこ）
立命館大学大学院人間科学研究科

竹島　正（たけしま・ただし）
一般社団法人全国精神保健福祉連絡協議会
大正大学地域構想研究所

蘭　信三（あららぎ・しんぞう）
大和大学社会学部

森　茂起（もり・しげゆき）
甲南大学名誉教授

北村　毅（きたむら・つよし）
大阪大学大学院人文学研究科

[第Ⅴ部]
杉山　春（すぎやま・はる）
ルポライター

角尾宣信（つのお・よしのぶ）
和光大学表現学部

キャリー・チェン（Carrie Cheng）
王立オーストラリア・ニュージーランド精神医学会精神科研修医

オイゲン・コウ（Eugen Koh）
精神分析的精神科医
メルボルン大学人口・国際保健学部上級研究員

執筆者一覧――――

［第Ⅰ部］

東野　真（ひがしの・まこと）

NHK 第２制作センター（文化）チーフ・プロデューサー

伊香俊哉（いこう・としや）

都留文科大学文学部

佐々木啓（ささき・けい）

茨城大学人文社会科学部

本庄　豊（ほんじょう・ゆたか）

京都橘大学非常勤講師

宮地尚子（みやじ・なおこ）

一橋大学大学院社会学研究科

［第Ⅱ部］

佐々木央（ささき・ひさし）

共同通信記者

一ノ瀬俊也（いちのせ・としや）

埼玉大学教養学部

浜井和史（はまい・かずふみ）

帝京大学教育学部

粟津賢太（あわづ・けんた）

上智大学グリーフケア研究所客員研究員

荻本　快（おぎもと・かい）

相模女子大学学芸学部

［第Ⅲ部］

岡　檀（おか・まゆみ）

情報・システム研究機構 統計数理研究所

一橋大学経済研究所

蟻塚亮二（ありつか・りょうじ）

メンタルクリニックなごみ

編者――――

竹島　正（たけしま・ただし）

川崎市総合リハビリテーション推進センター所長、一般社団法人全国精神保健福祉連絡協議会会長。自治医科大学医学部卒業。博士（医学）。専門は精神保健・自殺予防。高知県精神保健センター所長、国立精神・神経センター精神保健研究所精神保健計画部長、川崎市精神保健福祉センター所長等を経て現職。著書に『精神保健マニュアル　改訂4版』（共著、南山堂）、『自殺予防の実際』（共編、永井書店）、ブロック『こころの苦しみへの理解―トータルメンタルヘルスガイドブック』（監訳、中央法規）などがある。

森　茂起（もり・しげゆき）

甲南大学名誉教授。京都大学大学院教育学研究科博士課程修了。博士（教育学）。臨床心理士、Independent Member of International Federation of Psychoanalytic Societies. 甲南大学文学部教授等を経て現職。著書に『トラウマの発見』（講談社）、『フェレンツィの時代―精神分析を駆け抜けた生涯』（人文書院）、『トラウマ映画の心理学―映画にみる心の傷』（共著、新水社）、『埋葬と亡霊―トラウマ概念の再吟味』（編著、人文書院）、『〈戦争の子ども〉を考える―体験の記録と理解の試み』（共編、平凡社）などがある。

中村江里（なかむら・えり）

広島大学大学院人間社会科学研究科准教授。一橋大学大学院社会学研究科博士後期課程修了。博士（社会学）。一橋大学大学院社会学研究科特任講師等を経て現職。著書に『戦争とトラウマ―不可視化された日本兵の戦争神経症』（吉川弘文館）、『社会のなかの軍隊／軍隊という社会』（共著、岩波書店）、*Traumatic Pasts in Asia*（共著、Berghahn Books）などがある。

戦争《せんそう》と文化的《ぶんかてき》トラウマ
日本《にほん》における第二次世界大戦《だいにじせかいたいせん》の長期的影響《ちょうきてきえいきょう》

2023年4月25日　第1版第1刷発行

編　者——竹島　正、森　茂起、中村江里
発行所——株式会社 日本評論社
〒170-8474　東京都豊島区南大塚3-12-4
電話 03-3987-8621(販売) -8598(編集)　振替 00100-3-16
印刷所——港北メディアサービス株式会社
製本所——井上製本所
装　幀——山田英春

ISBN978-4-535-58772-4　Printed in Japan